대적의 문을 취하라

Copyright © 1991, 1994, 2009, 2018 by Cindy Jacobs

Originally published in English under the title
Possessing the Gates of the Enemy
by Chosen Books,
a division of Baker Publishing Group,
Grand Rapids, Michigan, 49516, U.S.A.
All rights reserved.

Korean Translation Copyright © 2018 by Pure Nard
2F 16, Eonju-ro 69-gil Gangnam-gu, Seoul, Korea

This Korean edition is published by arrangement with Chosen Books.
All rights reserved.

본 저작물의 한국어판 저작권은 Chosen Books와의 독점 계약으로 '순전한나드' 가 소유합니다. 저작권자의 허락 없이 이 책의 일부 또는 전체를 무단 복제, 전재, 발췌하면 저작권법에 의해 처벌받습니다.

대적의 문을 취하라

초판 인쇄 | 2018년 12월 21일
2쇄 발행 | 2020년 2월 25일

지은이 | 신디 제이콥스
옮긴이 | 박철수
펴낸이 | 허철
표지 디자인 | 이보다나
총괄 | 허현숙
인쇄소 | 예원프린팅

펴낸곳 | 도서출판 순전한나드
등록번호 | 제2010-000128
주소 | 서울시 강남구 연주로69길 16, (역삼동) 2층
도서문의 | 02-574-6702
편집실 | 02-574-9702
팩스 | 02-574-9704
홈페이지 | www.purenard.co.kr
ISBN | 978-89-6237-242-7 03230

(CIP제어번호: CIP2018041414)
이 도서의 국립중앙도서관 출판예정도서목록(CIP)은 서지정보유통지원시스템 홈페이지(seoji.nl.go.kr)와 국가자료공동목록시스템(www.nl.go.kr/kolisnet)에서 이용하실 수 있습니다.

대적의 문을 취하라

신디 제이콥스 지음 | 박철수 옮김

추천의 글

초보자와 사역자를 위한 지침서를 저술할 수 있는 사람은 극히 드물다. 신디 제이콥스는 《대적의 문을 취하라》를 통해 이것을 해내었다. 이 책은 능력 있고 실제적이며, 격식을 차리지 않으면서도 영감이 넘친다. 지난 30년간 위대한 세계 기도 운동을 촉발한 이 책을 꼭 읽기 바란다.

더치 쉬츠

신디는 《대적의 문을 취하라》를 통해 두 가지를 증명한다. 첫째, 영원한 하나님 나라를 위해 그분과 함께 기도하는 사람들을 세심하게 돌보시는 하나님의 본성을 확신하게 된다. 둘째, 중보자로서의 부르심과 훈련의 필요성을 새롭게 느끼고, 중보의 직임을 감당하도록 선발되었다고 느낄 수 있다. 하나님의 신성한 개입에 대한 역사적이고 환상적인 이 책을 읽고 나눌 때, 내 안에서는 엄청난 갈망이 일어났다. 이 책은 중보기도의 고전이다. 저자의 신학과 경험과 영적 해박함은 당신을 변화시키고 새로운 차원으로 인도할 것이다.

샨 볼츠

《대적의 문을 취하라》는 하나님 나라의 전쟁을 알기 위해 모든 성도가 반드시 읽어야 할 필독서다. 신디 제이콥스가 이 책에 기술한 계시를 발전시켜 나갈 때, 나는 그녀와 동역하는 특권을 누렸다. 나의 전 생애는 잃어버린 유산을 회복하는 방법을 추구하는 일로 일관되었다. 이 책은 유산을 회복하는 방법뿐만 아니라, 대적의 문을 취하는 방법을 보여 주는 훌륭한 도구이다.

척 피어스

마지막 때의 노련한 선지자 신디 제이콥스는 중보에 관한 깊은 계시와 실제적 조언을 통해 초신자와 사역자들이 어둠의 권세와 맞서 싸우고 하나님의 풍성한 축복을 경험할 수 있도록 도와준다.

기예르모 말도나도

감사의 말

이 책은 특별한 친구들의 사랑과 기도와 후원으로 만들어졌습니다. 이 책을 다시 쓰는 것은 불가능하다고 생각했습니다. 하지만 주님은 이 일이 가능하도록 도와주셨습니다. 주님께 감사드립니다.

《대적의 문을 취하라》는 원래 피터 와그너의 권유로 시작되었는데, 안타깝게도 그는 2016년 10월 21일에 소천하였습니다. 그의 지혜와 조언이 없었다면, 이 책을 쓰지 못했을 것입니다. 좋은 친구인 도리스 와그너 여사는 언제나 곁에서 실제적 조언을 해주셨고, 영적 전쟁에서 좋은 벗이 되어 주셨습니다. 책의 제목을 제안해 주신 분도 도리스 여사입니다.

남편 마이크 역시 저에게 큰 용기를 주었습니다. 이 과제를 도저히 감당할 수 없다고 느낄 때마다 기도와 대화를 통해 훌륭한 지혜를 나누어 주었습니다.

변함없는 사랑으로 지지해 준 마리아와 다니엘에게 감사의 인사를 전합니다. 사랑하는 자녀들은 나에게 큰 힘이 되었습니다.

열심히 원고를 타자하고 편집과 수정에 많은 도움을 주신 어머니 엘리노 린제이에게 감사드립니다. 2016년 2월 22일에 주님의 품으로 돌아가신 내 소중한 어머니는 위대한 기도의 유산을 물려주셨습니다. 오타를 수정해 주신 새아버지 토머스 린제이는 어머니가 소천하시고 3개월 후에 본향으로 돌아가셨습니다. 두 분은 40년간 부부로 사셨습니다.

훌륭한 작가로서 많은 도움을 준 피터와 도리스 와그너의 딸이자 나의 비서인 베키 와그너의 행정적 도움에 진심으로 감사합니다. 행정 비서의 역할을 훌륭하게 감당한 그녀의 온유함은 참으로 그리스도를 닮았습니다.

개정판을 집필할 때 나의 절박한 필요를 담은 기도 편지에 금식과 기도로 사랑을 베풀어 준 열방의 장군들의 기도 동역자들에게 어떻게 감사를 표해야 할지 모르겠습니다. 시간을 내어 기도해 준 여러 교회의 기도팀에게도 감사드립니다.

오랜 시간 고민하며 초판 원고를 쓸 때, 나의 이야기를 경청해 준 초즌북스(Chosen Books)의 편집장 제인 캠벨에게 감사의 마음을 전합니다. 책을 쓴다는 것은 엄청난 산고의 경험입니다. 그녀의 도움이 없었다면, 초판은 물론이고 개정판도 나오기 어려웠을 것입니다.

탁월한 편집 능력을 보여 준 앤 맥메스 웨인헤이머에게 감사드립니다. 개정판 소그룹 스터디를 훌륭하게 기록해 준 제인 럼프에게 감사드립니다. 당신의 기도는 우리에게 큰 힘이 되었습니다. 참고 도서들을 살피고 사실 여부를 확인하도록 도와준 나의 비서 존 제미션에게 감사드립니다.

들어가는 글

《대적의 문을 취하라》는 누군가에게는 특별하게 보일 수 있다. 그런데 이 제목은 창세기 22장 17-18절에 나와 있다. "내가 네게 큰 복을 주고 네 씨가 크게 번성하여 하늘의 별과 같고 바닷가의 모래와 같게 하리니 네 씨가 그 대적의 성문을 차지하리라 또 네 씨로 말미암아 천하 만민이 복을 받으리니 이는 네가 나의 말을 준행하였음이니라."

이 말씀은 아브라함의 자손(seed)을 위해 아브라함에게 주어진 놀라운 약속이다. 교회인 우리는 아브라함의 영적 자손이다. 따라서 대적의 문(gates: 저자는 문과 관련해 주로 '여러 개의 문'을 뜻하는 '복수 명사'를 사용하지만, 이 책에서는 글의 흐름을 위해 단수로 번역함-역주)을 차지하리라는 약속은 오늘 우리와 관련이 있다. 지옥의 문은 기도하는 교회를 이기지 못할 것이다.

오늘날 기도하는 교회는 우리에게 약속으로 주어진 열국을 차지하기 위해 막강한 군사력을 키우고 있다. 《대적의 문을 취하라》는 하나님의 기도 군대를 위한 훈련 교재다. 지금도 세계적으로 막강한 기도의 영이 부어지고, 중보기도 모임이 세계 곳곳에 샘솟듯 일어나고 있다. 과거 중보의 장군들(Generals of Intercession)에서 열방의 장군들(Generals International)로 이름을 바꾼 이 사역은 중보와 관련된 새로운 전략을 위한 일종의 네트워크 센터로, 하나님께서 우리 부부에게 주신 사명이다. 우리는 중보자들이 은행에 가서 기도한다는 보고를 들었다. 어떤 이들은 정기적으로 국회의사당에 간다. 또 어떤 이들은 개썰매를 타고 북쪽 끝으로 간다. 또한 미국 경제를 위해 월가에 모이는 그룹도 있다.

최근 우리는 개혁기도 네트워크(Reformation Prayer Network)를 통해 지구촌 전역에 흩어져 있는 기도 운동을 연결하고 성경적 세계관으로 사회 각 분야를 보도록 돕고 있다. 여기에는 종교, 가정, 교육, 정부, 사업, 예술과 연예계, 미디어 영역을 지칭하는 소위 '영향력을 미치는 일곱 산'도 포함된다.

왜 《대적의 문을 취하라》의 개정판이 필요할까? 나는 기도 사역자들이 80년대 후반부터 90년대까지 가르쳤던 많은 진리를 새로운 세대들이 전혀 모른다는 사실을 발견했다. 설사 부분적으로 알고 있어도, 크게 벌어진 틈 때문에 새로 배워야 할 필요가 있다. 모든 중보기도 사역자는 기본 진리부터 시작할 필요가 있다.

우리가 수년간 배운 진리를 다음 세대의 중보자들이 알고 있을 것이라고 가정해서는 안 된다. 나는 피터와 도리스 와그너 부부, 더치 쉬츠 및 여러 지도자와 많은 대화를 나누었는데, 그들은 모두 아르헨티나와 콜롬비아를 비롯한 여러 나라에서 일어난 하나님 나라의 운동을 통해 배운 진리를 다시 가르칠 필요가 있다는 것에 공감했다.

중보기도 운동은 능력 있고 매우 흥미진진하다. 만일 이 땅에 하나님의 뜻을 실행하는 집행자가 바로 우리라는 사실을 깨우쳐 주지 않는다면, 우리가 기도하는 부흥과 각성 운동은 지속되지 못할 것이다. 기도 부흥의 역사를 연구해 보면, 과거의 실수를 통해 배우고 개선하여 오늘의 부흥을 지켜야 한다는 것을 알 수 있다. 에베소서 6장 10-12절은 이것에 관해 분명히 알려 준다. "끝으로 너희가 주 안에서와 그 힘의 능력으로 강건하여지고 마귀의 간계를 능히 대적하기 위하여 하나님의 전신갑주를 입으라 우리의 씨름은 혈과 육을 상대하는 것이 아니요 통치자들과 권세들과 이 어둠의 세상 주관자들과 하늘에 있는 악의 영들을 상대함이라."

사탄의 간계를 무시하는 것만으로는 부족하다. 여러 해 전 이 책의 집필을 준비하면서 실제적 연구 자료를 찾기 위해 여러 서점에 갔다. 서점마다 기도에 관한 책들이 제법 많았지만, 중보기도에 관한 책은 극히 드물었다. 그나마 발견한 중보기도 관련 책들은 아쉽게도 실제적인 도움이 되지 못했다. 그나마 레베카 그린우드와 더치 쉬츠의 책을 발견하게 하신 하나님께 감사드린다.

원래 나는 중보기도 모임 가운데 불거진 균형을 잃은 부분과 잘못된 점을 경고할 목적으로 이 책을 쓰려고 했다. 그러던 중 캘리포니아 알타데나에서 만난 피터 와그너가 내게 중보기도를 총체적으로 넓게 보도록 도전했다. 이후 나는 《대적의 문을 취하라》에 대한 비전을 받았다.

이 책은 성숙한 사역자뿐만 아니라 초보 중보자도 읽을 수 있다. 목회자와 사역자들은 지도자를 위해 쓴 실습 부분을 잘 활용하면 큰 도움이 될 것이다.

내가 초보 중보자로서 가장 당혹스러웠던 부분 중 하나는 중보기도의 실제적인 면에 관해 대화할 사람이 없었다는 것이다. 나의 기도가 적중했는지, 빗나갔는지 확신할 수 없었다. 처음 몇 장은 이런 당혹감을 느끼는 사람들을 위한 내용으로 시작할 것이다. 또한 중보의 부르심에 홍미를 갖는 사람들을 위한 내용을 담았다. 나는 이제 막 중보의 세계로 들어선 기도의 용사들이 궁금해하는 질문들에 대해 생각하고 고민했다. 현실적으로 당신과 내가 일대일로 만날 수 없기 때문에, 중보기도와 관련한 질문들에 대해 우리가 책상에 마주 앉아 대화하듯 기술하려고 노력했다.

이 책은 개인적 경험을 토대로 기록했기 때문에 한 장 한 장 넘어갈 때마다 나의 영적 성장과 은사가 성숙해 가는 모습을 보게 될 것이다. 솔직히 이것은 주님께서 나를 중보자에서 기도 지도자로 만들어 가시는 과정을 분석한 일종의 변화 과정이다.

피터 와그너 박사가 말했듯이 하나님께서 중보자들의 삶 가운데 역사하신 과정을 분석하는 것은 중보자의 일이 아니다. 왜냐하면 그들은 오로지 기도하는 일에 집중하기 때문이다. 이 책의 초판을 쓸 당시, 나는 타자기 앞에서 매일 이렇게 기도했다.

"주님, 중보자의 삶 속에서 주님의 길을 보여 주세요. 사람들이 중보할 때, 원수가 놓은 덫은 무엇인지요? 어떻게 그들의 아픈 마음을 치유해 줄 수 있을까요?"

개정판에서는 그때 주셨던 말씀을 더욱 확장해 달라고 기도했다.

중보의 용어를 다룬 7장과 중보기도할 때 나타나는 현상을 다룬 8장에서는 '묶고 푸는 것'이나 '산고'처럼 중보자들이 자주 쓰는 용어를 어떤 의미로 사용하는지에 대해 다루었다.

연합 중보를 다룬 14장에서는 중보기도를 인도하는 하나님의 장군들에게서 실제적 통찰을 많이 얻을 수 있을 것이다. 많은 기도 모임이 능력이 없고 비효율적인 이유는 강력한 지도력이 없기 때문이다. 그래서 목회자와 사역자들을 위한 안내 지침을 첨부했다. 이들 가운데 상당수는 강력한 중보자들로 기도 운동의 최전방에 서 있다. 부디 목회자들이 기도 사역자들과 동역할 때 겪는 어려움을 잘 풀어나가는 데 도움이 되길 바란다. 또한 기도 사역자들이 기도 모임에 질서를 잡고 평안한 모임으로 이끄는 데 좋은 지침이 되기를 바란다.

오늘날 예언적 중보기도에 관한 관심이 증폭되고 있다. 이를 위해 11장에서는 기도 가운데 예언하는 방법과 이미 중보 가운데 예언하고 있는 사람들을 위한 자료를 제공할 것이다.

13장 중보 찬양은 오늘날 기도 모임에서 다루어야 할 적절한 주제 중 하나다. 하늘의 영적 전쟁을 할 때, 찬양과 경배는 매우 중요하다. 여기에는 교회의 위대한 찬양뿐만 아니라 현대의 찬양도 포함된다.

《대적의 문을 취하라》 초판을 저술한 이래로 기도 운동 가운데 일어난 일들로 인해 놀라지 않을 수 없다. 하나님은 세계 전역에서 기도 모임을 촉발하는 데 이 책을 사용하셨다. 다양한 나라의 지도자들이 "이 책을 읽고 기도 운동을 시작했어요"라고 이야기할 때마다 감격스럽고 큰 감동을 받는다.

처음 이 책을 쓸 때, 마치 마귀가 내 어깨 위에 걸터앉아 이렇게 속삭이는 듯했다. '누가 이런 책을 읽을까? 네까짓 게 뭐라고, 아무도 읽지 않을 책을 쓴다고 그래?' 이런 협박에 굴복하지 않은 것에 감사드린다. 세계 각처를 다니면서 중보자들이 견고한 요새를 무너뜨리는 데 이 책을 안내서로 사용한다는 소식을 듣는 것 자체가 내게는 큰 보상이다.

이 책을 처음 접하는 사람들에게 말해 주고 싶다. 이 책의 영적 원리들은 실제로 역사한다. 지금껏 수많은 사람들이 그것을 직접 시도하고 시험해 보았다. 나는 당신이 이 책을 읽을 때 힘과 용기를 얻기를 바라는 마음으로 기도한다. 이 책을 읽은 중보자들이 여러 차례 이렇게 말해 주었다. "나 같은 사람들이 또 있다는 사실을 전혀 몰랐어요. 나만 이상한 사람인 줄 알았어요." 당신은 혼자가 아니다. 당신과 같은 중보자가 세계 곳곳에 있다.

나는 《대적의 문을 취하라》의 초고를 1989년에 쓰기 시작해서 1991년에 출간했다. 그때 이후로 주님은 중보기도에 대한 깨달음을 더해 주셨다. 개정판은 열방의 치유, 예언적 중보, 하늘의 법정을 움직이는 것에 관한 새로운 이야기와 계시를 담고 있다.

하나님은 결코 머물러 계시지 않는다. 이 땅에서 그분에 대한 지식이 증가하듯 그분의 나라는 영원히 증가하고 있다. 따라서 기도하는 백성은 현재의 지식과 새로운 지식을 함께 배워야 한다.

이 책에 기록한 대로, 어쩌면 당신은 '중보기도의 장군'으로 부름 받았다고 느낄지 모른다. 만일 그렇다면, 당신의 부르심과 사명에 용기를 더해 주고 싶다. 만일 당신이 기도를 처음 배우는 사람이라면, 이 책이 그리스도인의 삶에 있어서 가장 흥미진진한 모험을 시작하는 데 도움이 될 것이다. 그 놀라운 모험은 바로 중보기도다.

나는 당신이 이 책을 읽으면서 많은 것을 배우길 바란다. 그리고 주 예수 그리스도를 위해 세상을 뒤흔들어 놓기를 기도한다.

열방의 틈 사이에 서 있는
신디 제이콥스

목차

추천의 글·4

감사의 말·6

들어가는 글·8

CHAPTER 01	중보의 부르심	16
CHAPTER 02	중보의 장군들	27
CHAPTER 03	정결한 마음의 원리	36
CHAPTER 04	하나님의 집행자들	49
CHAPTER 05	중보기도 사역	64
CHAPTER 06	중보의 은사	75
CHAPTER 07	기도 사역자	92
CHAPTER 08	중보의 언어	109
CHAPTER 09	중보의 현상들	139

CHAPTER 10　잘못된 중보 ·· 154

CHAPTER 11　예언적 중보 ·· 176

CHAPTER 12　개인기도 동역자들 ·· 193

CHAPTER 13　중보 찬양 ·· 214

CHAPTER 14　연합 중보 ·· 242

CHAPTER 15　파수기도와 땅밟기 기도 ······························ 262

CHAPTER 16　대적의 문을 취하라 ······································ 286

CHAPTER 17　공격적 중보기도를 통한 세계 개혁 ·········· 325

CHAPTER 01

중보의 부르심

THE CALL TO INTERCEDE

진정한 변화를 가져올 중보자가 되기 위해서는 용기와 인내가 필요하다. 이것이 쉽지만은 않을 것이다. 만일 당신이 기도의 용사, 기도 인도자, 사역자 혹은 기도하는 그리스도인이라면, 하나님께서 보여 주신 것을 실천하는 일에 관심이 있다면, 자신에게 원수를 대적하여 거룩한 싸움을 싸우는 중보의 부르심이 있다는 것을 알 것이다.

공격적 중보의 기초를 다루기 전에 하나님께서 나를 인도하신 세 단계를 간단히 설명하겠다. 이 세 단계가 하나님께서 당신의 삶 가운데 행하시는 일들을 이해하는 데 도움이 되기를 바란다. 이 모든 것은 나에게 아주 새로운 경험이었다. 주님께서 처음 나를 만지셨을 때, 무슨 일이 일어날지 전혀 몰랐다. 단지 뭔가 심상치 않은 일이 일어나고 있다는 것만 알았다. 그전까지 나는 평범한 그리스도인이자 아이들의 엄마였고, 학교

선생님이었다. 내 삶에 하나님의 부르심이 있다는 것은 알았지만 그것이 무엇인지, 그것을 어떻게 성취해야 할지는 전혀 몰랐다.

나는 몇 주 동안 밤에 정기적으로 깼다. 패턴은 항상 같았다. 갑자기 정신이 번쩍 들고 왜 깼는지 궁금했다. 이런 일이 몇 주 동안 지속되면서 어떤 목적을 위해 반드시 일어나야만 한다는 사실을 깨달았다. 나는 하나님께 나를 깨우신 이유를 물었다. 나의 질문에 응답해 주신 하나님은 중보자로서 만왕의 왕을 섬기는 놀라운 모험의 시작이 무엇인지 보여 주셨다. 주님은 자다가 완전히 깨어 있는 시간에 기도해야 한다는 것을 알려 주셨다. 어느 때는 한 주 이상 정확히 새벽 3시에 깨기도 하고(하나님의 자명종은 정말 놀랍다), 다음 며칠간은 새벽 2시에 일어났다. 무릎 꿇고 하나님의 인도하심을 구하면, 기도해야 할 사람들의 이름과 구체적인 생각을 주셨다.

그때 이런 생각을 했다. '내가 미쳤다고 생각할 사람은 주변에 아무도 없어. 가족들은 다 자고 있고, 하나님과 나 단 둘뿐이잖아.' 한동안 나는 누구에게도 말하지 않고 이런 기도를 계속했다.

어느 추운 밤, 교회 사역자 중 별로 친분이 없는 토드를 위해 기도해야 한다는 감동을 받았다. 나는 이불을 뒤집어쓰고 주시는 생각대로 조용히 속삭이기 시작했다. "주님, 토드에게 치유가 필요합니다. 그는 지금 매우 외롭고 두려워하고 있습니다. 주님께서 그를 위로해 주시고, 치유해 주시고, 결코 혼자가 아니라는 것을 알게 해주세요."

그리고 덧붙여 이렇게 기도했다. "하나님, 이 기도가 어떤 변화를 가져오는지 주님께서 친히 확증해 주세요." 내 마음속에 간절함이 일어났다. 한편으로는 추운 겨울밤에 갑자기 일어나 기도하는 내가 어리석어

보였다. 시계는 새벽 3시 10분을 가리키고 있었다.

기도 응답은 생각보다 빨랐다. 다음날 수요 예배 후 밖으로 나가려는데, 토드가 잠시 대화할 시간이 있는지 물었다. "신디, 이 사실을 아는 사람은 많지 않은데, 사실 내가 암에 걸렸어요. 어젯밤 극심한 통증 때문에 깼는데, 너무 외로워서 하나님께 부르짖었어요. 그리고 그 누구도 나에게 관심이 없는 것 같다고 호소했어요."

그 순간 "신디 제이콥스가 이 시간에 널 위해 기도하고 있단다"라고 하시는 하나님의 음성을 들었다고 토드가 말했다. 그때가 새벽 3시 10분이었다. 순간 온몸에 소름이 돋았다. 다른 사람을 위한 이런 기도는 결국 진정한 변화를 가져온다. 얼마 후, 나는 토드의 암이 치유되었다는 소식을 들었다.

이 체험은 내게 큰 용기와 확신을 주었다. 어느 날 새벽 4시에 하나님은 우리 교회의 한 성도가 일하다가 다치지 않도록 기도하라는 감동을 주셨고, 나는 강한 확신을 가지고 기도했다. 하나님께서 분명한 말씀을 주셨기 때문에 나는 버스터를 찾아가 하나님께서 직장에서 발생할 사고에서 보호해 주실 거라고 말해 주었다.

한 주 후 버스터는 보잉 767기 앞부분에서 일하다가 균형을 잃고 그만 3.6미터 아래 시멘트 바닥에 얼굴부터 떨어졌다. 비행기에서 떨어진 그는 조심스럽게 자신의 몸을 확인해 보았는데, 가벼운 타박상 외에는 멀쩡했다. 그를 본 동료들은 모두 넋을 잃었다.

다음 주일 아침, 버스터는 나를 찾아와 하나님의 놀라운 자비하심을 간증해 주었다. 치명상에서 구원받은 버스터의 이야기는 그에게 큰 의미가 있었지만, 나에게도 큰 영향을 주었다. 내가 깨달은 것은 바로 중보기도가 실제로 역사한다는 것이었다.

중보기도 훈련의 첫 단계에서 내게 벌어진 일들 가운데 한밤중에 일어나 기도하는 것만 이상한 일은 아니었다. 어느 치유 집회에 참석했을 때, 한 어머니가 기도받기 위해 중병에 걸린 아들을 데리고 왔다. 목사님께서 그 아이에게 안수하는 모습을 보면서 나는 하염없이 눈물을 흘렸다. 마치 그 아이가 내 자식인 양 마음이 무척 아팠다. 얼마 동안 무릎에 얼굴을 묻고 눈물로 기도하는 가운데 사람들의 눈에 띄지 않으려고 노력했다. 마이크는 나를 위로하려고 애썼다. 우리 중 누구도 정확히 무슨 일이 일어나고 있는지 몰랐다.

갑자기 터진 눈물은 갑자기 멈추었다. 순간 나의 내면 깊은 곳에서 평강과 경이로움이 일어나는 것을 느꼈다. 나는 하나님께서 아이를 위해 무언가 하셨다는 것을 알았다. 그리고 아이가 건강해질 것이라는 확신이 들었다. 후에 나는 찰스 스펄전이 눈물을 '액체의 기도'라고 말한 것을 알게 되었다.

계속해서 나에게 놀랍고 새로운 일들이 일어났다. 어느 날 우리 집에서 기도 모임을 하던 중 마이크의 직장을 위해 기도하고 있었다. 당시 항공사에서 일하던 남편이 해고되어 새로운 직장이 절실히 필요했다. 그런데 기도 중에 뜬금없이 내가 큰 소리로 웃기 시작했고, 웃음을 멈출 수가 없었다. 웃음은 다소 불경스러웠고, 몇몇 사람이 나를 노려보기 시작했다. 나는 아래의 성경 말씀을 한참 뒤에 발견했다.

여호와께서 시온의 포로를 돌려보내 때에 우리가 꿈꾸는 것 같았도다 그 때에 우리 입에는 웃음이 가득하고 우리 혀에는 찬양이 찼었도다 그 때에 뭇

나라가 가운데에서 말하기를 여호와께서 저희를 위하여 큰 일을 행하셨다
하였도다 _시 126:1-2

그날 성령 안에서 일어난 일이 실제로 일어나기까지 두 달이 걸렸지만, 나는 그 순간 하늘에서 마이크에게 직장을 주셨다고 확신한다.

중보사역자와 함께 산다는 것은 아주 흥미로운 일이다. 나는 종종 사람들에게 마이크를 위한 기도를 부탁한다. 그가 중보자인 나와 결혼했기 때문이다.

한번은 한밤중에 주님께서 긴박한 기도를 위해 나를 깨우셨다. 잠에서 깬 나는 신발에 폭탄을 감춘 어떤 남자가 유럽에서 비행기를 타기 위해 탑승 절차를 밟고 있는 환상을 보았다. 사안은 심각했고, 기도하기 위해서는 남편의 도움이 절실했다. 나는 그를 흔들어 깨웠다. 놀란 그는 마치 "무슨 일이에요?"라고 말하는 듯 나를 쳐다보았다. 그 순간 우리가 기도해야 한다는 것을 남편 역시 알았을 것이다.

"여보, 누군가 비행기를 폭파하려고 해요!" 내가 본 환상을 남편에게 설명했다. 우리는 함께 기도했다. 그 결과 악명 높은 '신발 폭탄 테러자'는 계획대로 자살 폭탄을 실행하지 못했.

왜 나에게 이런 일들이 일어나는 것일까? 주님은 내가 이런 경험을 하기 전에 주님께 올려 드렸던 나의 기도를 생각나게 하셨다. "하나님, 주님 뜻대로 저를 사용해 주세요. 주님이 원하시면 무엇이든 하겠습니다. 가라고 하시면 가고, 하라고 하시면 하겠습니다."

그리고 하나님의 인도하심을 구하며 말씀을 찾고 있을 때, 한 말씀이 문득 떠올랐다. "이 땅을 위하여 성을 쌓으며 성 무너진 데를 막아 서

서 나로 하여금 멸하지 못하게 할 사람을 내가 그 가운데서 찾다가 찾지 못하였으므로"(겔 22:30).

바로 그때 하나님께서 나를 중보자로 부르셨다는 것을 알 수 있었다. 나는 수년간 성령께서 인도하시는 대로 기도했다. 왜 그렇게 기도했는지 잘 몰랐지만, 이것을 통해 하나님 나라를 위한 좋은 열매를 맺었기 때문에 마음은 편했다.

무너진 데를 막아서는 일에 주님께 쓰임 받을 수 있다는 확신이 들 때 즈음, 버스터와 토드를 포함한 여러 기적적인 기도의 응답들이 사람들 사이에 회자되기 시작했다. 나는 여러 교회로부터 중보기도에 대한 강의를 해달라고 요청받았다. 그때부터 사람들에게 중보기도를 가르치기 위해 말씀을 깊이 연구했다.

나의 사역이 성장하고 많은 기회의 문들이 계속 열리고 있던 어느 날, 하나님께서 말씀하셨다. "신디, 너의 사역을 내려놓고 중보하는 법을 배우거라." 나는 이미 배웠다고 생각했다. 그런데 갑자기 내가 기도하는 법을 전혀 모르고 있다는 생각에 완전히 사로잡혔다. 마음의 씨름을 마친 후 나는 이렇게 고백했다. "예, 주님."

그렇게 중보의 두 번째 단계에 접어들었고, 이것은 이 책의 근간이 되었다. 하나님은 위대한 중보자들, 곧 살아 있는 기도의 전설들을 통해 나의 학문적 지평을 확장해 주셨다. 그들 중 일부는 이 땅을 떠나 주님과 함께 있지만, 다른 이들은 지금도 여전히 하나님 나라를 위해 수고하고 있다. 우리는 아름다운 기도의 시간을 함께 보내고 있다.

이 시기에 배운 한 가지 원칙은 '중보는 배우는 것(taught)이라기보다는 사로잡히는 것(caught)'이라는 점이다. 이 말은 내가 조직적인 가르침을 받았다기보다는 현장에서 성령의 능력을 경험하고 그 일에 동참함으로 성장했다는 뜻이다. 중보자들은 자신이 하는 일을 분석하기 어렵다는 사실을 잘 알고 있다. 그들은 자신의 삶을 내려놓고 기도하는 삶을 살라는 주님의 뜻에 집중하기 때문이다. 나는 그들을 관찰하고 그것을 통해 배웠다.

내 삶에 깊은 영향을 준 중보자는 딕 이스트만이다. 중보기도에 있어서 딕의 영적 유업은 매우 풍성하다. 그는 '모든 가정에 그리스도를'(Every Home for Christ)이라는 단체의 대표다. 이 단체의 비전은 복음을 전 세계의 모든 가정에 전하는 것이다.

EHC 국제 본부 내에 있는 여리고센터는 사역의 성공을 이끄는 핵심이다. 여리고센터 1층에 있는 파수꾼훈련센터에는 50톤이 넘는 예루살렘의 아름다운 돌로 만든 파수꾼의 벽이 있다. 벽 안에는 '작은 기도 굴들'이 있는데, 그곳에서 많은 이들이 매년 수천 시간의 기도를 하고 있다. 2003년 여리고센터를 열기 전 7년 동안 EHC는 전 세계 1억 개 이상의 가정에 복음을 전했다. 그리고 센터를 열어 기도를 시작한 후 7년 동안 3억 3천만 개 이상의 가정에 복음을 전했다. 현재 EHC는 매달 수백만 가정에 그리스도를 전하고 있다. 바로 추수를 위한 중보 덕분이다.

딕과 그의 아내와 인터뷰할 때, 그에게 물었다. "딕, 기도로 부름 받을 때, 당신의 삶에 가장 큰 영향을 준 사건은 무엇입니까?" 그는 따뜻한 미소로 대답했다. "나는 자랄 때 자명종이 전혀 필요 없었어요. 매일 아침 어머니의 기도 소리를 듣고 일어났거든요."

딕의 어머니 로레인은 아들을 위해 신실하게 중보했다. 그녀 역시 열방을 위해 기도하는 일에 자신의 시간을 투자했다. 하나님은 자식을 통해 어머니가 심은 기도에 응답하셨다.

놀랍게도 딕은 모범적인 청소년이 아니었다. 사실 그는 굉장한 반항아였다. 그는 《무릎의 기도를 사랑하라》(Love On Its Knees)에서 이렇게 말한다.

나는 열네 살 때 절도와 도둑질을 하던 심각한 반항아였습니다. 어머니는 나를 사로잡은 어둠과 맞서 일어나 예수 그리스도의 빛이 내 마음속에 비치도록 기도하셨습니다.

어느 특별한 날, 어머니의 기도가 나를 따라다닌다는 느낌을 받은 적이 있습니다. 그날 친구인 마이크가 큰 수영장에 가자고 했습니다. 우리는 그곳에서 수영하는 사람들이 남겨둔 수건과 가방, 지갑을 훔칠 계략을 세웠습니다. 일단은 사람들이 수영하러 물에 들어가면, 자연스럽게 걸어가 그들의 수건과 지갑에 우리의 수건을 덮어둡니다. 그리고 몇 분간 비치볼을 가지고 노는 척하다가 우리의 수건과 함께 다른 사람들의 지갑을 챙긴 후 아무 일도 없다는 듯 유유히 걸어 나올 계획이었습니다.

그런데 그 특별한 주일 날 마이크의 전화를 받았을 때, 내게 무언가 놀라운 일이 일어났습니다. 나는 그에게 수영장에 가지 않을 것이고, 다시는 이런 짓을 하지 않겠다고 말했습니다. 왜 그랬는지 나도 잘 모르겠습니다. 나는 마이크에게 내 삶이 바뀌었다고 말했습니다.

마이크는 그날 혼자 갔습니다. 그리고 수영장 근처 언덕에 앉아 있던 한 남자가 우연히 마이크의 이상한 행동을 보고 경찰에 신고했습니다. 마이크는 체포되어 교도소에 수용되었습니다. 그날 밤 나는 교회에 갔고, 하나님은 어머니의 기도에 응답하기 시작하셨습니다.

딕이 대학에 갔을 때, 그의 어머니는 더 강력하게 기도했다. 어머니가 딕을 위해 간절히 기도할 때, 하나님은 예상 밖의 장소인 기숙사의 커다란 옷장에서 딕에게 말씀하기 시작하셨다. 그 커다란 옷장은 세계적인 기도 사역의 추진체가 되었다.

기도의 용사들을 통한 하나님의 놀라운 역사를 기술해 나가는 동안 우리는 또 다른 기도의 용사들을 만나게 된다. 나는 그들의 이야기를 경청하며 그들의 방법을 관찰했고, 그들이 받은 놀라운 기도 응답에 할 말을 잃었다. 그들은 나의 끝없는 질문을 차분하게 들어 주었다. "왜 당신은 그런 식으로 기도하세요? 당신이 기도할 때마다 매번 똑같은 방식으로 역사가 일어나나요? 얼마나 기도해야 하는지 어떻게 알 수 있나요?"

사실 이 책은 기도하는 하나님의 거장들에게 얻은 황금알을 집대성한 것이다. 그들이 기도학교에서 사람들에게 가르쳐 준 핵심을 미래의 기도 용사들에게 전수해 주는 것이 그들의 바람임을 나는 잘 알고 있다. 이들의 가르침은 반드시 지속해서 적용해야 할 소중한 교훈이다. 또한 하나님은 우리가 계속 중보의 자리에 머물기를 원하신다. 효과적으로 전쟁을 하려면, 반드시 하나님의 말씀과 임재로 끊임없이 검의 날을 날카롭게 갈아야 한다.

내가 경험한 중보기도의 두 번째 단계의 훈련은 E. M. 바운즈와 앤드류 머레이 같은 경건한 저술가들의 책을 읽는 것이었다. 하나님은 특히 노만 그럽이 쓴 《성령의 사람 리즈 하월즈의 중보기도》를 통해 말씀해 주셨다. 1900년대 웨일즈 사람의 삶은 나에게 깊은 감동을 주었다. 나는 한 장을 읽고 울다가 다음 장을 읽기까지 한 주 이상을 기다려야 했다. 각 장의 내용들이 이 사역으로 더 깊이 들어갈 수 있도록 내 영혼의 아픔을 일깨워 주었기 때문이다.

그럽은 다음과 같이 기록한다. "성령님은 위대한 웨일즈 부흥시대에 하나님과의 놀라운 만남으로 그를 택하시고 훈련하시고 세우셨다."

하나님은 대부흥의 때에 리즈 하월즈 같은 사람들을 일으키셔서 중보자와 교사로 빚으셨고, 새롭게 거듭난 영혼들을 향한 거룩한 부담을 가지고 기도하며 그들을 인도하도록 하셨다. 이 젊은 중보자는 우리 영혼의 적이 얼마나 강한지 깨달았다. "이 악한 세상에 살고 있는 성도들을 위한 성령님의 중보는 반드시 성령 충만한 신자를 통해 이루어져야 한다."

하나님은 여전히 중보에 관해서 내게 많은 것을 보여 주신다. 중보기도의 세 번째 단계는 '중보의 장군들'을 설립한 것이다(현재는 열방의 장군들이다). 이 단계에서 나는 대적의 문과 그것을 취하는 방법에 대해 배웠다. 이것에 대해서는 이 책 전반에서 다룰 것이다.

더 깊은 중보기도를 위한
소그룹 스터디 POSSESSING THE GATES OF THE ENEMY

■ 핵심 성경 구절

이사야 14:12, 마태복음 16:18, 에베소서 1:21, 예레미야 1:10, 누가복음 11:17-22, 에베소서 3:10, 에스겔 28:11-19, 고린도후서 2:11, 에베소서 6:11-12, 다니엘 10:12-13, 고린도후서 10:4, 골로새서 2:15, 마태복음 11:12

01 긴급한 기도 때문에 한밤중에 일어난 적이 있는가? 무슨 기도를 해야 할지 어떻게 알았는가? 당신의 기도가 변화를 일으켰다는 것을 확인한 적이 있는가?

02 기도 응답이 자연계에 일어나기 전에 '하늘이 주신' 기도가 응답된다는 말은 무슨 뜻인가?

03 당신은 '조급한' 기도를 드린 적이 있는가? "주님께서 말씀하시면 무엇이든, 그곳이 어디든, 어떤 대가든지 치르겠습니다." 이런 기도를 했다면, 당신에 대한 하나님의 부르심은 무엇인가? 주께서 당신에게 어떤 희생을 요구하신다고 생각하는가?

04 하나님께서 당신을 중보자로 택하셨다고 생각하는가? 그렇게 생각하는 이유는 무엇인가?

05 '중보는 배우는 것이 아니라 사로잡히는 것'을 보여 주는 성숙한 중보자들의 삶을 통해 역사하는 하나님의 능력을 목격하거나 경험했는가?

06 중보와 관련된 성경 말씀과 책을 읽었는가?

CHAPTER 02
중보의 장군들

THE CALL TO INTERCEDE

    세 번째 훈련은 1985년 어느 조용한 날 시작되었다. 마이크가 집에서 일하고 있을 때, 나는 기도해야겠다는 특별한 필요를 느꼈다. 그래서 남편에게 말하고 기도의 골방(우리의 침실)에 들어가 침대 옆에 무릎을 꿇었다. 당시 미국의 상황이 크게 걱정이 되어 3일간 금식하며 기도했다. 마침내 내면 깊숙한 곳에서 다음과 같은 질문이 떠올랐다.

    "아버지, 사탄은 무소부재하지도 않고 전지하지도 않은데, 어떻게 열방의 나라들과 효과적으로 잘 싸우고 있나요?"

    잠잠히 기다리는 동안 세미한 음성이 들렸는데, 귀에 들리는 소리는 아니었다. 하나님께서는 내게 자신을 계시해 주셨다. 당신도 아마 이런 경험을 했을 것이다. 갑자기 하나님의 뜻을 알게 되고, 그것이 당신의 마음 깊은 곳에 확고히 자리를 잡는 것 말이다. 주님은 나에게 '전략'이란 단어를 말씀하셨다. 원수에게 모든 나라와 사역에 대한 전략이 있다는 점은 분명했다. 그리고 그의 군대가 전쟁에서 쉬는 법이 없다는 것도 깨달았다.

당신이 어떤 문제를 가지고 주님 앞에 나아갔을 때, 주님께서 종종 그 문제에 대한 해답의 일부가 되기 원하신다는 것을 경험한 적이 있는가? 하나님은 7년 동안 나를 기도의 골방에서 훈련하신 후 강력한 기도의 용사들과 만나게 하셨다. 그동안 왜 그렇게 강하게 훈련하셨는지 당시에는 잘 몰랐지만, 돌이켜보면 이런 훈련은 '정결한 마음의 법칙'을 배울 수 있도록 계획된 것이었다. 이제 곧 완전히 새로운 모습의 사역이 태동할 예정이었는데, 바로 기도 인도자 사역이다.

사탄의 침범에 관한 기도 응답으로 주님은 '중보의 장군들' 혹은 '중보하는 사역자들'을 모으라는 감동을 주셨다. 주님은 이제 내가 은둔하며 훈련받은 자리에서 나오길 원하셨다. 주님을 기다리는 동안, 그분은 나에게 사랑하는 조국뿐 아니라 세계 모든 나라를 위해 사역단체들을 영적 전장에 모을 수 있는 전략을 주셨다.

전시 상황에서는 장군들이 전투 계획을 짠다. 주님은 우리가 한자리에 모여 사역단체들에게 계시해 주신 주님의 전략과 계획을 듣고 실행하는 법을 배우길 원하셨다. 이 기간에 나는 주님의 몸 된 지체들 대부분이 각개 전투처럼 '산탄 기도'로 자기 사역과 목표에만 몰두해 다른 사람들과 열방을 향한 기도의 힘을 분산시키고 있다는 것을 분명히 깨달았다. 하지만 하나님은 그리스도의 몸의 중보자들이 하나로 연합하여 기도하길 원하셨다. 그들에게 개별 전술은 있었지만, 전략은 없었다.

이 기간에 주님은 다섯 가지 핵심 요소를 알려 주셨다.

1. 어떤 사역단체도 열방을 전략적으로 다룰 때 필요한 계시를 모두 갖고 있지 않다.

2. 그리스도의 몸은 반드시 함께 모여 전투 계획에 대한 계시를 받아야 한다.
3. 사역자들이 모여 각자 받은 전략을 공유할 때, 하나님은 우리에게 그분의 계획을 계시해 주실 것이다.
4. 연합된 모임은 사역단체들 간의 장벽을 허물고, 전쟁을 수행할 때 연합전선을 이루도록 한다.
5. 장군으로 부름 받은 사람들은 주요 사역단체에서 기도 사역의 책임을 맡은 그리스도인이다.

초창기 모임의 기본 임무는 다음과 같았다.

1. 우리는 건국 이래 미국이 범한 죄를 위해 기도해야 했다. 노예제도, 인디언 원주민에 대한 처우, 남북전쟁 때의 갈등과 분열, 2차 세계대전 중 일본계 미국 시민을 감금한 일을 비롯하여 여러 죄가 있었다.
2. 우리는 다니엘서 9장 3-19절을 본보기로 삼았다. 다니엘이 이스라엘 백성이 지은 죄를 고백한 것처럼 우리는 편견, 물질만능주의, 맘몬, 살인, 우상숭배와 같은 죄를 회개해야 했다.
3. 우리가 이러한 죄를 회개한 후, 하나님께서는 사탄 왕국의 통치자들을 높은 자리에서 내리시고 그들의 통치권을 깨뜨리시는 것을 보여 주셨다. 우리는 사탄의 견고한 진을 파쇄할 수 있었다.
4. 우리는 예레미야 1장 10절 말씀을 본보기로 삼았다. "보라 내가 오늘 너를 여러 나라와 여러 왕국 위에 세워 네가 그것들을 뽑고 파괴하며 파멸하고 넘어뜨리며 건설하고 심게 하였느니라." 우리는 넘

어뜨릴 뿐만 아니라 건설하고 심어야 했다. 다음 단계는 미국이 경건한 유산이 있던 자리로 돌아갈 수 있도록 기도하는 것이다. 심는 방법은 '자녀의 마음을 아비의 마음으로 돌이키는 것'이다.
5. 하나님은 우리가 가야 할 여러 나라를 위해 이 모델을 적용해서 사용하실 것이다.

1985년 9월 기도와 금식으로 나아갈 때, 주님은 이 명령을 주셨다. 나는 기도의 골방에서 나오다가 마이크를 만났다. "여보, 기도의 장군들을 모을 수 있도록 도와주시겠어요?"

잠시 나를 물끄러미 본 남편은 숨을 한 번 크게 쉬며 말했다. "그래요, 여보. 내가 도와줄게요."

선하고 경건한 마이크는 이 사역의 전폭적인 후원자이며, 최고의 친구이자 좋은 상담가다. 만일 마이크의 기도 후원과 포기하지 말라는 격려와 심히 괴로울 때 눈물을 닦아 주는 위로와 깊은 사랑이 없었다면, 지금까지 나의 사역을 통해 이루어진 열매들을 볼 수 없었을 것이다. 솔직히 하나님께서 비전을 주셨지만, 그 비전을 현실로 만든 것은 '지브롤터 암벽'(지중해 남서부 끝 지브롤터 항구 근처의 깎아지른 듯한 절벽으로 매우 튼튼하고 안전함을 상징한다-역주) 같은 마이크의 견고한 믿음이었다.

주님께 새로운 과제를 받은 그날 이후 여러 사람을 만나 이 일을 진행할 방법을 상의했다. 우리는 댈러스에서 시작해서 털사, 로스앤젤레스, 워싱턴 D.C., 캐나다, 영국, 호주를 기도로 연결했다.

첫 번째 장군들의 모임은 1985년 11월 텍사스 락월에 있는 반석 위의 교회(Church on the Rock)에서 밥 윌라이트의 주관으로 열렸다. 그날 밤 교회 교육관에 모인 우리는 역사적인 순간에 있는 듯한 느낌을 받았다. 동시에 걱정스러운 마음도 있었다. 모두 다른 교리와 다양한 배경을 가지고 있었기 때문이다. 일부는 우리가 한마음으로 기도하는 것 자체가 가능할지 의문을 품기도 했다.

돌아가면서 자기소개를 하고 어떤 사역을 하는지 나누었을 때, 하나님께서 우리의 일을 기뻐하고 계심을 느낄 수 있었다. 밥 헤닝이라는 신사는 자신의 마음과 우리와 함께하시는 하나님의 마음을 나누었다.

헤닝은 묵직하고 잔잔한 목소리로 말했다. "하나님께서는 교리적 차이를 뛰어넘어 보다 더 높은 목적을 위해 우리를 부르셨어요. 이 모임에는 교리적 일치보다 더 귀한 것이 있습니다. 우리는 예수 그리스도의 십자가를 위해 모여야 합니다. 우리 조국은 지금 기도가 절실하며, 예수님께서 미국 전역의 주가 되셔야 한다는 점에 모두 동의하실 겁니다."

하나님께서 우리 가운데 말씀하셨다. 그 순간 한 사람 한 사람이 안도의 숨을 내쉼과 동시에 서로를 둘러싼 벽이 무너지는 듯했다. 팽팽한 긴장감은 사라졌고, 하나님의 임재가 방을 가득 채웠다. 예수 그리스도는 관계가 단절된 사람들을 고치고 분열된 사람들을 회복시키는 진정한 주인이시다.

첫 모임을 계기로 우리는 댈러스에 있는 사역단체들을 만나기 시작했다. 우리가 모일 때마다 강한 결속과 놀라운 일치가 있었다. 모임은 이렇게 진행했다. 먼저 약 30분 정도 집중적으로 기도한 다음, 하나님께서 각 사역단체에게 주신 전략을 나누었다. 그때 임하는 연합의 기름 부음은 참으로 아름다웠다.

하나님은 초창기 모임을 통해 미국을 위한 하나님의 전략과 열방을 치유할 방법을 보여 주셨다. 사역단체들 간에 이룬 연합의 영은 하나님의 마음을 시원하게 했고, 기도를 마칠 때에는 그분의 평강이 임했다.

댈러스에서 시작한 중보의 장군들 모임은 미국 전역으로 확산되었고, 다른 나라들까지 번져 나갔다. 우리가 모일 때마다 하나님의 마음에 있는 특별한 기도 제목들이 점점 더 발전해 가는 듯했다.

이와 관련된 한 가지 예로 캘리포니아 패서디나에서 열린 우리의 첫 집회를 들 수 있다. 딕 이스트만이 말씀을 마쳤을 때, 주님은 집회 전에 내게 주신 말씀을 떠올려 주셨다. 이 모임을 위해 기도하던 중 2차 세계대전 당시 일본계 미국인들에게 범한 죄를 회개하면, 하나님께서 그들에게 복음의 역사를 일으켜 주실 것이라는 응답을 받았다.

내가 이 말씀을 나눌 때, 토런스에서 온 목사님이 앞으로 나와 말했다. "이것이 바로 우리 마을에 사는 일본계 미국인들을 전도하지 못한 이유입니다. 제가 기도해도 될까요?"

그는 무릎을 꿇고 미국인들이 일본계 미국인들의 집과 땅을 빼앗고 그들에게 상처 준 것에 대해 하나님 앞에 용서를 구하기 시작했다. 영계에서 어떤 일이 벌어지고 있는지는 잘 몰랐지만, 우리는 모두 하나님의 초자연적인 역사가 일어나고 있음을 느낄 수 있었다.

몇 개월 후 나는 1988년 4월 21일 자 〈기도 저널〉을 읽고 있었다. 기사 제목은 "상원, 일본계 미국인들을 위한 보상 가결"이었다. 2차 세계대전 당시 집에서 쫓겨나 강제로 수용소에 갇힌 수천의 일본계 미국인들에게 각각 2만 불의 세금 감면 혜택을 주기로 상원에서 가결했다는 내용이었다.

우리의 기도가 이 법안에 얼마나 많은 영향을 주었을까? 물론 의심할 여지없이 다른 사람들도 기도했을 것이다. 우리만 기도했다는 뜻이 아님을 분명히 밝힌다. 우리는 그저 하나님의 전략의 일부를 담당했을 뿐이다. 나는 패서디나에서 하나님께 올려 드린 우리의 간절하고 효과적인 기도가 상원의 결정과 직접적인 관계가 있었다고 확신한다.

후에 우리는 존 도우슨이 창안한 '동일시 회개'라는 용어를 적용했다. 이런 중보는 어떤 도시나 민족 혹은 나라의 무너진 틈 사이에 서서 과거의 죄와 불의에 대해 용서를 구하는 기도다.

다른 도시에 새로운 중보의 장군들 모임을 시작할 때가 되면, 나는 비행기를 타고 가서 하나님께서 사역의 문을 열어 주실 때까지 기도했다. 대부분 그곳에 아는 사람이 전혀 없었지만, 하나님은 그저 "가라"고 말씀하셨다. 주님은 매번 신실하셨다. 주님은 새로운 도시의 문이 열리도록 우리와 함께 기도하며 지지해 줄 중보의 후원자들을 만나는 축복을 주셨다.

중보의 장군들은 문제가 있거나 도움이 필요한 사람들에게 연결고리가 되었다. 그것을 통해 우리는 삶 속에서 겪는 다양한 실수와 문제와 필요를 다루는 법을 많이 배웠다. 그리고 그들이 겪는 대부분의 문제가 순전히 무지 때문이라는 것을 알게 되었다. 하지만 적절한 지도를 받으면, 그들은 즉시 변화되었다. 변화를 원하지 않는 사람들은 외부와 단절된 외인부대로 사는 것 외에는 관심이 없었다. 이로 인해 우리의 마음은 매우 아프고 슬펐다.

도시를 순회할수록 이런 문제점은 하나님의 말씀과 균형을 이루어야 해결된다는 사실이 점점 더 분명해졌다. 우리는 진정한 중보기도를 버릴 것이 아니라, 성경적 진리의 토대 위에서 기도하도록 유의해야 한다. 하나님의 심장 가까이 가는 것, 곧 중보기도라는 주제에 대해 우리는 다시 한 번 하나님의 말씀으로 돌아가야 한다.

나는 중보의 장군들을 만나면서 이 책을 집필하고 싶은 소원을 품게 되었다. 지금도 여전히 많은 사람들이 중보에 대해 궁금해하고 해답을 찾고 있다. 기도에 관한 탁월한 책들은 많지만, 중보기도에 초점을 맞춘 책은 상대적으로 드물다.

1985년 첫 모임을 한 이래로 지금까지 우리는 정말 많은 기도 모임을 했고, 100개국 이상을 다녔다. 열방을 치유해야 할 우리의 부르심을 표현하기 위해 우리 사역의 이름을 '열방의 장군들'로 개명해야 할 정도로 사역은 놀랍게 확장되었다.

우리는 역사상 매우 중요한 시기에 살고 있다. 나는 대각성과 부흥이 오고 있으며, 하나님께서 세계 전역에 중보자들을 일으키는 일에 매우 큰 관심을 가지고 계신다고 믿는다. 이사야 56장 7절은 말한다. "내 집은 만민이 기도하는 집이라 일컬음이 될 것임이라."

이제 곧 수많은 사람이 거듭나 하나님 나라에 들어오게 될 것이다. 이제 우리는 하나님의 마음에서 비롯된 이 부르심의 소리를 들을 수 있다. "만민을 위해 기도하는 집이 될 사람들은 지금 어디에 있느냐?"

만일 우리가 이 부르심에 응답하지 않고 중보자로서 우리 자신을 훈련하고 세우지 않는다면, 믿음의 자녀들이 태어날 때 그들이 잘 자라도록 도와주고 그들의 무너진 틈을 막아설 자가 아무도 없을 것이다. 나라마다 영광스러운 복음의 빛을 비추는 하나님의 계획을 성취하도록 돕는 일에 실패하고 말 것이다. 나는 하나님께서 우리에게 이렇게 말씀하지 않으시길 기도한다. "무너진 데를 막아 서서 … 중보할 사람을 찾았지만 … 아무도 찾지 못했노라"(겔 22:30).

이제 전쟁을 위해 함께 훈련해 보자.

더 깊은 중보기도를 위한
소그룹 스터디 POSSESSING THE GATES OF THE ENEMY

■ 핵심 성경 구절

이사야 14:12, 마태복음 16:18, 에베소서 1:21, 예레미야 1:10, 누가복음 11:17-22, 에베소서 3:10, 에스겔 28:11-19, 고린도후서 2:11, 에베소서 6:11-12, 다니엘 10:12-13, 고린도후서 10:4, 골로새서 2:15, 마태복음 11:12

01 효과적인 기도를 위해 중보로 하나 되는 것이 중요한 이유는 무엇인가? 교리적으로 하나 되는 것과 중보로 하나 되는 것의 차이점은 무엇인가?

02 당신이 속한 교회나 교단은 중보에 대한 특별한 전략을 가지고 있는가?

03 회개와 죄의 용서는 사탄의 견고한 진을 파쇄하는 것과 어떤 연관성이 있는가?

04 하나님께 받은 당신의 비전이 장애물을 만난 경험이 있는가? 그때 하나님께서 주신 말씀을 의심했는가?

05 매일 접하는 뉴스를 기도 제목으로 삼을 수 있다고 생각하는가? 이것을 적용하는 방법은 무엇인가?

06 사람들의 마음을 중보기도에서 멀어지게 만드는 균형 잃은 중보자들이나 기도 모임을 알고 있는가? 그들을 도울 방법은 무엇인가?

07 성령의 전인 당신은 자신을 '열방을 위해 기도하는 집'이라고 생각하는가? 그렇게 생각하는 이유는 무엇인가?

CHAPTER 03
정결한 마음의 원리
THE CALL TO INTERCEDE

구원자께서는 친히 택하신 그릇을 중보의 삶으로 인도하시기 전에
먼저 육의 본성 가장 밑바닥에 있는 모든 것을 반드시 다루신다.
_리즈 하월즈

　　어린 시절 나의 설교자인 아버지는 평생 잊지 못할 말씀을 해주셨다. "신디, 성령님은 신사라는 것을 기억해라. 우리가 성령님을 환영하지 않으면, 그분은 절대 우리 안에 함부로 들어오지 않으신다."
　　중보자가 되기 위해서는 반드시 이 단순한 진리를 이해해야 한다. 중보자는 하나님의 비밀을 받고, 그 비밀을 위해 기도하는 사람이다. 따라서 우리 마음이 정결할수록 주님을 더 잘 모실 수 있다. 그리고 주님께서 그분의 비밀을 더 많이 알려 주시면, 우리는 더욱 효과적으로 기도할 수 있다.
　　하나님은 우리 안에 악한, 그것도 아주 사악한 것이 있다고 말씀하신다. 그리고 우리에게 이런 악함을 버리라는 거룩한 부담감을 주신다. 우리는 믿음으로 마음의 문을 열고 반드시 이렇게 고백해야 한다. "주

님, 내 안에 오셔서 정결한 마음을 창조해 주세요." 우리가 마음속에 있는 모든 어둠의 방문을 열면, 거룩한 신사이신 성령님은 우리 안에 들어오셔서 리즈 하월즈의 표현대로 '육의 본성 가장 밑바닥에 있는 모든 것을' 다루어 주실 것이다.

기도의 첫 단계는 "오 하나님, 내 속에 정한 마음을 창조하소서"(시 51:10)라고 외친 다윗처럼 우리도 그렇게 간구해야 할 필요성을 인식하는 것이다. 언젠가 기도 시간에 주님께서 나의 전부를 원하신다는 감동을 받았다. 나를 그분의 중보자로 사용하시기 위해 하나님은 여전히 드러나지 않은 감춰진 영역들을 만지길 원하셨다.

곰곰이 생각한 후 나는 이렇게 고백했다. "예, 주님. 지금 오셔서 주님께 완전히 사로잡힌 삶을 살지 못하도록 방해하는 모든 문제를 다루어 주세요."

리즈 하월즈는 성령님께서 그의 삶을 다루신 방법을 설명하면서 자신이 겪은 씨름을 알려 주었다. 하나님께서는 성령의 모든 것을 얻기 원한다면, 자신의 모든 것을 그분께 바치라고 하셨다.

> 하나님께서 다루신 것은 죄가 아니라 타락 이후에 생긴 자아였다. 그분의 손가락은 나의 자아 각 영역을 지목하셨고, 나는 냉정하게 결단해야만 했다. 주님은 내가 동의하기 전까지 단 한 가지도 취하지 않으셨다. 하지만 주님께 내어드리는 순간, 정결 작업이 시작되었다.

한 주 동안 주님의 정결 작업을 마친 리즈 하월즈는 영광스러운 성령의 충만함을 경험했다. 그의 마음에서 쓴 뿌리를 제거하자마자 주님은 정결한 마음을 주셨다. 어떤 사람들은 하월즈처럼 주님 앞에 한동안 머물 때 정결 작업이 일어나지만, 어떤 이들은 성령님이 오심과 동시에 마음을 깨끗하게 씻어 주시기도 한다. 우리는 종종 왜 그렇게 사람들이 성령 충만을 가볍게 취급하는지 의문스러울 때가 있다. 하나님은 우리에게 정결한 마음을 주길 원하신다.

하나님께서 우리 안에 정결한 마음을 창조하시도록 간구하는 두 번째 단계는 변화가 필요한 영역을 주님께서 다루시도록 내어드리는 것이다. 성령의 온전한 충만함을 구한 후 나는 완악한 마음이 변화되면 자동으로 모든 것이 주님의 통치 아래 들어갈 것이라고 기대했다. 당시 나는 성령의 다스림을 받는 일은 참으로 쉽고, 예수님의 마음과 성품을 받는 즉시 예수님처럼 될 것이라고 생각했다.

참으로 얼마나 많은 잘못을 저질렀는지. 그날 이후 내가 행한 모든 악행이 내 눈앞에 환히 보이기 시작했다. 설상가상으로 주님을 닮기는커녕 이전보다 더 악해지는 듯했다. 달라진 점이라면 죄를 짓는 즉시 성령의 깊은 책망을 느끼고, 내 마음이 주님 앞에 점점 더 온유하고 부드러워지는 것이었다.

특별히 다루심을 받은 문제는 교만이었다. 정말 재미있는 것은 내가 주님께 순복하는 기도를 드리기 전, 나를 괴롭히던 죄의 목록에 교만이 포함되지 않았다는 것이다. 나는 삶 속에 깊이 뿌리내린 이 죄를 인식조차 하지 못했다. 내 안에 선한 것이 없다는 것을 깨달아야만 했다. 나의 의는 더러운 걸레 같았다.

모든 것을 순복하며 내어드리는 법을 배우는 시기에 요셉 이야기는 참으로 소중했다. 요셉 이야기가 중보자의 삶과 무슨 관련이 있을까? 하하나님은 한 나라에 하늘의 신성한 개입을 이루시기 위해 요셉을 사용하셨다. 요셉은 일종의 중보자였다. 하나님은 그를 사용하시기 전에 그의 잘못된 마음의 태도를 확실히 다루셨다. 요셉 이야기는 창세기 37장에서 시작한다. 2절을 보면 요셉이 젊고 기고만장한 십대 소년이었음을 알 수 있다.

> 야곱의 족보는 이러하니라 요셉이 십칠 세의 소년으로서 그의 형들과 함께 양을 칠 때에 그의 아버지의 아내들 빌하와 실바의 아들들과 더불어 함께 있었더니 그가 그들의 잘못을 아버지에게 말하더라

여기 하나님께서 한 나라의 운명을 바꾸기 위해 사용하실 도도한 공작새 한 마리가 있다. 하나님께서는 먼저 그의 성품 몇 가지를 다루셔야만 했다.

젊은 중보자로서 요셉과 나는 교만에 관한 한 거의 쌍벽을 이루었다. 하나님께서 나에게 어떤 사람의 문제를 보여 주시면, 나는 곧장 달려가 그에게 말했다. "하나님께서 당신이 쓴 뿌리로 가득 차 있다고 알려 주셨어요." 나는 하나님께서 어떤 문제점을 당사자에게 알려 주실 때까지 참고 기다리지 못했고, 그들은 나의 말에 깊은 상처를 받았다. 그때만 해도 나는 그가 반항적이고 자신의 문제점을 직면하기 싫어한다고 생각했다.

나는 하나님의 비밀을 지키는 법을 배워야만 했다. 기도할 때, 하나님께서 당신에게 무언가를 보여 주실 때가 있다. 그것은 당신이 기도 제목으로 삼아야 할 것으로, 틈 사이에 막아서서 중보하는 사람에게도 그

것을 말해서는 안 된다. 하나님은 다가올 재난을 기도로 막아서도록 당신을 부르셨다. 어떤 위험 요소를 인식한다고 해서 최전방에서 싸우는 사역자나 사람들을 참견하라고 부르신 것은 아니다. 당신의 임무는 종종 다른 사람들에게 말하지 않고 틈 사이에 묵묵히 서 있는 것이다. 훌륭한 중보자가 되기 위해서는 말할 때와 침묵할 때를 분별하는 법을 배워야 한다.

요셉이 했던 다음 일은 (기름 부음을 상징하는) 채색옷을 입고 그의 위치를 과시하는 것이었다. 하나님께서 부어 주신 기도의 영을 받은 사람들은 자신이 중보자라는 이유만으로 아주 특별하다고 생각하는데, 이것은 매우 심각한 문제다.

하나님께서 우리에게 기도를 맡기실 때, 우리 기도의 언어가 더럽혀지거나 편견에 빠지지 않을 때까지 반드시 우리의 마음을 깨끗하게 하신다. 주님은 우리의 뜻이 아닌 그분의 뜻에 따라 기도하는 법을 가르쳐 주길 원하신다. 아버지의 마음 때문에 주님은 우리의 '기름 부음'의 옷, 즉 이 기적 욕망, 쓴 뿌리, 거절, 교리, 선입견을 벗기는 작업을 하신다.

요셉은 형들의 허물을 고자질했다. 형들은 아버지의 총애를 입은 어린 동생을 참을 수 없었다. "요셉이 형들에게 이르매 그의 형들이 요셉의 옷 곧 그가 입은 채색옷을 벗기고"(창 37:23).

다음 구절이 상징하는 바는 아주 흥미롭다. "그들이 앉아 음식을 먹다가 눈을 들어 본즉 한 무리의 이스마엘 사람들이 길르앗에서 오는데 그 낙타들에 향품과 유향과 몰약을 싣고 애굽으로 내려가는지라"(창 37:25).

그들이 싣고 온 향품은 요셉의 장례 때 사용할 것이다. 하나님은 이 사건을 통해 긴 세월 동안 교만과 이기적 야망을 죽임으로 기름 부음 받은 젊은이의 높은 부르심을 지켜주셨다.

열정 가득한 젊은 중보자들에게 고통스러운 한 가지 진리가 있는데, 바로 하나님은 서두르지 않으신다는 것이다. 하나님은 우리 안에서 시간을 두고 그분의 성품을 빚어 가신다. 그분은 인내하시며 섬세하게 우리의 악한 마음을 정결하게 하심으로, 우리가 그분의 뜻이 이 땅에 이루어지도록 기도하게 하신다. 우리들 대부분은 모든 것이 즉시 이루어지길 원하지만, 하나님은 충분한 시간을 두고 행하신다. 산 제물의 문제점은 제단에 가만히 있지 않고 뛰어 내려오려 한다는 것이다. 그들은 잠시 그곳에 앉아 있다가 어떤 낌새를 알아채기 시작한다. 그리고 얼마 후 예수님의 형상을 닮아가는 것이 때때로 아프다는 것을 깨닫는다. 그 순간 어떤 이들은 기도로 그리스도를 섬기는 대가가 너무 커서 그만 포기하기도 한다.

하나님은 요셉의 교만한 마음을 정결하게 하시고 그를 성숙시키기 위해 더 많은 것을 준비하셨다. 하나님의 은총으로 요셉은 한동안 모든 것이 잘 되었고, 승승장구하여 보디발의 집에서 가정 총무의 위치까지 올랐다. 그때 하나님의 손이 그의 삶의 다른 영역, 그의 육적 속성과 재능을 만지기 시작하셨다. "요셉은 용모가 빼어나고 아름다웠더라"(창 39:6).

우리가 어느 정도 성공을 맛보기 시작하면, 권세 있는 기도 혹은 그분의 음성을 좀 더 분명하게 듣는 능력 때문에 하나님께서 우리를 다른 사람들보다 더 높이셨다고 착각하는 함정에 빠지기 쉽다. 하나님께서 다른 사람들보다 우리를 더욱 기도에 '빼어나고 아름답도록' 하셨다고 생각하는 것이다.

비록 요셉이 보디발 아내의 유혹을 거절했을지라도, 그에게는 여전히 교만과 관련된 많은 문제가 있었다. 때때로 무심코 내뱉는 말이 우리 마음의 태도를 드러낸다. 다음 구절에서 일인칭 대명사가 몇 번 나오는지, 주인의 집에서 성공한 자신의 위치에 대한 공로의 꼭대기에 누가 있는지 살펴보자.

> 요셉이 거절하며 자기 주인의 아내에게 이르되 내 주인이 집안의 모든 소유를 간섭하지 아니하고 다 내 손에 위탁하였으니 이 집에는 나보다 큰 이가 없으며 주인이 아무것도 내게 금하지 아니하였어도 금한 것은 당신뿐이니 당신은 그의 아내임이라 그런즉 내가 어찌 이 큰 악을 행하여 하나님께 죄를 지으리이까 _창 39:8-9

"어찌 하나님께 죄를 지으리이까"라는 그의 마지막 말을 주목하라. 어느 날 나는 응답받은 기도에 대해 간증했다. 이것은 나의 기도에 대한 놀라운 응답이었다. 그런데 그날 밤 기도 시간에 성령님께서 슬퍼하시는 것을 느꼈다. 나는 그 이유를 알 수 없었다. 기도하는 동안 주님은 내가 응답받은 기도에 대한 간증을 나눌 때 특별한 역할을 못하셨고, 마치 내 힘으로 이룬 것처럼 말했다는 것을 부드럽게 알려 주셨다. 잠잠히 나의 마음을 살피자 간증 시간에 내가 얼마나 선을 넘었는지 깨닫게 되었다. 나는 회개하였고, 잠시 후 하늘 아버지 앞에 정결하게 되었음을 느꼈다.

한번은 하루하루가 실망스럽고 괴롭게 느껴질 때가 있었다. 결국 어느 날 밤 주님께 그 문제에 대해 기도했다. "주님, 지금 저 자신이 욥처럼 느껴져요. 제가 마귀의 공격을 받고 있나요? 환경적 압박을 통해 삶 가운데 뿌리 뽑을 것이 있어서 주님께서 주신 괴로움인가요?"

주님은 부드럽지만 단호하게 어떤 기도보다 영적 전쟁의 기도가 가장 중요한 것처럼 생각한 나의 교만한 마음을 다루셨다. 그리고 성령님은 어린아이의 기도를 사랑하시고, 그런 기도를 아주 가치 있고 귀하게 여기신다는 것을 알려 주셨다. 말할 필요도 없이 나는 그 말씀에 깊이 찔렸고 잘못된 마음을 바로잡았다. 그러자 내 삶에 벌어진 어려운 상황들이 신속하게 정리되었다.

하나님의 위대하신 점 중 하나는 당신이 어떤 시험에 실패하면 그분이 다른 방편을 마련하신다는 것이다. 요셉은 고지식한 사람이었다. 이에 대해 하나님은 해답을 갖고 계셨는데, 그것은 그가 일정 기간 감옥생활을 하는 것이었다.

시간이 흘러 하나님은 최종 시험을 치르기로 하셨다. 하나님은 요셉과 함께 감옥에 있던 애굽 왕의 두 신하에게 꿈을 주셨다. 꿈의 의미를 알려 주시는 하나님을 믿는 요셉은 두 신하의 꿈에 대해 하나님께 물었다. 하나님은 요셉에게 꿈의 의미를 알려 주셨고, 요셉은 이것이 감옥에서 나갈 수 있는 절호의 기회라고 생각했다. 다음 구절은 그의 마음을 잘 표현해 준다. "당신이 잘 되시거든 나를 생각하고 내게 은혜를 베풀어서 내 사정을 바로에게 아뢰어 이 집에서 나를 건져 주소서"(창 40:14).

요셉은 이스라엘의 하나님을 전할 중요한 기회를 놓쳤고, 하나님께 영광을 돌리지 못했다. 그 결과 하나님의 판결은 2년 더 정화의 불에 머무는 것이었다. 2년 후 하나님은 바로에게 꿈을 주셨고, 왕의 술 맡은 관원장은 요셉을 기억했다. 이제 요셉의 반응을 보자. "요셉이 바로에게 대답하여 이르되 내가 아니라 하나님께서 바로에게 편안한 대답을 하시리이다"(창 41:16).

졸업식 날, 요셉은 드디어 자신이 아닌 하나님께 영광을 돌렸다. 하하나님은 바로의 마음을 움직여 요셉을 애굽의 두 번째 서열로 올리셨다. 우리의 마음 가운데 변화가 필요한 부분을 하나님께서 제거하시도록 내어드리면, 그분은 우리에게 왕들이 침상에서 말한 비밀까지 알려 주시고 열국을 위해 중보하는 일을 맡겨 주실 것이다. 동시에 하나님은 정결한 마음의 원칙 세 번째 단계의 일을 수행하시는데, 우리 마음의 죄뿐만 아니라 마음의 상처까지 깨끗이 치유하신다. "너희는 하나님의 은혜에 이르지 못하는 자가 없도록 하고 또 쓴 뿌리가 나서 괴롭게 하여 많은 사람이 이로 말미암아 더럽게 되지 않게 하며"(히 12:15).

나는 마음의 상처 없이 인생을 살아가는 사람을 본 적이 없다. 우리는 하나님께서 우리의 상처를 깊이 도려내시고 대속의 피로 씻어내시도록 맡겨드리기보다 갈보리에서 그저 가볍게 샤워만 할 때가 많다. 때때로 어려운 상황에 빠져 내면의 쓴 뿌리가 말과 행동으로 드러나기 전까지 마음의 상처가 어느 정도인지 잘 모른다. 성령님께서 우리의 용서하지 않는 마음에 그분의 빛을 비추시도록 허락하지 않으면, 우리의 기도는 마음의 상처로 오염될 것이다.

이 교훈은 어느 날 하나님께서 한 가지 비밀을 말씀해 주셨을 때 깨달았다. 내가 샘이라고 부르는 목사에게 큰 문제가 생겼다. 만일 그가 삶의 태도를 바꾸지 않으면, 심각한 심장마비를 겪게 될 위험에 처해 있었다. 하나님께서 나에게 이 비밀을 알려 주신 두 가지 이유가 있었다. 하나님은 샘 목사가 삶을 바로잡아 심장마비를 피하길 원하셨고, 샘 목사를 향한 나의 쓴 뿌리를 드러내길 원하셨다.

문제는 수년 전에 내가 샘 목사에게 큰 상처를 받았다는 것이다. 나는 그를 용서했고, 모든 것이 잘 풀렸다고 생각했다. 하지만 나는 내 마음을 속이고 있었다. 이 비밀을 깨닫고 문득 이런 생각이 들었다. '그래,

그러면 이분도 더는 사람들에게 상처 주지 않고 거만함도 꺾이겠지.' 나는 문병을 가서 그의 회복을 위해 기도하는 내 모습을 상상해 보았다.

감사하게도 나는 주님의 책망 덕분에 얼른 정신을 차렸다. 하나님은 샘 목사가 심장마비로 고통당하는 것을 원하지 않으셨다. 그래서 나는 그가 은밀한 중에 깨닫고 돌이켜 그런 일이 일어나지 않도록 기도해야만 했다. 내 마음이 얼마나 악했던지, 나의 상처는 곪아서 쓴 뿌리가 되었다. 나는 하나님께 나의 죄와 상처를 깨끗이 씻어 주시도록 구해야 한다는 것을 깨달았다. 이후 나에게 상처 준 샘 목사를 용서하는 것이 편해졌다. 그를 향한 하나님의 자비를 간절히 구했고, 그의 삶이 바르게 회복되도록 기도했다. 이 글을 쓰는 지금까지 그는 하나님께 쓰임 받고 있으며, 심장마비는 일어나지 않았다.

많은 중보자가 자신의 마음을 제대로 알지 못해서 잘못 기도하고 있다. 그들은 하늘 아버지의 소원보다 자신이 받은 상처에서 나온 잘못된 말로 기도한다. 권위자에게 상처받았거나 자신의 의견이 무시당한 경험이 있는 사람들이 특히 그렇다.

중보자들의 말을 듣다 보면, 그들의 마음 깊은 곳에 있는 쓴 뿌리를 발견하게 된다. 끊임없이 목회자와 교회 혹은 다른 사역의 지도자들을 헐뜯고 있는가? 지도자들에게 적대적이거나 비난하고 빈정대는 말을 하는가? 만일 그렇다면 주님께 그들을 용서하시고 상한 마음을 고쳐 달라고 구해야 한다.

히브리서 12장 15절은 쓴 뿌리로 인해 더럽게 되는 것을 알려 주는데, 다시 한 번 이 말씀을 읽어 보자. "너희는 하나님의 은혜에 이르지 못하는 자가 없도록 하고 또 쓴 뿌리가 나서 괴롭게 하여 많은 사람이 이로 말미암아 더럽게 되지 않게 하며."

중보자는 사람이나 상황을 기도로 덮어 주어야 한다. 유죄를 선언하거나 치유하는 것은 하나님의 몫이다. 우리가 죄와 직면해야 할 때가 있지만, 그것은 그 문제를 두고 충분히 기도한 이후의 일이다. 사람들의 삶이 바르게 되고 절박한 상황이 변화될 수 있는 것은 그들이 기도하는 법을 배웠기 때문이다. 성숙한 사람은 기도의 골방에서 전투하는 법을 배운다. 우리가 기도할 때, 하나님은 누구도 상상하지 못한 방식으로 불가능을 가능케 하신다.

창세기에서 놀라운 하나님의 사람 노아가 술에 취했을 때, 우리는 한 가지 중보의 예를 볼 수 있다.

> 노아가 농사를 시작하여 포도나무를 심었더니 포도주를 마시고 취하여 그 장막 안에서 벌거벗은지라 가나안의 아버지 함이 그의 아버지의 하체를 보고 밖으로 나가서 그의 두 형제에게 알리매 셈과 야벳이 옷을 가져다가 자기들의 어깨에 메고 뒷걸음쳐 들어가서 그들의 아버지의 하체를 덮었으며 그들이 얼굴을 돌이키고 그들의 아버지의 하체를 보지 아니하였더라 _창 9:20-23

두 아들은 중보자의 올바른 태도를 보여 준다. 우리는 중보를 다른 사람의 벌거벗은 몸을 덮어 주는 옷으로 사용해야 한다. 우리의 마음이 정결하면, 우리가 드리는 기도 이면의 순수한 동기를 더 잘 분별할 수 있다.

나는 이렇게 부르짖은 시편 기자처럼 되고 싶다. "여호와여 주께서 나를 살펴 보셨으므로 나를 아시나이다 주께서 내가 앉고 일어섬을 아시고 멀리서도 나의 생각을 밝히 아시오며 … 여호와여 내 혀의 말을 알지 못하시는 것이 하나도 없으시니이다"(시 139:1-2, 4).

중보자는 이렇게 기도해야 한다. "주님께서 나를 앞뒤로 두르시고 내 안에 정결한 마음과 온전한 마음을 창조하여 주사 무너진 틈 사이를 막아서는 주님의 종이 되게 하소서."

지난 35년 동안 세계를 다니며 중보기도를 가르치면서 나는 진가를 인정받지 못하고, 오해받고, 비방거리가 되거나 무시당했다는 감정을 표현하는 중보자들을 만났다.

친구여, 이것이 중보자의 삶이다. 이것은 또한 십자가의 메시지이기도 하다. 우리가 구원받을 자격이 있어서 예수님께서 우리를 위해 죽으신 것이 아니다. 오히려 그분의 십자가가 조건 없는 사랑의 메시지이기 때문에 죽으셨다.

하나님께서 당신을 중보자로 부르실 때, 중보자의 자리는 이 땅에서 조금 혹은 전혀 인정받지 못하는 감춰진 곳이다. 하지만 나는 하늘 아버지께서 당신이 목회자와 교회와 국가를 위해 바친 사랑의 수고를 아주 잘 알고 계신다고 확신한다.

중보자가 영적 전장에서 받은 상처로 인해 용서의 과정을 밟고 있을 때, 정기적으로 '영적 검진'을 받을 필요가 있다. 상처 난 마음에 하나님의 비밀을 맡길 수는 없다. 그 상태에서는 순수한 기도를 할 수 없기 때문이다.

여기서 잠깐 멈추고 당신이 받은 오해와 무시, 진가를 인정받지 못한 일들의 목록을 만들어 보면 어떨까? 그리고 당신에게 상처를 준 사람들을 용서하자. 이것만은 분명하다. 하나님은 다 알고 계신다. 이것이 우리에게 필요한 전부다. 그렇지 않은가?

더 깊은 중보기도를 위한
소그룹 스터디 POSSESSING THE GATES OF THE ENEMY

■ **핵심 성경 구절**

이사야 14:12, 마태복음 16:18, 에베소서 1:21, 예레미야 1:10, 누가복음 11:17-22, 에베소서 3:10, 에스겔 28:11-19, 고린도후서 2:11, 에베소서 6:11-12, 다니엘 10:12-13, 고린도후서 10:4, 골로새서 2:15, 마태복음 11:12

01 하나님께서 당신에게 다른 사람에 대한 계시를 주시면 어떤 충동을 느끼는가?

02 때때로 기도에 응답하시는 하나님보다 능력 있는 중보자를 더 크게 여긴 적이 있는가? 당신의 기도가 응답되었을 때, 자신의 능력으로 이룬 것처럼 자만에 빠진 적은 없는가?

03 가끔 당신의 고집이나 욕심으로 기도한다는 것을 느끼는가?

04 과거의 상처와 쓴 뿌리, 용서하지 못한 마음 때문에 당신의 기도가 오염되었다는 것을 인식하는가?

05 당신의 마음속에 주님의 정결하심을 받아야 할 부분이 있는가? 주님께 당신의 마음과 동기를 보여 달라고 구하라.

06 우리의 중보는 종종 드러나지 않은 재난을 반전시키거나 은밀한 죄를 조용히 덮어 준다. 천국에 갈 때까지 우리의 기도가 성취되었다는 것을 누구도 정확히 알 수 없다는 것에 대해 어떻게 생각하는가?

CHAPTER 04
하나님의 집행자들

THE CALL TO INTERCEDE

중보자에게는 막중한 책임이 있다. 하나님은 '땅의 영역'에서 그분의 뜻을 실행하기 위해 우리를 사용하신다.

밥 윌라이트는 말했다. "기도의 법은 온 우주 최고의 법이다. 하나님의 초자연적 개입이 있는 이 법은 모든 법을 능가한다."

밥의 말대로 반역과 악의보다 더 높은 법인 '기도의 법' 때문에 하나님께서는 이기적 욕망의 늪에 뒹굴고 있는 세상을 주권적으로 다스리실 수 있다. 하나님께서 사용하시는 도구들은 아주 다양하며, 기도의 전 과정을 포함하기도 한다.

왜 하나님은 이 땅에서 하나님의 집행자 역할을 우리에게 맡기셨을까? 우리가 중보해야 하는 이유는 무엇일까? 이 질문에 대한 답을 찾기 위해 우리는 처음으로 돌아가야 한다.

중보자의 필요는 에덴동산에서 시작되었다. 사랑의 아버지께서 그의 자녀들을 위해 창조하신 평화롭고 아름다운 곳, 풍성한 사랑의 교제가 있는 그곳이 특별한 전쟁터라고 하면 뭔가 어울리지 않는다. 아담은 하와를 사랑했고, 하와는 아담을 사랑했다. 그리고 두 사람 모두 아버지 하나님을 사랑했다. 그들은 동산에서 아버지와 함께 거닐며 웃고, 아버지와의 동행을 참으로 즐거워했다.

한편, 이들의 모습을 분노와 시기와 증오로 지켜보는 자가 있었다. 계속 지켜보던 사탄은 그들의 관계를 깨뜨릴 음모를 꾸몄다. 사탄은 하나님께서 아담에게 통치권을 주신 것을 시기하였다. 그토록 탐내던 땅을 다스릴 권세와 능력과 통치권을 인간의 손에서 탈취하기 위해 아담이 이름 지어준 피조물들 가운데 그가 이용할 대상을 호시탐탐 노렸다.

마침내 사탄은 뱀을 자세히 살펴보기 시작했다. 그는 뱀의 교활함과 아름다움에 주목했다. 피조물들은 뱀의 말을 잘 듣고 좋아했다. 사탄은 결정적인 순간을 기다렸고, 이 찬란한 피조물을 교묘하게 장악했다. 일단 뱀을 장악한 후 사탄은 사악한 목적을 위해 뱀의 본성과 능력에 자기의 것을 섞어서 뱀의 은사를 뒤틀고 왜곡했다.

사탄은 하나님이 지으신 최고의 피조물을 유혹하기 위해 섣불리 움직이지 않았다. 그는 남자와 여자가 통치하는 데 익숙해지고 안심할 때까지 인내하며 기다렸다. 아담과 하와는 동산 안팎을 가꾸는 법을 알았고, 두 사람은 최고의 관계를 즐기고 있었다. 사탄은 무엇을 어떻게 말해야 할지 계략을 모색했다. 그들의 대화를 엿들으며 그들이 좋아하는 것이 무엇인지 관찰했다. 그러던 어느 날 무엇을 해야 할지 발견했다. 그는 아버지 하나님께서 그분의 자녀에게 하신 말씀을 이용해서 그들을 속이기로 했다.

사탄이 그토록 고대하던 순간이 왔다. 하와는 뱀의 독보적인 아름다움을 주목했다. 뱀은 그녀와 말하면서 자신의 지혜로 그녀에게 감동을 주었다. 그리고 즐겁게 대화를 나누다가 간교한 질문을 아주 조심스럽게 던졌다. "하나님께서 정말 동산에 있는 모든 나무의 실과를 먹지 말라고 하셨니?"

사악한 사탄에게 오염되어 멋지게 포장할 수 있는 말솜씨를 받은 뱀은 하와에게 하나님 아버지가 속였다는 확신을 심어 주었다. 그녀는 결국 선악과를 먹었다. 하와가 창조되기 전부터 그 나무에 대해 온전히 훈련받은 아담은 그녀의 잘못을 바로잡아 주지 않았다. 오히려 하와가 건네준 열매를 받아 한 입 베어 먹는 순간, 아담은 사탄에게 통치권을 넘겨주어 세상을 다스릴 권세를 상실하게 되었다. 그 순간 사탄은 자신을 "이 세상의 신"(고후 4:4)으로 천명했다.

인간의 타락으로 하나님과의 교제는 단절되었고, 인간은 중재자를 절실히 필요로 하게 되었다. 타락의 결과 인간은 저주 아래 머물게 되었고, 이후의 모든 세대는 영원히 저주 아래 처하게 되었다.

인간이 통치권을 넘겨줄 것을 앞서 보신 아버지는 죄의 해독제를 예비해 두셨다. 그분은 바로 창세로부터 죽임 당하신 하나님의 어린 양 예수님이시다(계 13:8).

> 사람이 없음을 보시며 중재자가 없음을 이상히 여기셨으므로 자기 팔로 스스로 구원을 베푸시며 자기의 공의를 스스로 의지하사 공의를 갑옷으로 삼으시며 구원을 자기의 머리에 써서 투구로 삼으시며 보복을 속옷으로 삼으시며 열심을 입어 겉옷으로 삼으시고 _사 59:16-17

예수님은 처참한 곤경에 처한 사람들을 구원하시고 자유롭게 하신다. 비록 하나님께서 사탄에게 수수께끼 같은 말씀을 주셨지만, 사탄은 우주의 창조자 아버지 하나님께서 그릇된 계획에 어떤 역공을 펼치실지 전혀 알지 못했다.

창세기 3장 15절은 말한다. "내가 너로 여자와 원수가 되게 하고 네 후손도 여자의 후손과 원수가 되게 하리니 여자의 후손은 네 머리를 상하게 할 것이요 너는 그의 발꿈치를 상하게 할 것이니라."

오랜 세월 하나님은 그분의 아들을 통해 구원을 이루실 준비를 하셨다. 이 구절은 그 수수께끼에 대한 명확한 답이다. 나는 이것이 주님의 부활 이후 등장하기를 기다렸던 비밀 병기라고 믿는다.

고린도전서 2장 8절은 이 무기를 다음과 같이 설명한다. "이 세대의 통치자들이 한 사람도 알지 못하였나니 만일 알았더라면 영광의 주를 십자가에 못 박지 아니하였으리라."

이것은 주 예수 그리스도의 교회, 즉 기도의 군대다. 오늘도 이 신비는 이 땅에 여전히 살아 있어서 악한 자의 일을 대적하고 있다.

내가 알고 있는 가장 극적인 사건 중 하나는 2차 세계대전 중에 일어났다. 삶의 현장에 있던 하나님의 집행자들이 행한 놀라운 일은 영국의 역사책에 기록되었다. 캐서린 폴라드 카터는 이 사건을 그의 책 《조종대의 손》(Hand on the Helm)에 묘사했다.

1940년 영국 총리 윈스턴 처칠은 나치의 공습이 임박했다는 첩보를 입수했다. 나치의 군수 공장은 영국의 공장보다 빨리 전투기를 양산할 수 있었기 때문에 영국 공군이 수적으로 밀린다는 사실은 부인할 수 없었다. 200대가 넘는 나치 폭격기들이 영국을 향해 쳐들어오고 있었지만, 그들과 맞서기 위해 출격한 영국 전투기는 단 26대뿐이었다.

그때 도저히 이해할 수 없는 일이 일어났다. 레이더망에 나타난 적기들이 동쪽으로 움직이기 시작했다. 거대한 나치 비행단이 방향을 돌렸다. 퇴각하던 전투기 중 185대가 화염에 싸여 추락했다. 논리적으로 불가능하였지만, 영국 공군 비행대는 기적적으로 승리했다.

격추된 나치 조종사들은 믿을 수 없는 보고를 했다. 영국군은 단 두 대의 비행기로 공격했을 뿐인데 도망친 이유를 물었다. "두 대라고요?" 한 조종사가 소리쳤다. "비행기 수백 대가 있었어요!" 당황한 독일 공군 장교가 물었다. "영국 상공에 보낸 전투기를 도대체 어디서 구했습니까?" 그들을 조사하던 영국 수사관들은 놀란 마음을 감추었다. 사실 나치의 막강한 전투 비행단과 맞서 싸우러 나간 영국 비행기는 소형 구 모델인 스핏파이어와 허리케인 파이터였다. 온 하늘을 가득 채운 전투 비행단 중 영국 전투기는 없었다.

포로로 잡힌 나치 첩보 장교는 독일군 전투기 조종사들을 혼란에 빠뜨린 신기루의 근원을 알고 있었다. 나치 장교가 영국 첩보 장교에게 말했다. "빅 벤 (Big Ben: 영국 런던 웨스트민스터 궁전 북쪽 끝에 있는 시계탑에 딸린 큰 종鐘에 대한 별칭이다. 시계탑의 정식 명칭은 엘리자베스 타워지만 흔히 종뿐만 아니라, 시계탑 자체도 빅 벤이라고 부른다. 시계탑 사면에 세계에서 가장 큰 자명종 시계가 달려 있고, 시계 자체도 독립적으로 세워진 것들 가운데 세 번째로 높은 것이다 – 역주) 시계가 밤 9시를 알리는 종소리가 나면, 당신들은 우리가 알 수 없는 비밀 병기를 사용했습니다. 너무 막강해서 어떤 무기로도 대항할 수 없었습니다."

그의 말이 맞았다. 빅 벤 시계가 밤 9시를 가리킬 때마다 강력한 힘이 역사하기 시작했다. 그 강력한 힘은 한 나라가 온 정성을 다해 드리는 기도였다. 전능하신 창조주 하나님께 드리는 국가적 기도를 이길 무기는 아무것도 없었다. 매일 밤 국회의사당 건물의 시계탑이 9시를 알리면, 대영제국 백성과 멀리 떨어져 있는 영국령의 사람들은 그 유명한 침묵기도를 위해 하던 일을 모두 멈추었다.

하나님의 집행자들의 기도가 영국 전역을 보호했다. 이것은 그리스도의 희생을 통해 가능했다. 예수님은 죽으심과 장사와 부활을 통해 하나님의 최고 집행자가 되셨다. 인류를 묶었던 죄의 힘을 무력화한 십자가의 죽음은 인간사에 초자연적인 개입의 문을 열었다. 예수님의 죽음, 십자가, 그리고 부활은 우리를 하나님의 가족으로 입양했을 뿐만 아니라, 예수님의 이름을 통해 우리가 권세를 되찾아 다시 한 번 이 땅을 통치할 수 있도록 했다. 하나님은 재기의 기회를 주시는 분이다.

예수님은 말씀하셨다. "내가 너희에게 뱀과 전갈을 밟으며 원수의 모든 능력을 제어할 권능을 주었으니 너희를 해칠 자가 결코 없으리라"(눅 10:19).

예수님께서 십자가를 지시기 전에 이미 대가를 지불하셨다. 하나님은 "사람이 없음을 보시며 중재자가 없음을 이상히 여기셨으므로 자기 팔로 스스로 구원을 베푸셨다"(사 59:16).

하나님은 중보자가 없는 것을 이상히 여기셨다. 그래서 그리스도는 '값을 지불하기' 전에 '값을 위해 기도해야만' 하셨다.

아더 매튜스의 책 《전투적인 삶》(Born for Battle)은 이 점을 아주 잘 말해 준다.

십자가 군병이신 주님은 제자들에게 기도해야 할 이유를 가르쳐 주셨다. "아버지의 뜻이 하늘에서 이루어진 그대로 이 땅에 이루어 주소서." 이 말씀은 하나님의 역사가 그분의 백성의 기도 여부에 따라 제한받을 수 있음을 내포한다. 만일 주의 백성이 기도하지 않으면, 하나님은 역사하지 않으실 것이다. 하늘은 어떤 일이 일어나도록 뜻을 정한다. 하지만 하늘은 땅이 그 뜻을 이루길 원하고, 더 나아가 그 일이 일어나도록 먼저 기도하기를 격려하며 기다린다. 하나님의 뜻은 땅에 있는 사람들의 뜻을 배제하거나 무시하고 '바깥에 있는' 불가항력적인 전능자의 힘에 의해 이루어지지 않는다. 반대로 하나님은 이런저런 구체적인 상황 속에 '주님의 뜻을 이 땅에 이루어 주소서'라고 간청할 사람, 즉 중보자를 찾으실 때까지 그분의 손을 뒤로 접어두고 기다리신다.

겟세마네 동산의 적막한 외로움 가운데 예수님은 적극적인 역할을 하는 배역으로 등장하신다. 골고다의 주님이 수동적 배역이라면, 겟세마네의 주님은 능동적인 주연이시다. 자신이 치러야 할 대가가 얼마나 크든 상관없이, 겟세마네 동산은 절박한 영적 전쟁을 위해 산고의 기도로 처절한 고통을 견디신 곳이고, 예수님이 자신을 통해 하나님께서 이루실 일에 능동적으로 반응하기로 결단하신 곳이다. 주님은 고통스러운 마음을 신음과 절규와 눈물로 표현하신다. 전쟁이 일어난다. 싸움은 점점 더 치열해진다. 하늘 군대가 그분을 도우려 하지만, 이 전쟁은 그들의 싸움이 아니다. 주님 홀로 싸우셔야만 하는 전쟁이다. 사방에서 그분의 의지를 공격한다. "예수께서 힘쓰고 애써 더욱 간절히 기도하시니 땀이 땅에 떨어지는 핏방울 같이 되더라"(눅 22:44).

이것이 바로 하나님께서 그분의 뜻을 이루시는 방법이다. 하나님은 하늘에서 뜻을 정하시고 사람이 땅에서 그 뜻을 이루기 원하신다. 갈보리의 희생이 일어났다. 칠흑 같은 겟세마네 동산에 계신 '십자가 군병 예수님'이 영혼 가장 깊은 곳에서 그 일이 일어나도록 먼저 하나님과 뜻을 합하셨기 때문이다.

겟세마네 전투에서 예수님은 갈보리의 승리를 위해 하늘 전쟁터에 싸우러 나가셨다. 예수님께서 동산에서 산고기도를 드리시는 동안 하늘에서는 어떤 전쟁이 벌어졌을지 상상해 보았는가? 찬란한 빛을 발하는 하나님의 천사들은 인류의 영혼을 위해 지금까지 경험해 보지 못한 가장 큰 전쟁을 준비하고 있었다. 온 하늘은 분주히 움직이고 있었다. 사탄은 천사들이 왜 모이는지 전혀 몰랐을 것이다. 사탄은 천사들이 그리스도를 십자가에서 구출하기 위해 모였다고 확신했다. 반면 예수님은 겟세마네 동산에서 승리하셨고, 그분의 얼굴은 갈보리로 향하셨다.

구원을 위한 첫 전쟁이 동산에서 시작한 것처럼 또 다른 동산에서 궁극적인 철야기도가 벌어졌다는 것은 참으로 흥미롭다. 두 번째 사람이자 마지막 아담이신 예수님은 잃어버린 세상을 통치의 자리로 되돌리고 계셨다. "아버지여, 내 뜻대로 마옵시고 아버지의 뜻대로 하옵소서."

십자가에 달리신 하나님의 아들의 요청은 이루어졌다. 모든 죄, 질병, 불행, 수치, 몸의 통증, 마음의 고통에 대한 값을 다 지불함으로 완전히 청산하셨다. 예수님은 마지막으로 가슴을 찢으며 절규하셨다. "다 이루었다." 죽음과 부활을 통해 권세를 되찾으신 주님은 악한 정사와 권세를 영원히 멸하셨으며, 사망과 생명의 열쇠를 되찾으시고 완전히 승리하셨다. 할렐루야! 천국에 가면 멍청한 사탄이 그 열쇠를 잃어버렸을 때의 표정을 재생해 보고 싶다.

승천하신 후 중보의 자리에 앉으신 예수 그리스도는 그 열쇠를 교회에게 넘겨주시며 말씀하셨다. "너희가 무엇이든지 내 이름으로 구하면 내가 시행하리라." 주님은 우리에게 땅의 옥문을 여는 열쇠를 주셨다. 무엇에 사로잡혔든지 상관없이 모든 사로잡힌 자들을 풀어 주는 열쇠다. 우리가 말씀을 통해 하나님의 뜻이 이루어지도록 기도하고 예수님의 이름을 사용하면, 우리는 이 땅에서 그분의 뜻을 이루는 하나님의 집행자가 된다.

이제 인류는 에덴동산에서 하나님이 정해 주신 위치에서 그분의 뜻을 분별하고 기도함으로 부활하신 승리자 예수 그리스도의 이름으로 땅을 다스리고 통치하는 사명을 감당할 수 있다. 이 땅에서 사탄의 역사를 다스릴 통치권과 우리 왕의 이름으로 기도함으로 우리는 하늘에서 이루어진 그대로 하나님의 뜻을 이 땅에 세울 수 있다. 중보하는 우리는 온 우주의 경이롭고 전능하신 하나님을 대리하기 위해 완전한 기도의 권세로 충만한 능력을 받은 하나님의 전권 대사다.

세계 곳곳에 중보자들이 일어나 나라마다 하나님의 뜻을 실행하는 것은 참으로 중요하다. 교회는 반드시 기도의 전략실로 나아가 국가를 향해 엄습해 오는 죄와 부패의 물결을 막아야 한다. 이것은 지금 우리에게 아주 절실하다.

미국을 위한 기도의 긴박함은 1985년에 많은 기도 사역자를 일깨웠다. 그때 이래로 많은 사람이 일어나 의가 회복되고 하나님의 자비를 미국에 베푸시도록 기도하고 있다. 우리가 연구하고 살펴본 바에 의하면, 대법원이 학교에서 기도하고 성경 읽는 것을 금지했을 때 교회는 자고 있었다. 우리의 무책임함 때문에 이 땅은 회오리바람을 맞으며 어찌할 바를 몰라 헤매고 있다.

그러나 하나님은 우리가 포기한 것을 되찾을 방법을 보여 주셨다.

어린 시절 우리는 학교에서 매일 성경을 읽고 기도했으며, 국기에 대한 경례로 수업을 시작했다. 학교에서 기도를 금지하는 것을 보고도 방치한 교회는 각성해야 한다. 그로부터 55년이 지난 지금도 미국 학생들은 하나님과 함께 하루를 시작하지 못하고 있다. 우리는 잃어버린 토대를 다시 찾아야 함을 깨달았다. 그래서 기도 모임을 소집하기 시작했다.

1988년 중보의 장군들은 애리조나 피닉스에서 그 주를 흔들어 놓기 위한 세미나를 후원했다. 세미나의 목적은 애리조나에서 하나님 운동을 가로막는 견고한 요새들을 조직적으로 무너뜨리는 것이었다. 아침 강사였던 데이비드 바톤은 우리에게 1962년에 3천 9백만의 학생들과 2백만 이상의 교사들이 건국 이래 공립학교에서 행한 일, 즉 매일 하나님께 드리던 기도가 어떻게 금지당했는지 알려 주었다.

데이비드는 그 기도문을 읽어 주었다. "전능하신 하나님, 우리는 주님을 의지합니다. 주님의 축복을 우리와 우리의 부모님과 우리의 선생님들과 우리 조국에 부어 주옵소서."

그때 우리는 한 가지 놀라운 점을 깨달았다. 그것은 자기만족에 빠져 정부에 대해 안일했던 우리의 죄 때문에 이 나라와 우리의 자녀들을 엉망으로 만들어 버렸다는 것이다. 데이비드는 1962년 이후 전국적으로 수능 성적(SAT)이 급격히 떨어졌다고 했다. 1963년 이후 학생들 사이에 혼전 성 경험은 200퍼센트 이상 증가했고, 혼외 임신은 거의 400퍼센트 증가했다. 그리고 임질 환자는 200퍼센트 이상, 자살은 400퍼센트 이상 늘어났다.

이 통계수치는 우리의 마음을 찔렀다. 특히 마음이 많이 상한 사람은 저녁 강사였던 밥 월라이트였다. 그는 오전 강의를 듣고 호텔에 돌아가 무릎을 꿇고 기도했다고 말해 주었다. 그의 세대가 학교에서 성경을 읽고 기도할 권리를 내어주었다는 사실에 큰 찔림을 받고 오후 내내 신음하며 기도한 것이다.

그날 밤 그가 말씀을 전하기 위해 단에 섰을 때, 우리는 그가 받은 무거운 부담감을 느꼈다. 키가 큰 밥은 하나님 앞에 겸손한 영을 가진 고귀한 사람이다.

그는 조용히 말했다. "지난 몇 시간 동안 저는 하나님 앞에 깊은 회개의 시간을 보냈습니다. 그리고 오늘 아침 데이비드의 말씀을 들을 때, 우리 세대의 죄와 직면했습니다." 그는 잠시 말을 멈추었다. 우리는 그가 하나님에게서 얼마나 깊은 찔림을 받았는지 느낄 수 있었다. "저는 오늘 저의 죄와 우리 세대의 죄를 회개하기 위해 여러분 앞에 나왔습니다. 50세 이상 되신 분들은 모두 일어나 주시겠습니까?"

강당 곳곳에서 사람들이 일어나기 시작했다. 일어난 사람들은 밥이 경험한 하나님의 음성과 깊은 찔림을 동일하게 느끼는 것 같았다. 그들은 모두 참회의 눈물을 흘리고 있었다.

밥은 계속 이어갔다. "우리는 부패와 죄에 빠진 나라를 다음 세대에게 유업으로 남긴 것을 회개해야 합니다."

그의 말을 듣고 사람들은 통곡하기 시작했다. 정결하게 하시는 성령의 능력이 강당을 휩쓸자 어떤 사람들은 손으로 얼굴을 감싸고 울었다. 나는 그날 어떤 면에서 한 세대의 마음이 다음 세대로 돌이키는 일이 일어났다고 믿는다. 두 세대를 막고 있던 담이 무너진 것이다.

말라기 4장 6절은 이것을 말해 준다. "그가 아버지의 마음을 자녀에게로 돌이키게 하고 자녀들의 마음을 그들의 아버지에게로 돌이키게 하리라 돌이키지 아니하면 두렵건대 내가 와서 저주로 그 땅을 칠까 하노라."

그날 밤 하나님의 뜻이 성취되었다. 하나님의 집행자들은 그분의 가장 강력한 무기 중 하나인 용서를 통해 담을 무너뜨렸다.

미국 공립학교에 기도를 되돌리는 것은 매우 치열한 전쟁이다. 아무리 교회가 깨어 일어나 잃어버린 것을 회복할 필요성을 느꼈더라도 정부를 향한 파수꾼 역할을 하지 않아서 발생한 일을 원상 복구하기까지 거의 50년의 세월이 흘렀다.

하지만 당신에게 나누고 싶은 기쁜 소식이 있다. 《대적의 문을 취하라》 개정판을 쓰고 있는 지금, 플로리다 주지사 릭 스캇은 2017년 6월에 공립학교에서 기도를 회복하는 법안에 서명했다. 오늘날 학교에서 반기독교 정서로 인한 싸움은 여전히 치열하지만, (성경을 학교에 가져가길 원하는 어린이들, 학교에서 기도하기 원하는 학생들 등) 흐름은 바뀌고 있다.

오늘날 세계 전역에서 하나님의 집행자들의 탁월한 간증이 이어지고 있다. 그중 하나는 1961년 브라질에서 일어났다. 이 특별한 집행자들은 조국의 무너진 틈 사이에 서도록 하나님의 부르심을 받은 드보라와 에스더라는 여성이다. 여성민주연맹(Womem's Democratic League)이라고 명명한 그들은 공산주의자들이 정부를 전복하려는 위협적인 상황에서 이 모임을 결성했다.

쿠바, 러시아, 중국에서 온 선동가들이 브라질에서 거침없이 사람들을 속이고 거짓 약속을 남발할 때, 브라질 여성 기도자들은 강력한 '무기'를 들고 전장으로 나갔다. 그들은 멈추지 않고 기도를 행동으로 옮겼다. 러시아에서 온 두 명의 유명한 공산주의 조직책 연사가 상파울루에서 대중 집회를 열 것이라는 소식을 듣고, 그들은 비행기가 도착할 때 수백 명의 여성이 활주로에 누워 강사를 태운 비행기의 착륙을 저지할 것이라는 전문을 공산당 간부들에게 보냈다.

비행기가 도착할 때, 여성들도 거기 있었다. 그들은 찬양하고 기도하며 물러서기를 거부했다. 비행기가 그들 위로 위협하며 낮게 날았지만, 그들은 꼼짝도 하지 않았다. 좌절한 공산주의 조직책들은 결국 착륙하지 못했다.

한번은 공산주의 지도자가 연설하러 왔을 때, 강당을 가득 메운 여성들이 너무 열심히 기도하는 바람에 아무도 그의 말을 들을 수 없었다. 당황한 공산주의 지도자는 그 자리를 떠났다.

용감한 여성들과 저항 세력들에 고무된 브라질 육군과 해군이 일어나 공산주의자들의 공격을 물리치자 그들은 한밤중에 몰래 도망쳤다.

우리는 기도하는 드보라처럼 나라마다 정의를 세워 주시도록 하나님께 부르짖는 여성들이 세계 곳곳에 일어나기를 기도하고 있다. 하나님의 집행자들은 국가 차원뿐 아니라 지역 차원에서 다양한 역할을 감당할 수 있다. 방송 매체에서 제공하는 정보들 가운데 집중적으로 기도해야 할 중보의 제목을 발견하는 것도 하나의 방법이다. 많은 기도 모임에서 방송 매체를 위해 광범위하게 기도하고 있다. 이로 인해 하나님은 올바른 뉴스가 전파되게 하실 것이다.

사람들은 종종 뉴스가 그리스도인의 성적표라고 말한다. 지역 신문을 읽다 보면 우리가 중보자로서 무슨 일을 하고 있는지 알 수 있다. 나는 사람들에게 '뉴스를 가지고 기도하도록' 자주 격려한다.

워싱턴 D.C.에 사는 사역자 제프 라이트는 매달 차를 타고 도시를 다니며 하나님의 말씀으로 기도한다. 어떤 사역자들은 이웃 동네를 거닐며 기도한다. 당신에게도 좋은 아이디어가 있을 것이다.

과거 수년간 하나님께서는 그리스도의 몸에게 이 땅의 하나님의 집행자로서의 우리 역할에 대한 깊은 계시와 나라를 통치할 수 있는 권세를 주셨다.

더 깊은 중보기도를 위한
소그룹 스터디 POSSESSING THE GATES OF THE ENEMY

■ **핵심 성경 구절**

이사야 14:12, 마태복음 16:18, 에베소서 1:21, 예레미야 1:10, 누가복음 11:17-22, 에베소서 3:10, 에스겔 28:11-19, 고린도후서 2:11, 에베소서 6:11-12, 다니엘 10:12-13, 고린도후서 10:4, 골로새서 2:15, 마태복음 11:12

01 '기도의 법이 우주에서 가장 높은 법'이라면, 하나님은 악을 의도하지 않으시지만 세상의 타락 때문에 허용하신다는 것을 어떻게 적용할 수 있는가?

02 중보자가 하나님의 뜻이 이루어지도록 기도하기 전까지 하나님께서 때때로 뜻을 보류하신다는 것에 동의하는가? 동의하는 이유 또는 그렇지 않은 이유는 무엇인가?

03 그리스도의 몸인 우리에게 하나님의 뜻이 이루어지도록 적극적으로 중보해야 할 책임이 있다는 말을 어떻게 생각하는가?

04 사람과 도시와 국가를 위한 기도가 역사의 흐름을 바꾼 사건을 알고 있는가?

05 예수님께서 겟세마네 동산에서 하나님의 뜻이 이루어지도록 적극적으로 중보하고 또 복종이라는 '대가를 지불하는 기도'로 승리하지 못하셨다면 어떻게 되었을까? 주님의 중보와 복종 없이 하나님께서 예비하신 구원 계획을 독단적으로 실행하셨을 거라고 생각하는가?

06 당신의 마을에서 하나님께서 영광 받지 못하시는 상황들을 열거해 보라. 그런 상황 속에서 지역에 있는 그리스도의 몸이 하나님의 뜻이 이루어지도록 어떻게 기도하면 좋겠는가?

07 이번 장에서 소개한 중보적 행동들 가운데 개인적으로 실천하고 싶은 것이 있는가? (금식, 당신 세대의 죄에 대한 회개, 활주로에 드러눕기, 뉴스로 기도하기, 전화번호부에 있는 이름으로 기도하기, 동네를 걷거나 운전하며 중보하기)

CHAPTER 05

중보기도 사역

THE CALL TO INTERCEDE

남자, 여자 심지어 어린이도 상관없다. 중보자는 다른 사람을 대신해 싸우는 사람이다.
이처럼 중보는 우리 자신을 그리스도와 가장 일치시키는 행동이다.
중보자가 된다는 것은 예수님처럼 되는 것이다. 예수님 자체가 중보이시기 때문이다.
그분은 영원한 중보자이시다.

_딕 이스트만

오늘날 중보기도 사역에 관한 몇 가지 논란이 있다. 어떤 사람은 하나님께서 그리스도의 몸 전체를 중보자로 부르셨기 때문에 중보기도의 은사 같은 것은 없다고 주장한다. 반면에 중보자로 특별한 부름을 받았다고 느끼는 사람들은 혼란스러워하며 말한다. "만일 중보기도의 은사가 없다면, 그리스도의 몸 안에 내가 설 자리는 도대체 어디인가요? 주님께서 나를 무너진 틈 사이에 서도록 특별히 이끄셨다는 것을 잘 알고 있어요. 나는 매일 열방과 교회와 나라와 지도자들을 위해 기도하며 하나님과 여러 시간을 보내고 있어요."

과연 어느 쪽이 옳은가? 둘 다 옳다. 사역의 관점으로 보면, 우리는 모두 우리의 본이 되신 예수님처럼 기도하고 중보해야 한다. 은사의 관점으로 보면, 상당히 많은 사람이 실제적인 중보자로 부름을 받는다. 차이점이라면 한쪽에서는 중보를 모든 그리스도인의 책임으로 보지만, 다른 쪽에서는 하나님께서 주신 은사로서 도움을 주는 성경적 사역의 일환으로 본다는 것이다. 중보기도의 은사를 받은 사람들 중 일부는 장차 기도 사역자가 되는 은혜를 받기도 한다. 하나님은 그들을 중보뿐만 아니라 다른 사람들에게 중보의 비밀을 가르치도록 사용하신다.

나는 개인적으로 세 단계를 모두 경험했다. 처음에는 집안일과 교사의 일로 바빴기 때문에 기도할 제목이 생기면 매일 얼마 동안 기도했다. 그다음 주님은 일과 중 더 많은 시간을 중보하도록 인도하셨는데, 특히 교편을 내려놓았을 때 더욱 그랬다. 생활하면서 기도하고 싶은 갈망이 강하게 일어나 한밤중이나 새벽, 아이들이 낮잠을 자거나 학교에 갔을 때, 여가 시간 대부분을 주님 앞에 무릎 꿇었다. 내 삶의 세 번째 단계는 기도 인도자와 사역자로서의 삶이다(물론 가정주부의 일도 멈추지 않았다). 하지만 모든 사람이 전임 중보기도 사역자로 부름 받는 것은 아니다.

중보기도의 능력을 다양한 측면에서 생각해 보면, 어떻게 교회를 군대에 비유할 수 있는지 알 수 있다. 군대에서 계급은 매우 중요하며 필수적이다. 보통 장교보다 사병이 더 많은데, 전투에서 승리하려면 자기의 위치를 지키는 것이 중요하다. 그리스도의 군대도 이와 같다고 말할 수 있다. 우리는 모두 만군의 대장이자 십자가의 위대한 군병 되신 예수님을 뒤따른다. 우리의 계급장은 그리 중요하지 않다. 하나님께서 우리를 부르신 그 부르심의 자리를 지키는 것이 더 중요하다.

모든 신자는 중보 군대의 일원으로 부름 받는다. 따라서 우리는 모두 중보하고 기도할 것이다. 그중 중보기도를 전업으로 삼는 사람은 기도의 장군 계급을 받을 것이다. 일과 중 중보기도보다 다른 은사에 더욱 집중하는 것이 중요한 사람도 있을 것이다. 마지막 때에 그리스도의 몸 가운데 우리의 위치를 발견하고 부르심을 성취하는 일은 아주 중요하다.

그것이 부르심이든, 그리스도 몸의 사역의 일부이든 간에 중보기도 사역을 이해하기 위해서는 가장 위대한 중보자이신 예수님의 사역을 이해해야 한다. 예수님은 다음과 같이 말씀하셨다. "나를 보내신 이의 일을 내가 반드시 해야 하리라"(요 9:4).

딕 이스트만은 그의 책 《무릎으로 사랑하라》(Love on Its Knees)에서 이렇게 말한다. "'내가 반드시 해야'라는 표현이 내 눈을 사로잡았다. 예수님은 '내가 소망하는' 혹은 '내가 노력하는'이라고 말씀하지 않으셨다. 아주 힘 있게 '내가 반드시 해야'라고 선포하셨다."

예수님은 반드시 해야 할 일들이 있다는 것을 분명히 이해하셨다. 그리스도인은 반드시 '작은 그리스도' 혹은 그리스도를 본받는 자가 되어야 한다. 성경은 그리스도께서 한적한 곳에서 밤새 기도하셨다고 반복적으로 기록한다. 사실 예수님의 모든 삶은 중보였다. 그리스도께서 이 땅에 계시는 동안 중보기도를 그렇게 중요하게 여기셨다면, 우리는 중보기도를 얼마나 중요한 우선순위로 삼아야 하겠는가? 우리는 그리스도를 닮기 위해 반드시 중보기도를 배워야 한다. 우리는 반드시 중보해야 한다.

기도와 중보의 차이를 이해하는 것이 중요하다. 모든 기도가 중보는 아니다. 사실 대부분의 그리스도인이 진정한 의미의 중보를 하지 못하고 있다. 그들은 단순히 하나님께 자신의 필요를 위해 간청한다. 진정한 중보기도는 두 가지 측면이 있다. 한 측면은 하나님께 초자연적 개입을 요청하는 것이고, 다른 측면은 사탄의 일을 멸하는 것이다. 이것은 특별히 에스겔 22장 30절에 잘 표현되어 있다. "이 땅을 위하여 성을 쌓으며 성 무너진 데를 막아 서서 나로 하여금 멸하지 못하게 할 사람을 내가 그 가운데서 찾다가 찾지 못하였으므로."

이 구절의 한 측면은 구체적이고 거룩한 영감을 받은 기도 제목을 하나님 앞에 가지고 나와야 한다는 것이다. "내 앞에서 성 무너진 데를 막아 서서"라는 말씀에서 발견할 수 있는 다른 측면은 원수가 꾸민 영적 전략들을 실제로 파괴할 수 있다는 것이다. 사탄이 정부와 교회와 우리의 가정을 놀이터로 삼고 있을 때, 안타깝게도 대부분의 그리스도의 몸은 방어하는 일에만 급급하다. 우리가 어둠의 왕국을 대적하고 적극적으로 밀어내는 일에 태만한 결과, 낙태와 같은 악법을 허용하게 되었다.

사탄은 능숙한 전략가다. 어떤 이들은 돌아다니면서 마귀가 어리석고 바보 같다고 말한다. 그런 말을 들으면 나는 소름이 끼친다. 전시 상황에서 배워야 할 가장 중요한 교훈 중 하나는 우리의 적을 결코 과소평가해서는 안 된다는 것이다. 사탄은 오랫동안 이 전략을 사용해 왔다. 사탄은 우리가 그를 미련한 존재로 여기길 원한다. 또한 존재하지 않거나 힘이 없는 존재라고 믿기 원한다. 그러나 우리는 바울의 말을 듣고 경각심을 가져야 한다. "사탄은 우리를 이기지 못할 것이다. 왜냐하면 우리가 그의 악한 음모를 잘 알고 있기 때문이다"(고후 2:11, NLT).

만일 사탄이 어떤 음모를 꾸미지 않는다면, 바울은 왜 그의 음모에 대해 말했을까? 사탄은 자신을 두려움으로 섬기는 고도로 훈련된 나치 돌격대 같은 강력한 군대를 가지고 있다. 바울은 우리의 적을 이렇게 정의했다. "우리의 씨름은 혈과 육을 상대하는 것이 아니요 통치자들과 권세들과 이 어둠의 세상 주관자들과 하늘에 있는 악의 영들을 상대함이라"(엡 6:12).

　헬라시대의 씨름은 어느 한쪽이 죽을 때까지 계속되었다. 우리의 싸움은 우리를 죽이려는 적과 비좁은 장소에서 싸우는 백병전과 같다. 에베소서 6장 11절은 말한다. "마귀의 간계를 능히 대적하기 위하여 하나님의 전신 갑주를 입으라."

　이 구절에서 사용된 '간계'라는 단어의 헬라어는 '방법'을 뜻한다. 군대 용어로 표현하면, 그의 전투 계획은 이 땅을 통치하는 것이다. 여기에서 중보자는 중재자다. 히브리서 7장 25절은 다음과 같이 말한다. "그(그리스도)가 항상 살아 계셔서 그들을 위하여 간구하심이라."

　누구를 위해서인가? 그리스도를 통해 하나님께 나아가는 사람들이다. 예수님은 모든 값을 지불하셨다. 그래서 우리는 때를 따라 베푸시는 은혜를 얻기 위해 은혜의 보좌 앞에 담대히 나아갈 수 있다.

　우리는 이것을 다음과 같이 그려볼 수 있다. 누군가 하나님의 뜻에 합한 기도 제목을 가지고 하나님께 나아간다. 아버지 우편에 앉아 계신 예수님은 말씀하신다. "아버지, 그를 위해 응답해 주세요." 기도에 감동 받은 아버지 하나님과 아들 예수님은 성령을 보내셔서 그리스도의 몸의 한 지체에게 기도로 틈 사이에 서도록 촉구하신다.

　우리는 누군가를 반복적으로 떠올리고 생각하지만, 왜 그런지 모를 때가 있다. 얼마 후 우리는 그 사람을 위해 기도하기 시작한다. 그 사람을 생각할 때, 어떤 위험이나 큰 슬픔을 느낄 수도 있다. 이것은 우리 안에서 역사하시는 성령의 재촉하심이다. 바로 그 순간 우리는 틈 사이에 서게 되고, 하나님의 마음이 중보를 통해 표현된다. 그때 하나님께서 우리가 기도한 사람을 위해 역사하기 시작하셔서 하나님 나라가 그 사람의 삶 속에 임하고 그분의 뜻이 이루어진다. 효과적인 중보자가 되기 위해 우리는 반드시 성벽 위의 파수꾼처럼 되어야 한다.

> 예루살렘이여 내가 너의 성벽 위에 파수꾼을 세우고 그들로 하여금 주야로 계속 잠잠하지 않게 하였느니라 너희 여호와로 기억하시게 하는 자들아 너희는 쉬지 말며 또 여호와께서 예루살렘을 세워 세상에서 찬송을 받게 하시기까지 그로 쉬지 못하시게 하라 _사 62:6-7

예루살렘은 성벽으로 둘러싸인 도시다. 지금도 우리는 이 성벽 위를 걸을 수 있다. 파수꾼은 밤에도 어둠을 주시하고 성벽을 오르락내리락 하며 원수의 잠재적 공격으로부터 도시를 지킨다. 이 구절에 따르면, 하나님은 오늘 우리에게 기도를 통해 우리의 도시와 교회, 가정에 다가오는 잠재적 해악을 내다보라고 말씀하신다. 하나님은 백성을 파수꾼으로 세우시고 하나님 나라가 온 세상에 세워질 때까지 쉬지 못하게 하신다. 다음은 파수꾼의 눈을 개발하기 위한 방법이다.

1. 하나님의 군대에 지원하라. 주님께 파수꾼으로 자원한다고 말씀드려라.
2. 정결한 마음을 유지하라. 그러면 하나님께서 원하시는 기도가 무엇인지 잘 분별할 수 있다.
3. 삶 속에 하나님을 인식하는 법을 개발하라. 모든 순간이 대기 상태임을 인식하라. 파수꾼이 되는 것은 호출기를 차고 다니는 의사와 비슷하여 언제든지 응급 요청을 받을 수 있다. 당신이 무엇을

하든, 하나님은 원수의 공격을 멈추기 위한 기도 경보를 울리실 수 있다.

4. 경보가 울리는 적절한 시간과 장소를 알려 주시도록 하나님께 구하라. 하나님은 사람들의 은밀한 필요를 중보자들에게 계시해 주신다. 이것은 정말 소중한 신뢰다. 하나님께서 우리에게 알려 주시는 은밀한 것을 다른 사람에게 말하지 마라. 오늘날 수많은 중보기도회가 비방하는 자리로 전락했다. 만일 하나님께서 다른 사람의 약점을 알려 주신다면 아래의 지침을 따르기 바란다.

- 당신이 받은 응답이 정확히 들은 것인지 확증해 달라고 구하라.
- 당신이 정확하게 기도했다는 확신이 들면, 응답받은 영적 정보를 그 사람에게 알려도 될지 하나님께 여쭈어라.
- 당신이 그 사람에게 말해 줘야 한다면, 그가 받아들일 마음의 준비를 할 수 있도록 하나님께 기도하라.
- 대부분 당신이 기도하는 사람들에게 아무 말도 하지 못할 것이다. 하나님은 그분의 때에 그분의 방법으로 말씀하실 것이다. 이것이 우리가 기도하는 사람들의 약점을 다루는 가장 효과적인 방법이다. 하나님께서 그들에게 변화의 필요성을 직접 말씀하시면, 그들은 수치감과 거절감, 마음의 상처를 받지 않을 것이다. 하나님의 비밀을 지키고 틈 사이에 서야 할 때, 우리가 하는 일을 사람들에게 알리지 않고 그들의 짐을 지는 법을 배워야 한다.
- 당신이 섬기는 지역 교회에 어떤 위험 요소가 감지되면, 기도의 동역자들에게 경고 소리를 울려야 할 때도 있다. 이런 경우에는 합당

한 영적 권위자를 찾아가 당신이 염려하는 바를 나누어라. 그리고 나머지 일은 권위자의 손에 맡겨라.

5. 당신이 예사롭지 않은 기도를 한다고 해서 두려워하지 마라. 기도하다가 갑자기 전혀 모르는 남미의 한 목사를 위해 기도할 수도 있다. 많은 기도의 파수꾼이 만난 적도 없는 사람들을 재난에서 구해 주었다. 누가복음 22장 31-32절은 파수꾼의 기름 부음을 잘 보여 준다. "시몬아, 시몬아, 보라 사탄이 너희를 밀 까부르듯 하려고 요구하였으나 그러나 내가 너를 위하여 네 믿음이 떨어지지 않기를 기도하였노니 너는 돌이킨 후에 네 형제를 굳게 하라."

케네스 코플랜드의 어머니 비니타 코플랜드는 중보자다. 그녀는 자신의 수많은 '영적 자녀들'을 위해 기도하는 파수꾼이 되었다. 어느 날 주님은 사탄이 영적 딸인 엘리자베스를 '밀 까부르듯' 공격하고 있다는 것을 비니타에게 알려 주셨다. 비니타는 남편에게 방해하지 말라고 부탁한 뒤, 기도의 골방으로 들어가 엘리자베스 알베스를 위한 영적 싸움을 시작했다. 하루가 지나고 이틀이 지났다. 남편은 아내의 건강이 염려되어 다른 중보자들에게 그녀를 위해 기도해 달라고 부탁했다. 3일째 되는 날에 드디어 그녀는 엘리자베스를 공격하는 원수를 파쇄했다.

기꺼이 큰 희생을 치른 중보자를 주신 주님께 감사를 드린다. 비니타의 기도로 중보기도 사역의 고전인 《기도의 용사가 돼라》를 저술하게 되었고, 세계적 중보 사역단체를 설립한 엘리자베스라는 열매를 맺었다. 이처럼 하나님께서 초자연적으로 보호하실 때 보이지 않는 세계에서 벌어지는 일들을 보는 것은 참으로 경이롭지 않은가?

인도네시아의 베다니 교회는 니코 박사의 지도로 24시간 기도할 수 있는 기도탑을 지었다. 현재 미국 대학에서는 최소 천 개 이상의 기도의 집이 운영되고 있다. 그들은 국가의 치유를 위해 주님께 부르짖고 있다.

열방과 민족들 가운데 부어진 기도의 영은 부흥의 산고를 일으키고 있다. 더글러스 토슨은 예레미야 랜피어에 관한 흥미로운 글을 〈미국을 위한 중보자들〉에 기고했다. 랜피어는 지극히 평범한 사람이 부흥을 위해 기도할 때 하나님께서 무슨 일을 하실 수 있는지 보여 주는 본보기다. 이 사건은 1857년 뉴욕에서 일어났다.

랜피어는 길거리에서 맨해튼의 중심지 풀턴 거리 길모퉁이에 있는 화란개혁교회에서 열리는 정오 기도회를 알리는 전단을 나누어주었다. 그는 교회에서 약 25분 동안 사람들을 기다렸다. 그의 믿음은 시험받고 있었다. 마침내 12시 30분에 여섯 사람이 차례로 들어왔다. 다음 주에는 20명이 모였다. 얼마 지나지 않아 그들은 한 주에 한 번이 아니라 매일 모이기로 했다.

모임을 시작한 지 6개월도 안 돼서 만 명 이상의 사업가들이 가게와 회사에서 매일 기도하게 되었다. 주변 교회들도 시기하지 않고 하나로 연합했다. 이 기도 모임은 주변 나라의 도시들에서도 일어났다. 사람들은 이 모임이 세 번째 위대한 각성 운동의 기폭제 역할을 했다고 믿고 있다.

나는 기도와 중보를 배우는 것이 부흥을 준비하는 현대 교회에 필수적이라고 믿는다. 회사 사무실과 학교 교실에서 하나님께서 부탁하신 일에 순종하여 열방의 부흥을 일으킬 기도의 사역자로 부름 받을 랜피어 같은 사람들이 얼마나 많이 일어날지 누가 알겠는가? 현재 세계 곳곳의 회사 중역실에서 기도 모임이 일어나고 있다. 〈미국을 위한 중보자들〉은 마틴 로이드 존스의 글을 인용하였다.

부흥의 역사는 하나님께서 종종 특이한 방법으로 부흥을 일으키시고 확장하고 유지하실 때 반드시 사역자만 쓰시는 것이 아니라, 교회에서 별로 중요하지 않다고 생각하는 아주 겸손한 사람들을 통해 일하신다는 것을 분명하게 보여 준다.

오늘날 수많은 교회와 기도의 집들이 세계적인 각성이 일어나도록 하나님께 간절히 부르짖고 있다. 우리 모두가 이 부르심을 받고 있다.

다음 장은 당신이 중보기도의 은사를 받은 사람인지 분별하는 데 도움이 될 것이다. 하나님께서 자원하는 그릇을 통해 행하시는 일을 보는 것만큼 흥분되는 일은 없다.

더 깊은 중보기도를 위한
소그룹 스터디 POSSESSING THE GATES OF THE ENEMY

■ **핵심 성경 구절**

이사야 14:12, 마태복음 16:18, 에베소서 1:21, 예레미야 1:10, 누가복음 11:17-22, 에베소서 3:10, 에스겔 28:11-19, 고린도후서 2:11, 에베소서 6:11-12, 다니엘 10:12-13, 고린도후서 10:4, 골로새서 2:15, 마태복음 11:12

01 어떤 면에서 중보기도를 전쟁으로 간주할 수 있는가?

02 당신은 그리스도의 군대 안에서 어떤 위치에 있는가?

03 그리스도의 몸을 대적하는 마귀의 궤계와 전략, 가용한 도구를 기술하라(군사적 측면이나 게릴라전 같은 것을 생각해 보라). 각각의 궤계에 대해 교회가 사용할 수 있는 대응 전략은 무엇인가?

04 당신은 가정과 교회와 마을, 국가를 위해 기도하는 '성벽 위의 파수꾼'인가? 하나님께서 주신 기도 제목은 무엇인가?

05 당신이 중보기도 모임에 참여하고 있다면, 그 모임이 영적으로 비방하는 모임이 되지 않도록 도울 방법은 무엇인가?

06 기도와 부흥은 어떤 관계가 있는가? 당신이 사는 도시와 국가의 부흥을 도울 방법은 무엇인가?

CHAPTER 06
중보의 은사

THE CALL TO INTERCEDE

어떤 그리스도인들은 정기적으로 오래 기도할 수 있는 특별한 능력이 있다.
그들은 평범한 그리스도인들보다 기도 응답을 구체적으로 받는다.
_피터 와그너

    성경에서 중보의 은사를 직접 언급하지 않기 때문에 종종 논쟁이 되곤 한다. 하지만 성경은 안내위원, 주차요원, 방송실 운영자 역시 언급하지 않는다. 중보자들은 교회에서 돕고 섬기는 은사를 가진 사람들의 범주에 속한다. 중보자와 돕고 섬기는 사람의 차이점은, 중보자는 영적인 방법으로 '하늘에서' 섬긴다는 것이다.
    중보의 은사에 대해 간접적으로 언급한 성경 구절이 있다. 누가복음 2장 37절에서 과부 안나는 성전에서 밤낮으로 금식하고 기도하며 하나님을 섬겼다. 밤낮으로 금식하며 기도하는 것은 중보자로 부름을 받은 사람의 삶을 잘 표현해 준다.
    (이스라엘이 아말렉과의 전투에서 이기고 있을 때) 모세의 팔을 들고 있었던 아론과 훌은 중보기도의 은사를 보여 주는 좋은 예다.

> 모세의 팔이 피곤하매 그들이 돌을 가져다가 모세의 아래에 놓아 그가 그 위에 앉게 하고 아론과 훌이 한 사람은 이쪽에서, 한 사람은 저쪽에서 모세의 손을 붙들어 올렸더니 그 손이 해가 지도록 내려오지 아니한지라 _출 17:12

아론과 훌이 모세의 지팡이가 아니라 손이 내려오지 않도록 도왔다는 점을 눈여겨보라. 또한 그들이 여호수아처럼 전쟁터에서 육체적 싸움을 하지 않았다는 점도 주목하라. 중보의 은사를 받은 사람들은 기도하는 것을 좋아한다. 그들은 그 밖의 다른 일은 하고 싶어 하지 않는다.

사람들은 내가 하루에 얼마나 기도하는지 궁금해한다. 그러면 나는 "가능한 많이 기도합니다"라고 대답한다. 순회 사역 기간 중에는 평소만큼 많은 시간을 기도할 수 없지만, 일상으로 돌아와 주님과 독대할 여유만 되면 휴대전화를 끄고 문 앞에 '기도 중 방해 금지'라는 푯말을 붙여 놓는다. 이런 날은 더할 나위 없이 행복하다. 나는 중보의 은사를 받은 사람들이 대부분 이와 비슷한 행복을 누리고 있다는 것을 알고 있다.

어느 날 새벽 2시쯤, 우리는 러시아에 있는 교회를 위해 중보하는 가운데 놀라운 기도의 맛을 경험했다. 한 중보자가 다가와 웃으며 말했다. "여기가 천국이네요!" 정말 그랬다. 기도의 자리로 부름 받은 사람들에게 가장 소중한 장소는 기도하는 곳이다.

그때 이후로 90년대의 기도 운동은 우리가 꿈꾸던 대로 성장했다. 뒤돌아보면 그 10년이 세계적인 기도 운동의 추진체 역할을 했음을 알 수 있다. 그리고 더치 쉬츠의 《하늘과 땅을 움직이는 중보기도》, 피터 와그너의 《기도 용사》, 존 도우슨의 《하나님을 위하여 도시를 점령하라》 같은 책들이 출간되었다. 이제는 교회에 기도 사역자가 없는 것보다 있는 것이 더 자연스러워졌다. 처음 이 책을 쓸 때만 해도 기도 모임을 하는 교회가 흔치 않았다. 하지만 지금은 많은 교회들이 헌신된 중보자의 필요성을 인식하고 있다.

중보자들은 종종 특별한 삶을 살기도 하고, 은둔자처럼 보이기도 한다. 5장에서 비니타 코플랜드가 영적인 딸 엘리자베스 알베스의 파수꾼이 되어 하나님께서 평강을 주실 때까지 3일 동안 금식기도하며 돌파한 이야기를 했는데, 이런 일은 때때로 중보의 은사를 받은 사람들이 감당해야 할 몫이다.

다니엘은 우리의 좋은 모델이다. 그는 자신을 구별하여 금식과 기도로 주님을 찾았다. "그 때에 나 다니엘이 세 이레 동안을 슬퍼하며 세 이레가 차기까지 좋은 떡을 먹지 아니하며 고기와 포도주를 입에 대지 아니하며 또 기름을 바르지 아니하니라"(단 10:2-3).

다니엘이 이상을 보기까지 3주의 시간이 필요했지만, 그는 개의치 않았다. 하나님은 그에게 환상을 해석할 지혜를 구하라는 숙제를 주셨다. 그의 기도는 하늘에 큰 전쟁을 일으켰다. 그러나 하나님이 다니엘에게 보내신 천사는 마침내 돌파했다.

> 그가 내게 이르되 다니엘아 두려워하지 말라 네가 깨달으려 하여 네 하나님 앞에 스스로 겸비하게 하기로 결심하던 첫날부터 네 말이 응답 받았으므로 내가 네 말로 말미암아 왔느니라 그런데 바사 왕국의 군주가 이십일 일 동안 나를 막았으므로 내가 거기 바사 왕국의 왕들과 함께 머물러 있더니 가장 높은 군주 중 하나인 미가엘이 와서 나를 도와 주므로 이제 내가 마지막 날에 네 백성이 당할 일을 네게 깨닫게 하러 왔노라 이는 이 환상이 오랜 후의 일

임이라 하더라 _단 10:12-14

　주님은 다니엘의 기도에 응답하셔서 한 천사를 보내 그가 깨닫는 것을 돕게 하셨다.

　일반적으로 중보의 은사를 받은 사람은 하나님이 주신 기도 제목에 초점을 맞춘다. 어떤 사람은 특정한 사역이나 사역자를 위해 기도한다. 그들은 매일 하나님께서 맡겨주신 사람들의 파수꾼이 되어 '기도의 경비원' 역할을 감당한다. 예를 들어, 우리의 사역인 열방의 장군들 안에는 정기적으로 우리를 보호하기 위해 기도하는 중보자들이 있다.

　많은 중보자가 일상생활 속에서 기도하기를 즐거워하지만, 모든 중보자가 전임 사역자로 기도할 수는 없다. 그들은 일이 없을 때 자유 시간에 기도한다. 그들 중 대부분은 기도를 휴식 시간이라고 생각한다. 내 말을 오해하지 마라. 기도는 고된 일이다. 따라서 우리에게는 쉼이 필요하다. 하지만 다른 사람을 위해 중보하는 동안 새 힘을 얻는 사람도 많다.

　값없이 하는 기도이기는 하나 중보자들이 융자금이나 월세를 지불해야 하고, 아무리 금식과 기도를 좋아해도 그들 역시 식료품과 주유 비용을 마련해야 한다는 것을 인식하는 사역단체들이 있다. 오늘날 중보자들에게 사례비를 제공하는 교회가 늘어나고 있다.

　중보의 은사를 받은 사람들은 평생 한 가지 기도에 초점을 맞추는데, 그렇지 않을 수도 있다. 많은 중보자가 열방을 위해 기도하도록 부름받는다. 그중에 텍사스 댈러스에 있는 CFNI(Christ for the Nations Institute)의 프레다 린드세이 자매가 있다. CFNI는 65개 자매 학교 학생들을 제외하고도 2017년까지 약 4만 명의 졸업생을 배출한 신학교다.

　1986년 9월에 프레다 린드세이가 열방의 장군들 모임에서 한 말을 결코 잊을 수 없다. 많은 학생이 '린드세이 여사' 혹은 '엄마'라고 불렀던 그녀는 작은 체구와 달리 강력한 하나님의 발전소였다. 린드세이는 은혜의 보좌 앞에서 모든 나라의 이름을 하나하나 불러 가며 빠짐없이 기도하였다. 이 고귀한 주의 성도는 우리에게 자신의 남편 고든 린드세이의 기도 생활에 대한 이야기를 나누어 주었다. 지금은 프레다와 고든이 이 땅을 떠나 주님과 함께 있지만, 그들의 기도의 영향력은 세계 곳곳에 남아 있다.

그날 프레다는 고든이 기도에 대해 이렇게 말했다고 전해 주었다. "모든 사람은 매일 적어도 한 번은 반드시 침노하는 기도를 해야 합니다." 그리고 프레다는 "내 생각에 고든은 가장 강력한 침노기도의 세계 기록 보유자일 겁니다"라고 하였다. 프레다는 마태복음 11장 12절을 인용했다. "세례 요한의 때부터 지금까지 천국은 침노를 당하나니 침노하는 자는 빼앗느니라."

사람들이 우리를 기도하는 사람으로 기억한다면 얼마나 좋을까? 프레다와 고든 린드세이가 남긴 유산이 참으로 놀랍지 않은가? 나는 린드세이 부부의 기도가 부흥의 토대를 세웠다고 믿는다. 두 사람의 기도는 수천 명의 학생이 CFNI에서 공부하고 선교지로 나갈 준비를 할 수 있도록 길을 열어 주었다.

고든과 프레다 린드세이는 마태복음 9장 37-38절에 기록된 하나님의 말씀을 믿었다. "이에 제자들에게 이르시되 추수할 것은 많되 일꾼이 적으니 그러므로 추수하는 주인에게 청하여 추수할 일꾼들을 보내 주소서 하라 하시니라."

중보자들은 이것을 '추수기도'라고 부른다. 기도는 추수 때에 열매를 수확한다. 하나님은 중보자들을 각처에 심은 뒤 열방을 위해 기도하게 하신다.

　이 이야기는 중보의 은사를 받은 사람들이 사용하는 방법이 다양하다는 것을 보여 준다. 기도의 형식보다 기도의 열매를 살피는 것이 더 중요하다. 하나님에게는 다양한 방식으로 기도하는 많은 중보자가 있다. 어떤 이는 기도의 골방에서 조용히 기도하지만, 어떤 이는 노래로, 또 어떤 이는 큰 소리로 기도한다. 무엇보다 하나님께서 당신에게 알려 주신 방법으로 기도하는 것이 중요하다. 다른 사람들도 당신과 같은 방식으로 기도해야 한다고 생각하지 마라.

　중보로 부름 받았다고 느끼는 사람들은 딕 이스트만의 《기도 플래너》 같은 책으로 체계적인 기도 훈련을 받을 수 있다. 때때로 하나님께 부름 받은 중보자일지라도 기도의 훈련이 필요하다. 마치 하늘은 놋 같고 새벽 5시에 깨어 기도하는 것이 무슨 역사가 있을까 의구심에 빠진 채 여러 날을 보낼 수도 있다.

　또 다른 중보자는 예언적 중보자다. 기본적으로 그들은 (어제의 기도 제목을 위해 철야기도를 하지 않았다면) 아침 일찍 일어나 '출석 도장을 찍고' 주님께서 주신 그날의 기도 과제를 구한다. 그들은 다양한 방식으로 기도한다. 많은 이들이 먼저 주님을 경배하고 어떤 이름이나 성경 말씀, 기도가 필요한 상황을 받을 때까지 잠잠히 주님을 기다리는 시간을 보낸다. 나도 보통 이런 식으로 매일 기도한다. 하지만 유연성을 갖는 것도 도움이 된다. 어떤 때는 주님을 경배하는 가운데 루마니아를 위해 기도하기도 한다. 그렇게 한두 시간 기도한 후 다시 경배의 자리로 돌아온다.

　내가 매일 기도하는 제목이 있을지라도, 하나님은 종종 그분의 마음 가운데 있는 사람들의 기도 제목을 주실 때가 있다. 나에게 경각심을 주는 하나님의 기도 제목과 나의 기도 목록이 같을 때도 있고, 다를 때도 있다. 중보자가 되기 위해서는 감정을 잘 다룰 수 있어야 한다. 하나님이 내게 붙여주신 사람들보다 내 고민을 위해 더 기도하고 싶은 성향이 있기 때문이다. 바로 그때가 개인의 짐보다 "먼저 하나님 나라를 구해야 할 때다."

내가 발견한 놀라운 사실 중 한 가지는 하나님께서 내 가족의 필요를 위해 기도해 줄 중보자들을 마련해 두셨다는 것이다. 나는 자녀들과 여섯 명의 손자·손녀를 위해 매일 기도한다. 하지만 어떤 날은 주님께서 다른 사람들을 위해 집중적으로 기도하길 원하실 때가 있다. 나에게는 한 가지 믿음이 있는데, 그런 날은 하나님의 기도 제목에 순종하는 나의 중보자들을 통해 내 가족의 필요를 중보하게 하신다는 것이다.

만일 당신이 중보기도의 은사를 받았다면, 하나님께서 다양한 방법으로 그날그날 무엇을 위해, 누구를 위해 중보해야 할지 당신에게 알려 주실 것이다. 어떤 경우 누군가를 보는데 오히려 다른 사람이 떠오를 때가 있다. 그러면 그 사람을 위해 기도해야 한다는 것을 깨닫는다. 다른 경우 내가 아는 사람의 이름이나 그와 비슷한 이름을 보면, 어떻게 그 사람을 위해 기도해야 할지 주님의 인도하심을 구한다. 수년간 보지 못한 사람이 문득 생각나면, 어김없이 그를 위해 기도한다.

나는 하나님께서 이런 방식으로 많은 사람을 깨워 기도하게 하신다고 확신한다. 하지만 안타깝게도 많은 이들이 하나님의 신호를 잘 인식하지 못한다. 만일 일상 가운데 교회의 누군가가 계속 떠오른다면, 그것은 그를 위해 기도하라는 하나님의 신호다. 이럴 경우 어떻게 기도하면 좋을지 하나님께 물으면 성경 구절을 떠오르게 하신다. 이것이 바로 중보자들이 성경을 알아야 하는 중요한 이유다. 그러면 하나님께서 기도의 목적에 맞게 성령으로 우리 안에 있는 생수의 강을 끌어 올리실 것이다.

중보의 은사가 성장할수록 예수님과 동행하고 대화하는 법을 배우고, 다른 사람의 중요한 필요에 대한 하나님의 메시지를 받기 위해 항상 깨어 있게 된다. 어떤 이는 이것을 그리스도 안에 거하는 법을 배우는 것이라고 부른다. 우리는 성령으로 말미암아 하나님의 마음과 이어진 신령한 연결고리를 가지고 있다. 우리가 언제나 대기 중임을 인식하면, 중보를 통해 하나님의 마음을 알 수 있을 것이다.

세월이 지나면서 나의 은사는 점점 자라갔고, 하나님께서는 처음 중보를 시작할 때보다 더 큰 영역에 대한 중보의 임무를 맡기셨다. 주님께서는 국가 경제의 안정을 위해 기도하게 하시거나 개인적으로 대통령을 만나 예언의 말씀을 전하게 하셨다.

하나님께서 국가 경제를 위해 기도하라고 말씀하실 뿐만 아니라, 열방의 장군들을 통해 현장에서 전략적으로 기도할 팀을 소집하실 때도 있다.

2008년 9월 전 세계를 휩쓴 경제 위기 전 그해 1월에 주님은 "전과 같은 경제는 더는 없을 것이다"라고 말씀하셨다. 주님께 말씀의 뜻을 물었을 때, '개혁기도 네트워크'의 장군들을 소집해서 월가의 무역회관에서 기도하라는 감동을 받았다. 그런 다음 우리는 콘퍼런스를 열어 경제 구조에 관해 가르쳤고, 갓 티비(GOD TV)에서는 이것을 전 세계에 송출했다. 이 모든 것은 경제 위기 전에 계획된 일이었다.

마침내 경제 위기가 왔을 때, 우리는 이미 세계 경제의 안정화를 위해 기도할 중보팀들을 적재적소에 준비해 두었고, 코너스톤 파이낸셜 플래닝의 재무설계사 제리 튜마의 조언도 받았다.

마지막 전략은 중보자들이 전 세계 주식 시장의 현장에서 기도하는 것이었다. 놀랍게도 그들은 그렇게 했다. 그들은 런던 경제의 허브가 되는 도시와 다른 도시들로 갔다. 결과는 어땠을까? 경제 위기가 악화되었지만, 미국은 또 한 번의 대공황이 아니라 경기가 침체하는 수준에 그쳤다. 이것은 기적 같은 일이었다. 기도는 참으로 살아 역사한다.

성령께서 우리를 깨워 기도하게 하시는 또 다른 방법은 꿈이다. 성경은 꿈과 꿈의 사용에 대해 말한다. 야곱이 에서를 피해 도망가던 중 주님은 꿈속에서 야곱에게 나타나셨다. 하나님은 꿈을 통해 그분의 영광을 나타내셨고, 바로의 눈앞에서 요셉을 높이셨다. 이러한 예는 신약에서도 자주 볼 수 있다. 하나님은 꿈을 통해 요셉에게 마리아와 어린 예수를 데리고 헤롯을 피해 달아나라고 경고하셨다. 중보자들이 '영적인 꿈'을 꾸는 것은 그리 이상한 일이 아니다.

영적인 꿈은 아주 생생하고 실제적이어서 한동안 곰곰이 생각하게 만든다. 꿈이 너무 실제적이고 생생해서 꿈인지 생시인지 분간하기 어려울 때도 있다. 영적인 꿈을 꿨을 때, 상세하게 기록하는 것도 좋은 방법이다. 이런 꿈은 종종 기억에 새겨진다. 성경의 인물들이 꿈을 자세히 기억하고 그것을 하나하나 말해 줄 수 있었다는 점을 주목하라. 많은 경우 하나님은 우리가 깨어 있을 때 인식하지 못한 것을 꿈을 통해 말씀하시거나 경고하신다.

영적인 꿈의 의미가 분명할 때가 있고, 해석이 필요할 때가 있다. 만일 재앙에 관한 것이라면, 그것은 정해진 것이 아니라 경고라는 것을 인식해야 한다. 하나님께서 꿈을 통해 어떤 재난을 보여 주신다면, 우리는 재난의 축소와 반전, 제거를 위해 기도해야 한다.

이런 일은 우리 가정에 종종 일어난다. 마이크는 나보다 꿈을 더 많이 꾼다. 여러 해 동안 남편은 토네이도가 우리 집을 향해 오는 꿈을 꾸었다. 이것은 임박한 사탄의 공격에 대한 경고였다. 우리는 꿈에 나타난 사람들을 주목하는 법을 배웠고, 그들을 보호하고 사탄의 궤계를 대적하기 위해 기도했다.

어느 날 마이크는 다섯 개의 토네이도가 동시다발적으로 우리를 향해 오는 꿈을 꾸었다. 그날 우리는 막중한 기도의 임무를 감당했다. 주님의 경고 덕분에 우리에게 닥친 일들을 쉽게 처리할 수 있었다.

한번은 피닉스에 말씀을 전하러 갔을 때, 영적인 꿈 덕분에 재앙을 피하게 되는 아주 생생한 경험을 했다. 집회에 참석하기 위해 막 떠나려 할 때, 나는 마이크에게 전화해야겠다는 감동을 받았다. 뭔가 재미있어 하는 남편의 목소리에 나는 무슨 일이 있었는지 다그쳐 물었다.

그는 잠시 숨을 고른 뒤 말했다. "여보, 지난밤에 고속도로에서 두 대의 소형 트럭 뒤를 따라가며 운전하는 꿈을 꾸었어요. 두 차 모두 젊은 부부가 타고 있었고, 그중 한 여인은 임산부였어요. 그런데 갑자기 차들이 급정지해서 브레이크를 밟았지만, 아무 소용이 없었어요. 마치 느린 동작을 보는 것 같았어요. 순간 나는 앞에 있던 트럭과 추돌했고, 트럭은 그 앞에 있는 트럭과 추돌했어요. 나는 차가 멈추자마자 뛰어내려 그들이 안전한지 확인하러 갔어요. 특히 임산부가 걱정되어서 달려가 기도해 주었어요."

마이크의 꿈 이야기를 듣고 우리는 그가 평소에 다니는 고속도로 운전자들과 남편의 안전을 위해 기도했다. 그리고 그날 운전할 때, 하나님께서 그에게 지혜를 주시도록 간구했다.

그날 밤 숙소로 돌아오자마자 출근길에 무슨 일이 있었는지, 무사한지 확인하기 위해 남편에게 전화했다(한 해 전에 남편은 18개의 바퀴가 달린 대형 트럭과 추돌했지만, 털끝 하나 다치지 않았다. 이제 당시 내 마음이 어떠했는지 알겠는가?).

마이크는 그날 아침 운전에 대해 흥분을 감추지 못했다. "여보, 하나님은 참으로 놀라운 분이세요. 출근길에 나는 아주 조심스럽게 운전했어요. 다른 차들과 충분한 거리를 두었고, 특히 소형 트럭을 경계했어요. 그런데 직장에 도착할 무렵, 내 앞에 있던 차가 갑자기 그 앞 차와 추돌하는 거예요. 꿈에서 경고한 대로 안전거리를 유지하지 않았다면, 사고를 당할 뻔했지 뭐예요."

사고를 낸 차량은 소형 트럭도 아니었고, 임산부도 없었다. 하지만 하나님께서 마이크와 꿈에 나타난 사람들을 보호하셔서 그 누구도 다치지 않았다는 것은 정말 놀랍고 감사한 일이다.

하나님께서 꿈을 통해 다른 어떤 세대보다 지금 이 세대에 더 많은 계시를 부어 주시는 것 같다. '더 콜'(The Call) 같은 기도 운동은 꿈을 통해 자주 주님의 인도하심을 받고 있다.

더 콜 운동에 막대한 영향을 준 특별한 꿈이 있다. 더 콜의 사역자 중 브라이언 킴은 꿈에서 합법화된 낙태법을 폐지하기 위해 '생명'이라고 쓰여진 빨간 테이프를 입에 붙이고 연방대법원 앞에 서 있는 사람들을 보았다.

공의의 기도의 집(Justice House of Prayer) 사역에 동역하는 더 콜의 루 잉글과 바운드포라이프(Bound4LIFE)의 매트 라킷은 주님께서 브라이언의 꿈을 통해 보여 주신 것에 순종하기로 했다. 그들은 입에 붉은색 테이프를 붙이고 아직 태어나지 않은 아기들을 죽이는 일이 더 이상 일어나지 않도록 시간마다 기도했다. 그때 이후로 수천 명의 사람이 미국 전역에 있는 법원 앞에서 입에 테이프를 붙이고 태에 갇혀 목소리를 내지 못하는 세대를 위해 침묵의 중보기도를 주님 앞에 드리기 시작했다. 이 글을 쓰고 있는 오늘까지도 그들은 여전히 낙태법 폐지를 위해 기도하고 있다. 현재 미국의 낙태법 폐지는 그 어느 때보다 가까이 와 있다.

당신의 꿈이 영적인 꿈 같은 느낌이 든다면, 그것이 주님께서 주신 것인지 기도하라. 더 콜의 사역자들은 그들의 영적인 꿈에 반응했다. 만일 그들이 하나님의 인도하심을 구하지 않고 무시했다면 어떻게 되었을까? 영적인 꿈을 꾸면, 그 문제에 대해 어떻게 해야 할지 주님께 물어보라. 만일 꿈을 이해할 수 없다면, 하나님께 해석할 수 있는 사람을 보내달라고 기도하라.

사탄은 고통스러운 꿈, 곧 악몽 그 이상도 이하도 아닌 것을 준다는 점에 유의하라. 주님이 주시는 경고의 꿈은 평안한 확신과 두려움을 준다. 당신이 악몽을 꾸었다면, 주님의 보호를 구하면 된다.

정기적으로 영적인 꿈을 꾸는 사람들은 꿈을 적기 위해 침대 머리에 종이와 펜 혹은 휴대폰이나 노트북을 두기도 한다. 꿈은 하나님의 중보의 언어다. 때때로 하나님은 꿈의 해석을 직접 주시거나 이해할 수 있는 사람을 보내주신다. 꿈은 당신이 전진해 나갈 때 필요한 정보를 주는 전략적 지도 역할을 한다. 중보자인 나는 꿈을 자주 꾸는 편이고, 꿈으로 주님의 뜻을 받는다. 실제로 꿈은 개인적인 것보다 다른 사람들을 위해 중보할 수 있는 열쇠가 된다.

내 친구 바비 브리시트는 꿈 해석 분야에서 가장 탁월한 사역자 중 한 사람이다. 그녀가 쓴 《꿈의 상징 사전》(A to Z Dream Symbology Dictionary)은 당신의 꿈에 나타날 수 있는 만 가지 상징을 해석한 정말 놀라운 책이다.

하나님은 추수를 위해 거대한 그물을 만들 중보의 은사를 받은 사람들을 부르신다. 오늘날 전례 없이 많은 중보자가 기도하고 있다. 주님은 마지막 전쟁을 위해 그분의 룻과 나오미, 에스더와 모르드개, 드보라와 바락을 모으신다.

비니타 코플랜드는 내게 아주 소중한 사람이다. 어느 날 그녀의 친척이 말했다.

"비니타, 무릎이 왜 그래요? 낙타 무릎 같아요."

그녀는 하나님을 멀리 떠나 나이트클럽에서 노래하는 아들 케네스(후에 미국의 저술가, 음악가, 설교자, 유명한 TV 전도자가 됨-역주)를 위해 기도한다고 대답했다.

"그렇다면 서서 기도하는 게 어때요?"

그녀는 계속 무릎을 꿇고 기도했다. 이 놀라운 여성은 이런 식으로 평생 그리스도의 몸에 있는 수많은 사람들의 틈 사이를 막아섰다. 그녀는 새벽 4시면 어김없이 일어나 지하실로 내려가 기도했다. 생의 마지막 천국 문에 입성하기 전, 평생을 중보기도로 살아온 그녀의 무릎은 다 닳아 있었다.

언젠가 그녀의 집에 방문했을 때, 그녀가 기도하는 지하실에 함께 내려갔다. 나는 한쪽에 놓인 파렛트(지게차로 물건을 옮길 때 사용하는 딱딱한 나무 판-역주)와 그 위에 있는 종이상자를 보았다.

"저 파렛트는 뭔가요?"

"내가 기도하는 곳이에요."

나는 파렛트 위에 무릎을 꿇고 사진으로 가득한 상자를 열었다. 그 순간 엄청난 주님의 임재에 압도되었다.

"비니타, 이 사진들은 뭐예요?"

"내가 기도하는 사람들의 사진이에요."

"이 사람들은 다 누군가요?"

"대부분 잘 모르는 사람들이에요. 사람들이 사랑하는 이들을 위해 기도해 달라고 보내온 사진들이에요."

그녀는 하나님께서 "다 되었다"고 말씀하실 때까지 그들을 위해 기도했다. 사진들 위에는 그녀도 모르는 사이 흘린 눈물 자국들이 많이 묻어 있었다. 내가 확신하는 명백한 사실이 있다. 비니타는 분명 천국에서 그들을 알아볼 것이다. 그녀가 기도로 지옥의 문을 향해 맹공을 퍼부으면, 그들을 향한 사탄의 궤계가 무너졌다.

비록 눈에 띄지는 않지만, 중보기도의 은사는 그리스도의 몸의 일부다. 그것은 매우 강력하며, 하나님을 위해 위대한 일들을 행한다. 때때로 개인적인 극심한 씨름 가운데 있으면, 나는 하나님께 이렇게 부르짖는다. "하나님, 중보자들을 일으켜 주세요!" 가끔은 그렇게 기도했던 시간을 적어두는데, 누군가 전화로 이렇게 묻기 때문이다.

"혹시 이 시간에 당신에게 무슨 일이 있었나요?"

"신디, 무슨 일이 있어요? 조금 전 기도할 때, 당신이 낙담하지 않도록 중보했어요."

모든 지옥의 군대가 나를 공격하기 위해 달려드는 것처럼 느껴질 때, 정기적으로 전화를 걸어주는 귀한 중보자들을 주신 하나님께 감사드린다.

하나님은 아이들이 기도할 때, 비범한 통찰력을 주실 때가 있다. 태국 친구인 호라퐁 자리야프루티퐁(나는 그를 시드니라고 부른다)은 태국 북부의 카렌족 아이들이 기도할 때 일어난 놀랍고 기이한 간증을 보내 주었다.

2007년 1월 중순, 성령님께서 태국 치앙마이 옴코이 지방의 여러 마을에 방문하셨습니다. 아이들은 천국과 지옥을 방문했습니다. 이로 인해 그들은 찬양을 좋아하고 주일 예배와 기도를 사랑하게 되었습니다. 도둑질하던 아이들은 더 이상 남의 물건을 훔치지 않습니다. 친구들을 괴롭히던 것도 멈추고 거짓말도 버렸습니다. 이들은 하나님을 간절히 갈망합니다.

한 가지 주목할 만한 변화는 아이들이 새벽 4시에 일어나 중보하기 시작했고, 주님께서 환상을 통해 무엇을 기도해야 할지 알려 주신다는 것입니다. 때때로 그들은 마을 사람들의 구원과 부흥을 위해 통곡하며 기도했습니다.

아이들은 한 번도 마을을 떠난 적이 없지만, 방콕과 치앙마이가 범한 죄들을 알게 되었습니다. 어떤 아이들은 예언을 하고 범죄한 사람들을 찾아가 회개를 요청했습니다. 만일 사람들이 회개하지 않으면, 아이들은 그 사람이 무슨 죄를 어떻게 지었는지 자세히 말해 주었습니다. 그러면 대부분 회개했습니다. 몇몇 사람은 아이들의 비범한 능력 때문에 교회에 가는 것을 두려워합니다. 그러면 아이들은 그들이 회개의 자리로 나올 때까지 계속 예언합니다.

그들은 전도하러 가기 전에 금식하며 기도합니다. 하나님은 꿈을 통해 그들이 치유해야 할 사람들을 보여 주셨고, 꿈에서 본 사람들은 실제로 병이 나았습니다. 아이들의 전도를 통해 많은 사람이 구원받았습니다.

하나님께서 중보의 은사를 사모하는 사람들에게 어떻게 은사를 주시는지를 보는 것은 참으로 큰 힘이 된다. 우리는 주님께 소중한 은사를 받았다. 이에 감사하는 마음으로 충성으로 보답하며 나아가자.

더 깊은 중보기도를 위한
소그룹 스터디 POSSESSING THE GATES OF THE ENEMY

■ **핵심 성경 구절**

이사야 14:12, 마태복음 16:18, 에베소서 1:21, 예레미야 1:10, 누가복음 11:17-22, 에베소서 3:10, 에스겔 28:11-19, 고린도후서 2:11, 에베소서 6:11-12, 다니엘 10:12-13, 고린도후서 10:4, 골로새서 2:15, 마태복음 11:12

01 당신은 자유 시간에 기도하기를 즐거워하는가? 자유 시간 외에도 기도하기 원하는가?

02 하나님께서 당신에게 특별히 집중해서 기도할 제목을 주셨는가?

03 고든 린드세이가 말한 '침노기도'에 대해 어떻게 생각하는가?

04 당신과 다르게 기도하는 사람들을 어떻게 생각하는가? 스타일이 다른 중보자들과 함께 기도할 수 있는가?

05 당신의 인내와 기도에 도움을 줄 수 있는 영적 훈련은 무엇인가?

06 기도 제목 목록이 도움이 되는가, 아니면 짐이 되는가? 하나님께서 어떤 기도 제목을 먼저 기도하길 원하시는지 분별하기 위해 듣는 시간을 갖는가?

07 당신은 얼마나 자주 다른 사람을 위해 성경 말씀으로 기도하는가? 말씀으로 기도하면 좋은 점은 무엇인가?

08 영적인 꿈을 꾼 적이 있는가? 있다면, 그것을 어떻게 해석했는가?

09 재앙에 관한 꿈을 꾸었을 때, 어떻게 했는가? 하나님은 그 꿈에 대해 당신이 어떻게 하기를 원하시는가?

CHAPTER 07

기도 사역자

THE CALL TO INTERCEDE

중보의 은사를 받은 많은 사람 가운데 기도의 골방에서 머물며 기도하는 사람이 있는가 하면, 훈련장인 기도의 골방에서 나와 기도 사역자가 될 사람도 있다. 기도 사역자는 복합 은사를 받은 사람이다. 중보의 은사는 에베소서 4장 11절의 사도, 선지자, 복음 전도자, 목사와 교사와 같은 전임 사역의 은사와 연결되어 있다. 에베소서 4장 12-13절은 이 은사들을 주신 목적을 다음과 같이 기록한다.

> 이는 성도를 온전하게 하여 봉사의 일을 하게 하며 그리스도의 몸을 세우려 하심이라 우리가 다 하나님의 아들을 믿는 것과 아는 일에 하나가 되어 온전한 사람을 이루어 그리스도의 장성한 분량이 충만한 데까지 이르리니

기도 사역자는 기도와 중보를 통해 성도들을 세우는 역할을 한다. 사역의 초점은 중보의 은사와 결합한 특정한 사역과 은사에 따라 다를

것이다. 오늘날 다양한 중보 사역이 일어나고 있지만, 나는 복합 은사들 가운데 몇 가지 분명한 것에 집중할 것이다. 대부분의 기도 사역자들은 지역 교회에서 기도하면서 사역이 시작된다. 어떤 이들은 그 자리에 머물고, 어떤 이들은 순회하며, 또 어떤 이들은 기도와 중보에 초점을 맞춘 사역기관을 세운다.

기도 사역자들의 차별화된 복합 은사와 여러 형태에 관해 논할 때, 주의해야 할 것이 있다. 그것은 사람들이 그들에게 특별한 은사를 주신 하나님을 찾는 대신 특정 사역단체를 모델로 삼거나 그들이 존경하는 사람처럼 되고자 하는 것이다. 물론 본보기는 좋은 것이다. 하지만 우리는 하나님께서 부르심과 은사를 주신다는 것을 명심해야 한다.

다양한 기도 사역자의 형태를 살펴보기 전에 중보기도를 이끌어가는 사역자들이 직면하는 상처와 아픔을 극복하는 데 도움이 될 몇 가지 요소를 알려 주고 싶다.

기도 사역자는 본인이 감당해야 할 영역의 범위가 어디인지 하나님께 물어야 한다. 이것은 아주 중요하다. 기도 사역자는 문자 그대로 기도 요청의 홍수에 빠져 있기 때문이다. 기도 사역자가 기도하면 할수록 하나님께서 그를 중보자로 세우셨다는 사실이 사람들에게 알려지게 될 것이다. 그리고 머지않아 그는 홍수 같이 쏟아지는 기도 제목에 압도당할 것이다.

나의 경우, 개인이나 기관의 기도 요청을 받지 않는 날은 극히 드물다. 만일 기도 사역자가 주의하지 않으면, 이것이 무거운 짐과 낙심거리가 될 수 있다. 많은 중보자가 탈진을 경험하는 이유는 한정된 기도 시간에 무엇을 먼저 기도할지 하나님께 묻는 법을 배우지 못했기 때문이다. 하나님이 주신 부담으로 기도하면, 그분은 우리에게 감당할 은혜를 주신다. 반대로 하나님께서 요구하지 않으신 것을 기도하면, 무거운 짐을 감당하지 못해서 상처받고 무너지고 만다.

이 영역에서 내가 얻은 가장 큰 교훈 중 하나를 지금은 주님께 돌아간 강력한 기도의 용사에게 배웠다. 어느 날 마이크와 나는 그녀의 집을 방문했다. 우리는 하나님께서 그녀의 기도를 통해 엄청난 일을 하신다는 이야기를 듣고 그녀에 대한 경이로운 마음을 갖고 있었다. 당신이 깊이 존경하는 사람 앞에서 전혀 의도하지 않은 어리석은 말을 한 적이 있는가? 이 여성 사역자를 우상화할 의도는 전혀 없지만, 우리가 확실히 높이 평가하고 존경하는 것이 있었다. 우리는 그녀의 지혜를 갈망했다.

시간이 그렇게 빨리 갔는지도 모를 정도로 우리는 중보기도에 관한 좋은 가르침을 받았다. 나는 문밖으로 나오면서 그녀와 포옹하며 이렇게 말했다. "당신을 위해 기도할게요."

오랫동안 하나님과 동행하며 배운 지혜로 그녀는 나를 보며 말했다. "신디, 하나님께서 나를 위해 기도하라고 당신에게 부탁하셨나요?"

그 순간 나는 살짝 당황했다. 나는 순수한 동기로 말했지만, 과연 하나님께서 그녀를 위해 기도하라고 지시하셨을까? 나에게는 확신이 없었다. 집으로 돌아온 나는 그녀를 위해 무엇을 기도해야 할지 주님의 뜻을 묻고, 찾고, 기도했다. 결국 응답을 받았다. 성령님께서 그녀를 위해 기도할 생각을 주시면 중보해야겠지만, 그녀는 내가 매일 정기적으로 중보하도록 하나님께서 부탁하신 대상은 아니었다. 그녀에게 탁월한 지혜를 주신 하나님께 감사드린다. 이 교훈은 기도 사역자로서 점점 더 과중한 요구를 직면할 때마다 큰 도움이 되었다.

권위의 범위, 특히 영토에 관한 성경적 증거를 찾는 것은 어렵지 않다. 하나님은 아담을 부르셔서 동산을 돌보게 하셨다. 하나님은 그에게 이렇게 말씀하지 않으셨다. "아담아, 나는 많은 땅과 대륙을 지었단다. 그러니 너는 세계를 돌아다니면서 그 모든 것이 문제가 없는지 살펴보도록 해라." 하나님은 아담에게 구체적인 일을 맡기셨다.

하나님께서 한 개인에게 특정 영역을 돌볼 책임을 맡기신 또 다른 예는 아브라함이다. 창세기 12장 1절을 보자. "여호와께서 아브람에게 이르시되 너는 너의 고향과 친척과 아버지의 집을 떠나 내가 네게 보여 줄 땅으로 가라."

하나님께서 이스라엘 백성을 불러 약속의 땅을 취하라고 하셨을 때, 각 지파는 그들이 다스리고 통치해야 할 땅을 분배받았다. 이런 구체적인 임무에 관해 신약도 일정한 패턴을 보여 준다.

사도행전 1장 8절에서 예수님은 제자들에게 이렇게 지시하셨다. "오직 성령이 너희에게 임하시면 너희가 권능을 받고 예루살렘과 온 유대와 사마리아와 땅 끝까지 이르러 내 증인이 되리라."

이 명령은 아주 구체적이다. 첫째, 예루살렘, 둘째, 유대와 사마리아, 그리고 땅 끝이다. 이는 기도 사역자들이 그들의 예루살렘 곧 집에서 시작해야 한다는 뜻이다.

그런데 대부분 이 과정을 생략하고 싶어 한다. 이러한 현상은 여러 가지 이유로 나타나지만, 주로 하나님께서 우리의 갑옷에 난 결함을 다루시는 과정이다.

마태복음 13장 57절은 이것에 대해 말해 준다. "예수를 배척한지라 예수께서 그들에게 말씀하시되 선지자가 자기 고향과 자기 집 외에서는 존경을 받지 않음이 없느니라."

하나님은 우리가 권위자에게 복종하는 법, 육신을 다스리는 법, 종이 되는 법을 배우길 원하신다. 이것을 배울 수 있는 최고의 장소는 우리의 예루살렘이다. 우리가 주님 안에서 성장할 때, 그곳에서 우리의 모든 실수와 잘못을 기억할 수 있기 때문이다. 이렇게 생각해 보자. 용광로에 먼저 들어간 사람이 먼저 나온다. 하나님께서 우리와 우리의 갑옷을 빛나게 닦아주시도록 내어드린다면, 우리는 하나님의 집에 있는 존귀한 그릇으로 빚어질 것이다. 후에 이것이 얼마나 값진 배움과 축복의 시간인지 알게 될 것이다.

수년 전 나의 예루살렘에서 불같은 연단을 받고 있을 때, 한 지혜로운 하나님의 여종이 나를 보며 말했다. "신디, 언젠가 인생을 살아가면서 이 시간을 주신 하나님께 감사할 날이 올 거예요."

그녀의 조언에 감사했어야 했는데, 나의 완악한 마음은 이렇게 반응했다. '지금 놀리는 건가?' 당신도 알다시피 그녀의 말이 옳았다.

지역 기도 사역자

어떤 사람들에게 예루살렘은 훈련장이자 하나님께서 머물도록 부르신 삶의 현장이 될 것이다. 그들의 복합 은사는 목양적 중보자다. 비록 그들이 목회자로 인정받거나 목사라는 직임은 없을지라도, 그들은 기도로 양들을 돌보고자 하는 갈망이 크다. 그들에게 어린 양이 자라서 강력한 기도의 용사가 되는 것을 보는 것보다 더 큰 행복은 없다. 그들은 하나님께서 파수하라고 맡기신 기도 모임을 위해 산고의 기도로 수많은 밤을 지새우기도 한다.

목양적 기도 사역자는 그들이 속해 있는 특정 교회를 위해 중점적으로 기도한다. 때때로 그들은 성도들에게 더 많이 기도하도록 격려하기도 한다.

그들이 이끄는 중보기도 모임은 그리스도의 몸의 지역적 연합을 위한 기도의 심장박동과 같다. 이런 기도 모임의 필요성은 아무리 강조해도 지나치지 않다.

목양적 기도 사역자가 이끄는 기도 모임은 교회 성도들의 실제적 필요, 재정적 필요, 목회자와 직원, 교회의 방향성, 지역의 비전 등에 초점을 맞춰 기도한다. 때로 다른 나라를 위해 기도할 수도 있지만, 이것이 그들의 주요 기도 제목은 아니다. 지역의 기도 사역자들은 가르칠 기회가 많거나 없을 수도 있다. 어떤 이들은 기도를 잠시 멈추고 가르치기도 한다.

1990년대에 중보기도에 관한 이 글을 처음 썼을 때를 회상해 본다. 그 시절 내가 앞서 본 것들이 현실로 일어났고, 점점 더 많이 일어나는 것을 보면서 많은 힘과 용기를 얻었다. 주님은 그분의 교회를 '열방을 위해 기도하는 집'으로 만들어 가신다. 우리는 지금 이사야 56장 7절 말씀이 우리 눈앞에서 성취되는 것을 보고 있다. 90년대 이후 10여 년 동안 많은 교회가 중보기도의 중요성을 깊이 자각했고, 중보의 은사를 받은 사람들을 교회의 사역자로 세웠다.

게다가 목양적 기도 사역자를 교회의 일꾼으로 세우는 교회는 주의 백성이 하나님과 대면할 수 있는 기도실을 짓고 있다. 우리는 많은 교회가 24시간 기도할 수 있는 장소를 마련하는 것을 본다. 하지만 여전히 식당과 체육실 같은 것은 있지만, 하나님 나라의 중추 역할을 하는 기도실은 없는 교회도 많다. 지역 교회에 중보 사역을 세우는 좋은 지침서가 필요한 사람들에게 나의 좋은 친구 셰릴 싹스가 쓴 《교회를 적시는 기도》(The Prayer-Saturated Chruch)를 강력히 추천한다.

많은 교회와 사역단체가 아직도 기도의 필요성을 다룰 수 있는 사역자를 세우지 않고 있다. 그들은 중보기도를 상담사역에 통합했다. 만일 목회자들이 전임 기도 사역자에게 사례비를 줄 수 없다면, 교회에서 안내위원장을 세우듯 기도 담당자를 세우라고 권면한다.

여러 해 전 마이크와 내가 열방의 장군들을 처음 소집할 계획을 세울 때, 우리는 많은 사역단체에 전화해서 기도 사역 책임자들을 찾았다. 하지만 그들을 찾기 어려웠고, 심지어 우리의 전화를 어느 부서로 연결해야 할지도 몰랐다. 결국 여러 단체에서 온 대표자들은 직접적인 기도 사역 책임자는 아니지만, 중보를 통해 하나님의 역사를 일으키는 일에 큰 부담을 가진 사람들이었다.

나는 교회들이 예산을 세워 가능한 한 빨리 전임 기도 사역자를 청빙하길 권한다. 사역자에게 사례비를 지급하는 일에는 믿음이 필요하다. 사역단체는 그 단체가 중요하게 생각하는 일에 책정된 재정을 사용한다. 따라서 개혁기도 네트워크를 이끌어 갈 때, 우리는 예산의 많은 부분을 기도와 관련된 일에 할당하고 있다.

24시간 기도실

지구촌 전역에서 일어나고 있는 놀라운 기도의 양상 중 하나는 24시간 기도다. 레위기 6장 13절은 기도실과 관련된 핵심 성경 구절이다. "불은 끊임이 없이 제단 위에 피워 꺼지지 않게 할지니라."

주님께서는 모라비안 교도들이 100년간 끊임없이 지속했던 24시간 기도를 연구하게 하셨다. 그들의 '파수기도'는 선교 운동을 촉발했다. 현대의 기도 운동 사역자들 가운데 피트 그레이그는 《레드 문 라이징》(Red Moon Rising)이라는 놀라운 책을 저술했다. 브라이언 킴은 대학가에 기도를 일으키는 촉매제가 되었다. 빌 존슨은 젊은 사역자들에게 중보기도를 독려할 뿐만 아니라 기도 운동에 기적을 결합했다. 이런 단체들은 적절히 서로 연합하고 있다.

가장 활발한 24시간 기도 운동 중 하나는 인도네시아 게레자 뻰엘의 니코가 25만 명 이상의 사람들과 함께 시작한 것이다. 그들은 자카르타 외곽에 거대한 기도탑을 짓고 14,000개의 좌석이 있는 컨벤션 센터와 연결했다.

조나단과 샤론 가이와 레디언스 인터내셔널(Radiance Intern-ational)은 클럽들이 모여 있는 선셋 대로에서 24시간 할리우드를 위해 기도한다. 나는 그들의 인내에 동참했고, 할리우드에서 일어난 몇 가지 멋지고 거대한 변화를 보았다. 더 많은 교회가 이 지역에 들어섰고, 스타들이 구원받았으며, 영화 제작자들은 하나님의 임재에 '젖어 들고 있다.'

깜짝 놀랄 만한 이야기 중 하나는 그들이 발코니에서 기도의 집 맞은편에 있는 허슬러 클럽, 즉 음란물 제작소를 향해 손을 뻗어 기도한 것이다. 얼마 후 그들은 그 건물을 헐고 아름다운 호텔을 지을 거라는 소식을 듣고 아주 기뻐했다. 때때로 기도는 조망까지도 더 좋게 만드는 변화를 일으킨다.

정말 흥분되는 것은 젊은이들이 이런 운동을 이끌어 가고 있다는 것이다. 제이슨 마가 시작한 이 같은 운동은 하나님 나라를 위해 하나님의 불을 지구촌 전역에 퍼뜨리고 열방이 변화되는 것을 보기 원하는 열정으로 가득 차 있다.

이 모든 기도 가운데 우리는 열방의 앞날이 어떻게 될지 모르는 영적 위기에 서 있다. 피트 그레이그와 데이브 로버츠가 《레드 문 라이징》에 기술한 것처럼 많은 국가가 '영적 무정부 상태'에 빠져 있는 것처럼 보인다. 나는 최근에 미국이 전환점에 있다고 선포했다. 우리는 우리의 선조들이 꿈꿔 왔던 '산 위의 도시'가 되거나 아니면 산 아래로 떨어져 위대함을 잃게 될 것이다.

물론 기도 운동을 하는 우리는 후자를 용인하지 않을 것이다. 미국의 중보자들은 초기 역사 속의 암울한 날을 돌아보면서 그 안에 있는 위대한 소망을 발견한다. 예를 들어, 《레드 문 라이징》에서 지적한 것처럼 1780년대 대법관 존 마샬은 버지니아주의 감독 제임스 매디슨에게 현재 교회는 "되돌릴 수 없을 만큼 멀리 갔다"는 글을 보냈다. 그 당시 정치가였던 토머스 페인이 말했다. "기독교는 앞으로 30년 안에 잊히게 될 것이다." 그레이그와 로버츠는 그 당시 하버드 대학에서 실시한 설문 조사 결과 단 한 명의 그리스도인도 없었고, 프린스턴 대학에 두 명의 신자가 있었다고 말한다. 프린스턴 대학에서 겨우 다섯 명의 학생이 '필티 스피치 운동'(filthy speech movement: 캘리포니아 대학에서 1964년에 일어난 학생 저항 운동으로 최초의 거대한 불복종 운동이다-역주)에 가담하지 않았다.

그러나 지금은 프린스턴과 하버드 대학뿐만 아니라, 다른 아이비리그 대학에서도 기도 모임이 일어나고 있다는 사실에 나는 흥분을 감출 수 없다.

1700년 후반 암흑기에 많은 사람이 기도했다. 그 결과 부흥이 그 땅을 휩쓸었다. 다음 세기가 시작하기도 전에 제2의 대각성 운동이 진행되었다. "무언가 일어날 때까지 기도하라"를 우리의 신조로 삼을 필요가 있다. 이것은 우리 마음의 탄식을 요구한다. 우리는 절대로 현 상태에 안주해서는 안 되며, 우리나라가 하나님의 능력에서 벗어나 길을 잃었다고 믿어서도 안 될 것이다.

나라의 부흥과 변화를 위해 기도 사역자의 역할은 매우 중요하다. 어쩌면 당신이 이 글을 읽고 있는 동안 리즈 하월즈처럼 기도에 헌신하라는 하나님의 강한 감동을 느낄 수도 있을 것이다. 기도가 없으면 나라는 무너진다. 하지만 강력한 중보기도를 하면, 하나님은 나라를 일깨워 위대하게 만드실 것이다.

순회기도 사역자들

목양의 은사가 있는 기도자들이 지역의 전장에 머문다면, 다른 은사가 있는 사람들은 순회 사역으로 나아간다. 이들 중 대부분은 복음 전도자적 중보자다. 그들의 기도의 초점은 영혼을 구원하는 것이다. 복합 은사의 최고 본보기 중 한 사람은 '모든 가정에 그리스도를'을 창시한 딕 이스트만이다. 딕의 첫 소명(첫사랑)은 중보자로서의 부르심이었다. 그는 청년 기도팀을 이끌고 온종일 기도하는 집을 세웠다.

순회기도 사역자들은 일반적으로 지역 교회의 일원이다. 그들은 교회에 소속되어 있고, 지역 교회의 사역을 확장하기 위해 파송받기도 한다. 또한 전임 사역자로서 지역 교회를 하나님께서 그들에게 붙여주신 영적 보호처로 생각한다. 두 가지 형태 모두 이 사역에 합당하며, 소속 교회는 틈 사이에 서서 중보자의 가족과 재정적 필요를 도와준다.

교회의 권위 아래 거하면, 중보자들은 책임의 영역에 있어서 중요한 보호를 받을 수 있다. 교회는 순회기도 사역자들이 사역의 회색지대에 빠지지 않도록 감독할 수 있다. 회색지대는 비성경적이거나 성경적 근거가 약한 것을 말한다. 이것은 중보 사역의 고유 특성 때문에 중보자들에게 아주 중요하다. 기도의 방향을 알기 위해 우리는 중보할 때 성령을 통해 하나님의 음성을 듣는다. 하나님의 음성뿐만 아니라 다른 소리도 우리에게 말하는데, 그중 어떤 소리는 우리를 속이려고 한다. 어느 중보자가 이렇게 묘사했다.

"우리가 기도하다가 성령의 음성을 듣는 것은 텔레비전을 켜는 것과 아주 흡사합니다. 텔레비전에는 다양한 채널이 있지만, 모든 채널이 성령에게서 온 것은 아니지요. 우리가 채널을 돌려 어떤 음성을 들었다는 이 유만으로 하나님의 음성이 되는 것은 아닙니다. 우리는 모두 통찰력을 얻고, 우리의 삶이 하나님의 인도를 잘 따르고 있는지 점검하기 위해 영적 상담을 받아야 합니다."

지역 교회는 새로운 비전을 제공하는 곳이다. 규모가 있는 몇몇 기도 사역단체들은 이사회를 구성해 그 사역이 하나님의 뜻 가운데 계속 집중해 갈 수 있도록 도와준다. 그러나 중보자들은 지역 교회에 단단히 연결되어 있어야 한다. 하나님께서는 열방의 장군들 소속의 헌신 된 사역자들뿐만 아니라 우리 지역의 목회자들, 그리고 마이크와 나에게 한결같은 신실함으로 필요를 공급해 주셨다.

또 다른 중보의 복합 은사는 예언적 중보자다. 예언의 은사를 받은 사람들은 지역에 있는 영적 요새를 탁월하게 분별한다. 그들의 영적 임무는 특수부대에 비유할 수 있다. 도리스 와그너는 이것을 하나님의 '영적 무기와 전술팀'이라고 부른다.

하나님은 예언적 중보자들이 기도하도록 고취하시고 종종 그들을 '분쟁 지역'으로 보내신다. 그들은 견고한 영적 진들을 무너뜨리고 열방의 정사와 권세를 대적해 싸운다. 또한 원수의 방어선을 뚫어줌으로 하나님께서 부흥을 일으키거나 선교사를 파송하시도록 길을 열어 준다. 현대의 군사 작전처럼 그들은 선봉에 서서 특정 지역에서 주님의 목적을 이루기 위한 길을 앞서 예비한다.

교사적 중보자들은 국제적으로 알려진 성경 교사가 될 수도 있다. 그들은 다양한 주제를 가르칠 수 있지만, 삶의 최고 강점은 기도와 중보다. 더치 쉬츠와 척 피어스는 서로 다른 사역의 색깔을 가지고 있지만, 그들은 교사적 중보자다.

지난 수십 년간 점점 더 많이 등장하고 있는 복합 은사는 사도적 중보자다. 우리는 기도 담당 사역자들의 네트워크를 세워 왔다.

사역의 시기

만일 당신이 지역 사역에서 순회 사역으로 전환할 생각이라면, 그 시기를 어떻게 알 수 있을까? 사역 시기가 변하거나 변화를 인식하는 것이 출발점이다. 당신이 특정 비전에 갇혀 있으면, 하나님께서 당신의 삶에 허락하시는 새로운 계절을 인식하기 어렵다.

하나님께서 당신의 사역 계절을 바꾸려 하실 때, 여러 가지 일이 일어나기 시작한다. 그것은 일종의 전환기에서 출발한다. 당신이 전환기에 있다는 것을 알 수 있는 증거는 다양할 수 있지만, 일반적으로 현재의 상황에 대한 기도의 부담이 이전과 같지 않다는 것이다. 당신은 현재의 사역에 대한 기도 제목을 억지로 기억해 내야만 할 것이다. 그리고 전환기에는 종종 초조함이 찾아오기도 한다.

이때 한 가지 주의해야 할 점이 있다. 그것은 때로 하나님께서 주시는 전환 때문이 아니라, 당신이 받은 상처 때문에 더는 이전 같은 마음으로 기도하지 못해서 이런 경험을 할 수도 있다는 것이다. 이런 경우에는 현재 상황에 대해 이전처럼 기도하지 못하는 근본적인 이유를 찾아야 한다. 그 원인이 상처라면 소외감을 느낄 수 있는데, 당신은 이것을 하나님이 주신 것으로 오해할 수 있다.

대부분의 사람이 사역의 방향성을 잘못 잡는 실수를 할 때가 바로 전환기다. 그러한 경우 다가올 변화를 느끼긴 하지만, 가짜를 받아들일 소지도 많다. 일반적으로 하나님이 주시는 최고의 것을 받기 직전에 원수는 가장 그럴싸하게 보이는 멋진 미끼를 던진다. 이것이 바로 기도 사역자들에게 그들을 위해 기도해 줄 목회자와 중보자들이 필요한 이유다.

하늘 아버지께서는 당신의 전환기를 아주 분명하게 알려 주실 수 있는 분임을 명심하라. 주님께서 당신에게 새로운 방향에 대한 깊은 평강을 주실 때까지 움직이지 마라.

이런 전환기는 종종 1-2년이 걸린다. 나 역시 어떤 사역단체에서 중보사역 책임자로 7년간 섬긴 후에 이런 경험을 했다. 당시 내 삶에 어떤 변화가 있다는 것을 느꼈다. 그때만 해도 어떤 변화를 줄 특별한 이유는 없었다. 그런데 사람들이 찾아와 그 사역단체를 사임하고 하나님께서 예비하신 일을 해야 한다는 말을 하기 시작했고, 나는 그것을 마음에 새겨 두었다.

얼마 후 하나님께서 내 삶의 방향을 바꾸고 계신다는 것을 깨달았다. 그래서 이사회에서 내 생각을 나누었다. 대부분 내 생각에 동의했지만, 한 사람은 동의하지 않았다. 나는 만장일치의 동의를 원했다. 그래서 기도의 자리로 돌아가 나의 잘못된 마음 때문에 이 단체를 떠나려 하는 것은 아닌지 올바로 볼 수 있게 해달라고 하나님께 간구했다. 기도 응답으로 주님은 내 마음 가운데 이사 한 사람에 대한 반감이 있다는 것을 보여 주셨다. 결론적으로 나는 그 사람을 만나 문제를 해결했다.

한동안 나는 하나님께서 나의 잘못된 마음을 보여 주시려고 노력하셨다는 것과 내가 그 단체를 떠나고 싶어 하지 않는다는 것을 느꼈다. 나는 그 단체와 이사회 임원들을 사랑했다. 그들은 내게 가족 같았고, 우리는 국제적인 사역단체를 일으키기 위해 정말 열심히 일했다. 내가 떠나야 한다는 확신이 분명해지기까지 6개월의 시간이 흘렀다. 나는 이 사안을 여러 차례 이사회에 상정했지만, 그들은 여전히 동의하지 않았다. 그러던 중 주님은 나와 이사회에 나를 대체할 적임자를 보여 주셨다. 새로운 적임자가 이사회에 합류하던 날, 나는 만장일치로 사임했다.

그다음 주 다른 국제단체로부터 함께 일하고 싶다는 연락을 받았다. 떠나야 할 때를 잘 기다렸기 때문에 하나님은 내 삶에 새로운 길로 향하는 문을 열어 주셨다. 이런 지식은 정말 나를 행복하게 만든다.

만일 사탄이 기도 사역자를 조급하게 떠나도록 만들 수 없다면, 사역자에게 하나님께서 새로운 변화를 원하지 않으신다는 확신을 심으려 할 것이다. 때때로 하나님은 중보자들에게 새로운 비전을 주신다. 그러면 그들은 이렇게 말한다. "아니에요. 하나님은 지금 하는 이 일에 나를 부르셨어요." 어쩌면 그럴 수도 있지만, 당신은 하나님이 주시는 변화에 마음을 열어 두어야 한다.

아브라함과 이삭의 이야기를 생각해 보자. 하나님은 아브라함에게 이삭을 제물로 바치라고 하셨다. 그리고 그가 순종의 시험을 통과하자 아들 대신 수풀에 걸린 수양을 바치라고 말씀하셨다. 여기서 한 가지 중요한 질문을 하겠다. 만일 아브라함이 하나님의 두 번째 말씀을 듣지 못했다면 어떻게 되었을까? 많은 사람이 죽은 비전에 갇혀 있는 이유는 하나님께서 바꾸라고 하시는 옛 비전에 여전히 매달려 있기 때문이다.

전환기를 잘 맞이하는 데 도움이 되는 또 다른 안전장치는 당신이 다른 사람의 목소리가 아니라, 하나님의 음성을 들었다는 확신이다. 당신에게 이곳저곳으로 가라고 말해 주는 사람이 기름 부음 받은 사람일 수 있지만, 그들도 자신의 마음을 잘 모를 수 있다. 어떤 결정을 내릴 때, 사람의 감정이 개입되지 않는 것이 중요하다. 사람이 아니라 하나님께 순복하라.

순회기도 사역자들은 삶과 사역 가운데 큰 변화를 자주 직면한다. 그래서 언제 그분이 새로운 길을 보여 주실지 모르기 때문에 주님의 인도하심에 아주 민감해야 한다. 주님은 또한 그들을 순회 사역자에서 지역 목회자의 길로 인도하실 수 있다.

나는 장차 새로운 사역단체들이 일어나 열방에 하나님의 위대한 역사를 이룰 길을 예비하기 위해 영적 전쟁을 수행하는 모습을 보게 될 것을 믿는다. 하나님은 그분께 민감하고, 복음전파의 사명을 받은 복음 단체들이 추수하도록 기도로 대로를 열어 줄 '장군들'을 이미 많은 곳에 준비해 두셨다.

순회 사역자들에게 전해야 할 경고의 말씀이 있다. 지역 교회와 끊어지지 않도록 주의하라. 이것이 바로 권위 아래 머물라고 권면한 이유다. 일반적으로 순회 사역자들이 지닌 패턴 중 하나는 지역적 차원에서 어떤 권위에도 복종하지 않는다는 것이다. 이러한 경우, 그들에게 문제가 생기거나 죄를 지었을 때 그들을 도와주거나 당면한 문제에 개입해도 좋다고 신뢰할 수 있는 사람이 주변에 아무도 없다. 만일 당신이 우리 교회 담임 목회자 짐과 베키 헤네시에게 물어보면, 내가 우리 교회를 얼마나 소중히 여기는지, 피곤하든 건강하든 집에 있는 한 매주 주일 예배에 참석한다는 것을 확인해 줄 것이다.

이 주제를 다룰 때 중요한 또 한 가지는 순회 사역자들이 영혼을 돌볼 뿐만 아니라 재정의 건전성을 감독할 이사회를 두어야 한다는 것이다. 열방의 장군들의 이사회는 우리의 사례금을 정하고, 우리는 매년 외부 감사 입회하에 지출에 대한 재정 보고를 한다. 이것은 가치 있는 일이다. 지도자인 우리가 비윤리적으로 행동하면서 하나님께서 우리의 기도를 들으실 것이라고 기대해서는 안 된다.

기도 사역자는 하나님께서 인도하시는 대로 방향을 바꾸고 전환할 수 있도록 언제나 마음을 열어 두어야 한다. 그들이 가진 복합 은사는 세상의 필요를 기도로 올려 드릴 특별한 위치로 그들을 인도한다. 기도 사역자가 주님께서 원하시는 자리에 있을 때, 부르심의 효과를 가장 잘 나타낼 것이다.

더 깊은 중보기도를 위한
소그룹 스터디 POSSESSING THE GATES OF THE ENEMY

■ **핵심 성경 구절**

이사야 14:12, 마태복음 16:18, 에베소서 1:21, 예레미야 1:10, 누가복음 11:17-22, 에베소서 3:10, 에스겔 28:11-19, 고린도후서 2:11, 에베소서 6:11-12, 다니엘 10:12-13, 고린도후서 10:4, 골로새서 2:15, 마태복음 11:12

01 중보자들이 기도로 인해 탈진하는 것을 예방하는 방법은 무엇인가?

02 당신이 알고 있는 기도 사역자들을 떠올려 보라(당신이 사역자라면 당신도 포함하라). 사역자들의 복합 은사는 무엇인가?

03 당신의 교회는 기도 사역자를 스태프로 인정하는가? 교회가 이 사역에 우선순위를 둘 수 있도록 도울 수 있는 방법은 무엇인가?

04 당신은 중보자로서 지역 교회 지도자의 관리를 받는 것을 어떻게 생각하는가? 당신을 위해 기도해 주고 상담해 주는 사람은 누구인가? 필요할 때마다 당신에게 시기적절한 조언을 해줄 수 있는 사람이 있는가?

05 하나님께서 당신의 사역의 변화를 원하시는지에 대해 물어본 때가 언제인가?

06 불안정한 사역의 시기를 보낸 적이 있는가? 그때가 전환기였는가, 아니면 상처와 불화의 결과였는가?

CHAPTER 08
중보의 언어

THE CALL TO INTERCEDE

많은 기도 모임 가운데 진정한 권세가 부족한 것은 기도할 때 사용하는 단어의 성경적 의미를 제대로 배우지 못했기 때문이다. 기도가 뜻을 알 수 없는 특수용어가 되면, 오해와 왜곡과 혼동을 초래하게 된다.

고린도전서 1장 10절은 우리에게 간곡히 권면한다.

형제들아 내가 우리 주 예수 그리스도의 이름으로 너희를 권하노니 모두가 같은 말을 하고 너희 가운데 분쟁이 없이 같은 마음과 같은 뜻으로 온전히 합하라

이번 장에서는 믿음의 용어에 대해 분명하게 정의할 것이다. 중보자들은 같은 언어로 말할 수 있고, 더 깊은 깨달음과 놀라운 권세로 기도할 수도 있다.

합심기도

> 진실로 다시 너희에게 이르노니 너희 중의 두 사람이 땅에서 합심하여 무엇이든지 구하면 하늘에 계신 내 아버지께서 그들을 위하여 이루게 하시리라
> _마 18:19

세계가 베를린 장벽을 주목했다. 도저히 믿을 수 없는 일이 벌어지고 있었다. 전 세계의 방송사들은 역사적인 순간에 놀라움을 금하지 못했다. 동·서독을 막고 있던 베를린 장벽을 무너뜨리는 것은 '예측 불가한 사건'처럼 보였다. 하지만 한 그룹의 사람들은 베를린 장벽의 붕괴를 예언하는 데 그치지 않고 기대하고 있었다. 지구촌 전역에 있는 하나님의 중보자들은 이 일을 위해 합심해서 기도했다. 기도의 용사들 대부분은 정치적 벽을 허물도록 기도하라는 임무를 자신들 외에 다른 누군가가 받았다는 것을 전혀 예상하지 못한 것 같다. 다만 그들은 주님께서 말씀하신 대로 기도했을 뿐이다.

베를린 장벽이 무너졌을 때 일어난 역사적 사건에 대해 들었을 것이다. 미국의 전 대통령 로널드 레이건은 브란데부르크 문에서 연설하던 중 구소련 연방 지도자에게 말했다. "고르바초프 대통령께서 이 장벽을 허무셨습니다!"

최근에 수많은 사람이 장벽의 붕괴를 위해 기도했다는 사실이 알려졌다. 캘리포니아주 패서디나에서 열린 영적 전쟁 네트워크(Spiritual Wafare Network) 모임에 세계적인 지도자들과 함께했던 일이 기억난다. 나를 포함한 30명의 지도자가 둘러앉아 베를린 장벽에 관해 이야기할 때, 장벽

의 붕괴를 두고 기도하는 사람들에 관한 흥미로운 이야기를 들었다.

딕 이스트만은 살을 에는 듯한 추운 날 장벽에 손을 얹고 기도했다고 간증했다. 그는 여리고 성처럼 즉시 무너질 것이라고 생각하지 않았다고 말했다. 그런데 결국 완전히 무너졌다. '마지막 때의 여종들'(End-Time Handmaidens)의 그웬 쇼는 장벽이 무너지기 2년 전 중보팀과 베를린에 갔다. 그녀 역시 벽이 무너지도록 기도했다. 벽이 무너지기 1년 전쯤 나는 모교회에서 동독으로 파송한 선교사를 위해 기도했다. 그때 내 입에서 무심코 튀어나온 말로 인해 나는 무척 놀랐다. "내가 청동문과 쇠빗장을 산산조각 낼 것이라. 그 벽은 문자 그대로 돌 위에 돌 하나도 남지 않고 조각조각 분해될 것이며, 내 백성을 그리로 다니게 할 것이다."

다른 사람들도 이와 유사한 계시를 받고 있다는 것을 알았지만, 당시 나는 그들이 누구인지 전혀 몰랐다. 내가 '철의 장막'이 무너지는 것에 관한 예언을 선포했을 때, 하늘의 법정을 열어 하나님의 뜻을 이 땅에 합법화하고 있다는 사실을 미처 깨닫지 못했다.

그 모임과는 상관없지만, 또 다른 보고를 들었다. CFNI의 학생들은 장벽이 열리고 복음이 들어갈 수 있도록 끊임없이 기도했다. 기적에 대한 특별한 믿음을 가진 그 학교 학생들은 히틀러 친위대를 양성하기 위해 지은 건물을 신학교 건물로 사들이기도 했다. 히틀러 통치 시절, 누군가 그 건물을 언젠가 하나님의 영광을 위해 사용해 달라고 기도했을 것이다.

이 모든 것은 합심기도의 사례다. 특별히 이 일은 주님께서 세계 곳곳에 있는 주의 자녀들을 깨워 독일에 하나님의 뜻이 이루어지도록 기도하게 하신 것이다. 이러한 일은 드물게 일어나는 현상이 아니다. 나는 모든 역사 가운데 환경과 상황을 하나님의 뜻에 맞게 움직이도록 하는 일에 중보자들의 기도가 심겨져 있었다고 믿는다. 두세 명이 소규모로 합심해서 기도하는 자리도 마찬가지다.

아모스 3장 7절은 아주 흥미로운 개념을 보여 준다. "주 여호와께서는 자기의 비밀을 그 종 선지자들에게 보이지 아니하시고는 결코 행하심이 없으시리라."

합심기도가 국가와 민족에 놀라운 변화를 가져왔다는 글을 읽으면, 여러 가지 질문이 떠오를 것이다.

먼저 합심기도의 의미는 무엇일까? 이것을 무엇에 비유할 수 있을까? 합심기도는 우리가 기도할 때 사용할 수 있는 가장 강력한 무기 중 하나다. 헬라어로 합심은 '조화를 이루다, 화음을 이루다'라는 뜻이다. 작곡가는 여러 악기의 고유한 음색을 섞어 조화를 이루는 멋진 교향곡을 만든다. 하나님께서도 여러 종류의 기도와 다양한 사람을 사용해서 거룩한 기도의 화음을 만드신다. 하나님은 그분의 뜻을 이 땅에 이루기 위해 오직 한 사람에게만 모든 책임이나 권세를 주지 않으신다. 이 또한 우리가 기도의 자리를 지키는 것의 중요성을 보여 준다. 우리는 누군가 너무 과중한 짐을 홀로 지지 않도록 나누어서 져야 한다.

합심은 병에 물을 채우는 것에 비유할 수 있다. 한 사람이 20퍼센트를 채우고, 다른 사람은 30퍼센트, 또 다른 사람은 10퍼센트, 마지막 사람이 40퍼센트를 더해 병을 가득 채울 수 있다. 병목까지 물이 차거나 넘치면 합심이 완성되어 임무를 마치게 된다. 이 원리를 아는 것이 참으로 중요하다. 어떤 사람들은 자신의 기도 분량이 너무 적어서 충분하지 않다고 느끼지만, 사실 작은 기도가 모여 병을 가득 채우는 마지막 1퍼센트가 될 수 있다.

병에 물을 가득 채우는 비유를 기억해야 할 또 다른 중요한 이유는 얼마나 많은 사람이 같이 기도하는지 우리가 결코 알 수 없기 때문이다. 그러므로 우리는 최선을 다해 간절히 기도해야 한다.

많은 사람이 기도한다는 점을 이용해 자신이 열심히 기도하지 않아도 된다며 핑곗거리로 삼으려는 사람들도 있을 것이다. 하나님의 교향악단을 구성하는 악기들은 각자 맡겨진 역할에 충실해야 한다는 것을 기억하라. 어떤 목회자가 성도들과 나눈 말이 참으로 마음에 든다. "나는 여러분이 마치 이 문제를 놓고 유일하게 기도하는 사람인 것처럼, 그리고 응답이 오직 나의 신실한 기도에 달린 것처럼 기도하시길 바랍니다."

만일 당신이 기도해야 할 때 기도하지 않으면, 하나님은 그 틈을 메울 다른 사람을 찾으실 것이다. 하지만 그로 인해 하나님의 목적과 정한 시간은 지연될 수 있다.

중보자들이 모일 때, 그들은 종종 하나님께서 그들에게 같은 영역의 문제를 놓고 집중해서 기도하도록 하셨다는 사실을 깨닫고 신기하게 생각한다.

합심기도에 관한 또 다른 질문은 '다른 사람들 역시 기도하고 있는데, 왜 나만 급박함을 강하게 느끼는 걸까?'에 관한 것이다.

그것은 당신이 병의 마지막 물을 채우는 기도를 하고 있기 때문이다. 하나님의 뜻을 이루려 할 때 장애가 되는 마지막 걸림돌을 파쇄하기 위해 하나님은 그런 기도를 사용하신다. 이것은 종종 산고기도나 간청기도를 통해 성취된다. 어떤 과정의 마지막 부분을 채우는 사람은 재앙을 멈추거나 막아설 기름 부음을 받게 된다. 이 경우 하나님은 종종 기도하는 사람에게 위기가 무엇인지 알려 주신다. 이와 관련된 좋은 예는 느헤미야 1장에 기록된 이스라엘 백성을 향한 느헤미야의 기도다.

합심기도의 능력에 관한 또 다른 중요한 질문은 '특정 기도 제목의 응답을 받기 위해 얼마나 많은 사람이 필요할까?'이다.

하나님께서 기도할 사람의 숫자를 결정하시는 여러 가지 요소가 있다.

1. 어떤 종류의 견고한 진을 다루고 있는가? 그 상황이 개인적인 문제인가, 아니면 어떤 집단을 대적하는 권세인가? 저항이 강하거나 지역을 장악하고 있는 영의 권세가 높을수록 그 요새를 파쇄할 사람은 더 많이 필요하다.
2. 기도하는 사람은 성령 안에서 어떤 수준의 영적 권위가 있는가? 이것은 모든 기도가 중요한가, 그렇지 않은가의 문제도 아니고, 어떤 사람이 다른 사람보다 더 중요하다고 말하는 것도 아니다. 하지만 우리는 온갖 역경을 뚫고 기도 응답을 받은 기도의 용사들이 어떤 상황과 문제의 틈 사이 섰을 때 보다 빠르게 돌파를 이루는 것을 지켜봤다. 하나님의 뜻을 따라 기도할 때 하나님께서 역사하신다는 것을 그들이 전심으로 믿기 때문이다. 그런 기도는 권세가 있다. 그리고 원수들은 기도회 때 이런 권세가 강하게 발산되는 것을 보면 자신들이 난관에 봉착했다는 것을 잘 안다. 특별히 개혁기도 네트워크 위원회가 우리나라가 직면한 '난처한' 상황의 전환과 변화를 위해 기도를 시작하면, 응답이 아주 빠르게 일어난다. 왜 그럴까? 우리가 수년 동안 개인적으로, 연합적으로 믿음의 기도를 해왔기 때문이다.

레베카 그린우드는 그녀의 책 《전투기도》에서 합심기도의 결과 일어난 놀라운 일들을 소개한다. 텍사스주 휴스턴에 사는 레베카는 당시 교회의 기도 사역 책임자로 섬기고 있었다. 어느 날 중보자들은 도시에 있는 나이트클럽을 위해 기도하라는 주님의 음성을 들었다. 레베카는 하나님의 음성을 들은 대로 기도하고, 기도하는 땅을 직접 '발로 밟기' 위해 중보자들을 여러 소그룹으로 나누어 한 주에 한 번씩 배당된 클럽 주차장에서 기도하도록 했다.

결과는 엄청났다. 어느 날 밤 현장에 간 그녀의 팀은 클럽에 드나드는 남성들이 '깊은 죄책감을 느끼도록' 기도했다. 자동차 안에 있던 그들은 첫 번째 남자가 건물 안으로 들어가자마자 허겁지겁 떠나는 모습을 보았다. 다른 남성은 클럽 문을 열다가 갑자기 멈추었다. 약 30초 동안 꼼짝 않고 선 그는 심하게 갈등하는 것처럼 보였다. 그러다 뒤돌아서 차로 달려갔다. 그가 얼마나 급히 떠났는지 주차장에 타이어 자국이 남을 정도였다.

원수가 그 지역에 세운 나이트클럽을 파쇄하기 위해 그들은 두 달 동안 기도했다. 그들의 기도는 확실히 효과가 있었다. 클럽과 공무원들 사이의 은밀한 거래가 폭로되어 많은 클럽이 문을 닫았다. 그리고 남성이 클럽 여성을 만지거나 1미터 내에서 댄서에게 접근하는 것을 금지하는 새로운 법안이 통과되었다. 도시 구역의 재편성으로 인해 많은 클럽이 문을 닫았다. 마침내 마을에 새로운 치안담당 행정관이 생겼는데, 바로 그 교회의 중보자들이었다. 이 이야기가 주는 교훈은 하나님의 법과 기도의 집행자들에게 절대로 밉보이면 안 된다는 것이다.

하나님의 뜻을 이루기 위해 기도하는 사람의 수를 결정짓는 중요한 요소는 기도와 금식의 분량이다. 금식은 기도의 효과를 갑절로 증가시킨다. 이 때문에 우리는 심각한 사안을 두고 기도할 때, 종종 릴레이 금식 기도를 요청한다. 릴레이 금식은 사람들이 자원함으로 특정 시간에 금식하거나, 한 끼 금식을 해서 정해진 기간을 채우는 것이다. 금식은 기도만으로 영향을 줄 수 없는 문제들을 해결한다.

마지막 질문은 '누군가 기도 제목을 가지고 찾아 올 때, 그 사람과 합심해서 기도할 수 있는 방법은 무엇일까?'이다.

누군가 당신에게 합심기도를 하자고 할 때, 당신은 아래의 내용을 꼼꼼히 살펴봐야 한다.

1. 요청받은 기도 제목을 가지고 어떻게 기도할 것인가? 병든 친척이 있다면, 당신은 하나님께서 기적을 행하실 것을 믿고 기도할 수 있다. 하지만 당신과 기도하는 사람은 주님께서 단지 환자를 위로해 달라고 기도할 수 있다. 나는 기도 요청을 하는 사람에게 묻는다. "이 상황에 대해 주님은 어떻게 기도하라고 하시나요?" 그들이 기도하는 방향에 따라 나는 합심할 수도 있고, 그렇지 않을 수도 있다.

2. 만일 그들이 기도하는 방향에 동의할 수 없다면, 차라리 솔직하게 말한다. 때로는 내가 받은 기도의 방향을 알려 주기도 한다. 만일 그들이 나의 제안에 동의하면 곧바로 함께 기도한다. 그리고 더 이상 기억하지 않는다. 그렇게 하지 않으면, 많은 기도 요청으로 인한 과중한 부담감에 빠질 수 있기 때문이다.

3. 하나님께서 당신에게 이 요청에 대한 성경 말씀을 주셨는가? 당신과 그들은 그 말씀에 한마음으로 동의하는가?

4. 서로 동의하면 다음과 같이 기도할 수 있다.

아버지, 나는 내 친구가 오늘 주님께 구한 것에 합심합니다. "만일 두 사람이 합심하여 무엇이든지 구하면 하늘에 계신 내 아버지께서 그들을 위해 이루어 주시리라"는 주님의 놀라운 말씀을 주셔서 감사합니다. 아버지, 주님의 말씀대로 기도에 응답해 주셔서 감사합니다. 주님의 말씀은 "믿음은 바라는 것들의 증거요 보이지 않는 것들의 실상"이라고 하셨습니다. 주님께서 이 일을 지금 이루어 주실 것을 믿습니다. 예수님의 이름으로 기도합니다. 아멘.

관철기도

관철기도는 하나님 뜻이 이 땅에 이루어질 것이라는 확신을 주님께 받을 때까지 포기하지 않고 구하는 기도를 말한다. 처음 중보를 시작하는 사람들에게 자주 받는 질문 중 하나는 "내가 충분히 기도했다는 것을 어떻게 알 수 있습니까?"이다. 기도가 응답되었다는 것을 알 수 있는 여러 가지 방법이 있다.

1. 성령께서 어떤 기도 제목에 대해 우리가 반복해서 기도할 마음을 더는 주시지 않을 때다. 하나님은 그분의 뜻이 성취될 때까지 그 사람이나 상황에 대해 계속 생각나게 하신다.
2. 우리가 어떤 문제를 놓고 기도하려고 하지만, 기도할 열정이 조금도 생기지 않을 때다. 이것을 다르게 표현하면, 그 문제에 대해 기도할 때 성령의 기름 부음이 전혀 없는 경우라고 할 수 있다. 자연계에서 실제로 응답이 일어났는지 알 수도 있고 모를 수도 있지만, 하나님 편에서는 이미 끝난 문제다.

3. 하나님께서 성경을 통해 우리가 승리했다는 것을 보여 주실 때다.

4. 하나님께서 환경을 통해 그 문제가 잘 해결되고, 잘 끝났다는 것을 알려 주실 때다. 예를 들어, 그 사람의 병이 낫거나 회복되는 것을 통해 우리의 기도가 응답되었다는 것을 알 수 있다.

어느 날 운전 중에 우리가 염려하는 것이 기도로 관철되어 그 문제가 이미 하늘에서 끝났다는 것을 조금의 의심도 없이 확신할 수 있는 좋은 예를 깨닫게 되었다. 나는 다른 사람들과 함께 공립학교에서 기도와 성경공부가 회복되는 문제에 깊은 관심을 가지고 있었다. 우리 가운데 많은 사람이 이 사안의 시급함을 크게 느낀 이유는 학생들의 심각한 도덕적 타락 때문이었다. 우리는 새로운 입법을 통해 상황을 바꿀 수 있도록 주님께 기도했다. 기도 응답을 주신 주님의 방법은 정말 재미있었다. 응답의 확신이 드는 순간, 나는 공립학교에서 기도하는 문제에 대해 생각하기는커녕 오히려 순회해야 할 다음 사역지가 어디인지 주님의 인도하심을 구하고 있었다. 차 안은 주님의 임재로 가득했다.

당신이 묵상하고 있을 때, 하나님께서 당신의 가장 시급한 문제에 응답하시는 것이 아니라 오히려 이전에 드린 기도에 응답하시는 경험을 한 적이 있는가? 하나님께서 일하는 방식은 참으로 신비롭고 지루하지 않다.

운전 중이던 나는 갑자기 제이 시컬로우 변호사가 워싱턴 D.C. 연방대법원 앞에 서 있는 환상을 보았다. 나는 그가 법정에서 '예수님을 믿는 유대인들'의 변호를 맡아 승소했다는 것을 알고 있었기 때문에 이 환상이 그렇게 특별하지는 않았다. 하지만 나와 제이가 개인적으로 아는 사이도 아닌데, 그를 떠올릴 이유는 전혀 없었다. 환상 속에서 그가 학생들이 학교에서 기도하는 것을 허용하는 소송 문제로 변론하는 소리를 들었다. 환상이 주는 큰 기쁨과 감격으로 나는 길가에 차를 세우고 한참을 울었다.

그날 오후 데이비드 바톤에게 전화를 걸어 기쁜 소식을 전했다. 마치 신문에 난 기사를 읽은 것처럼 기뻤다. 나에게 그 환상은 하나님께서 이미 응답하신 것으로 여겨졌다. 그리고 이미 하늘에서 이루어졌다. 물론 현실적으로 소송에서 승소하기 위해서는 여전히 많은 과정이 남아 있었지만, 하나님께서는 이 문제에 대한 그분의 뜻을 알려 주셨고 응답하셨다. 이 소식을 들은 데이비드는 유력한 법조인에게 공립학교 기도 소송에서 이길 수 있도록 도와달라는 편지를 썼다. 정말 재미있지 않은가?

1990년 6월 가족 휴가 중 제이가 승소하여 공립학교에서 성경공부 특활반을 허용하게 되었다는 신문 기사를 읽었다. 하늘에서의 승리가 미합중국 연방대법원에서 실제로 성취되었다. 현재 우리나라의 여러 캠퍼스에서는 수많은 기도 모임과 성경공부 모임이 열리고 있다. 여전히 갈 길은 멀고 공립학교에서 기도하는 문제에 대한 치열한 공방이 계속되고 있다. 아직은 제한된 영역에서 승리했을 뿐이지만, 미국의 50개 주 전체에서 완전한 기도의 자유를 얻기 위한 싸움에서 승리하는 것은 시간문제이다.

한 가지 주의할 사항이 있다. 많은 사람들이 부분적인 기도의 응답과 돌파를 경험하고 하던 기도를 멈추는 경향이 있다. 그러면 무슨 일이 일어날까? 우리가 '집을 청소하면' 원수는 꼭 빈집에 돌아와 일곱 배로 상황을 악화시키거나 견고한 진들을 세운다. 당신이 이전에 맡은 기도의 임무를 완전히 완수하기 전에 새로운 임무로 성급하게 넘어가지 마라. 응답이 완전히 이루어지는 것을 볼 때까지 새로운 기도와 더불어 앞서 맡은 기도의 임무를 관철하는 기도를 같이 하라.

비록 그날 법정에서 승소했을지라도, 미국 공립학교 내 종교 활동에 대한 싸움은 여전히 치열하기 때문에 우리는 계속 기도해야 한다.

멍에 꺾기

> 너는 칼을 믿고 생활하겠고 네 아우를 섬길 것이며 네가 매임을 벗을 때에는 그 멍에를 네 목에서 떨쳐버리리라 하였더라 _창 27:40

멍에는 사탄이 억압하기 위해 사람들 위에 둔 영적 눌림과 무거운 짐들이다. 중보기도 모임에서 멍에를 꺾는다는 표현은 듣기 어려운 단어가 아니다. 이 용어에 대한 분명한 그림을 그리려면 성경시대의 멍에의 특징을 알아야 한다. 멍에는 두 마리의 황소가 팀을 이뤄 두 개를 함께 진다. 우두머리나 힘센 황소가 큰 멍에를 메고, 어리고 약한 황소는 다른 쪽 멍에를 진다. 약한 황소는 강한 황소와 함께 나란히 밭을 기경한다. 이제 마태복음 11장 29-30절이 새롭게 느껴질 것이다.

> 나는 마음이 온유하고 겸손하니 나의 멍에를 메고 내게 배우라 그리하면 너희 마음이 쉼을 얻으리니 이는 내 멍에는 쉽고 내 짐은 가벼움이라

우리가 그리스도와 함께 멍에를 메면 짐은 가벼워진다. 강하신 주님께서 무거운 것을 지고 길을 만드시기 때문이다. 반대로 사탄은 이 원리를 모방한다. 그래서 사람들에게 무거운 멍에를 지워 억누르고, 죄와 율법과 주술과 잘못된 관계의 속박에 가두려고 한다.

사탄의 멍에를 목에 건 대표적인 예는 삼손이다. 그는 놀라운 전사였지만, 들릴라와 잘못된 정사에 빠졌다. 이 멍에는 삼손의 영적 눈을 심각하게 가려서 그녀의 품에서 도저히 헤어날 수 없게 만들었다. 이런 비슷한 일들이 오늘날 목회자와 지도자들에게서 일어나고 있다. 성경은 믿지 않는 자들과 멍에를 함께 메지 말라고 분명히 경고한다. "너희는 믿지 않는 자와 멍에를 함께 메지 말라 의와 불법이 어찌 함께 하며 빛과 어둠이 어찌 사귀며"(고후 6:14).

그렇다면 사탄의 멍에 때문에 노예처럼 사는 사람들을 위해 어떻게 기도하면 좋을까? 아래에 몇 가지 효과적인 무기를 소개한다.

1. **금식** 이사야 58장 6절은 다음과 같이 말한다. "내가 기뻐하는 금식은 흉악의 결박을 풀어 주며 멍에의 줄을 끌러 주며 압제 당하는 자를 자유하게 하며 모든 멍에를 꺾는 것이 아니겠느냐." 죄에 빠진 지도자들을 위해 보통 21일 릴레이 금식을 권한다. 다양한 사람이 릴레이 금식표에 원하는 날에 한 끼 금식을 하겠다고 표시하고 정한 기간을 채우면 된다. 금식에 참여하는 사람은 금식의 목적을 분명히 알고 합심해서 기도해야 한다.
2. **묶고 풀기** 죄의 권세, 율법주의, 무속 행위 등 개인의 삶에 나쁜 영향을 끼치는 것을 묶는 기도를 하라. 사탄이 그 사람을 결박하지 못하도록 금하라.
3. 만일 간음이나 간통의 문제가 있다면, 그것이 끊어지도록 기도하라. 잘못된 관계에 빠진 사람의 결박을 푸는 기도문을 선포하라. 에스겔 13장 18-23절에 아주 흥미로운 말씀이 있다. 이 구절은 주술을 통해 남자들의 영혼을 사냥하는 여자들이 있음을 알려 준

다. 이 일은 오늘날에도 여전히 일어나고 있다. 이런 경우 사람들은 삼손처럼 완전히 기만당하기 때문에 기도와 금식을 통해 그들의 목에 채워진 멍에를 깨뜨려야 한다.

4. 사람의 눈을 가려 복음의 영광의 광채를 보지 못하게 만드는 활동을 멈추라고 사탄에게 명령하라(고후 4:4).

5. **찬양** 찬양은 포로된 자를 자유하게 한다. 시편 149편의 말씀처럼 찬양은 왕을 사슬로, 귀인을 철고랑으로 묶는다.

6. **기름 부음 받기** 멍에를 깨뜨리는 가장 강력한 무기 중 하나는 기름 부음이다. 성령님은 우리의 중보 가운데 역사하셔서 사탄의 멍에를 완전히 깨뜨리신다. "그 날에 그의 무거운 짐이 네 어깨에서 떠나고 그의 멍에가 네 목에서 벗어지되 기름진 까닭에 멍에가 부러지리라"(사 10:27).

아래에 멍에를 꺾기 위한 기도문을 소개한다.

아버지, 예수님의 이름으로 원수가 ○○○에게 지운 모든 멍에를 깨뜨려 주셔서 감사합니다. 사탄아, 너는 더 이상 그 사람을 죄에 빠지도록 유혹하지 말지어다. 주님, 자신의 죄를 보지 못하도록 눈을 가린 가림막을 제거해 주시고, 주님 말씀의 영광스러운 빛과 진리를 ○○○에게 비춰주셔서 감사합니다.

견고한 진 파쇄하기

견고한 진은 사탄이 하나님의 지식과 계획을 거부하고 오직 자신만을 높이기 위해 만든 요새다. "우리의 싸우는 무기는 육신에 속한 것이 아니요 오직 어떤 견고한 진도 무너뜨리는 하나님의 능력이라"(고후 10:4).

고대 도시 버가모는 원수의 견고한 진이었다. 요한계시록 2장 13절은 버가모에 대해 다음과 같이 말한다.

네가 어디에 사는지를 내가 아노니 거기는 사탄의 권좌가 있는 데라 네가 내 이름을 굳게 잡아서 내 충성된 증인 안디바가 너희 가운데 곧 사탄이 사는 곳에서 죽임을 당할 때에도 나를 믿는 믿음을 저버리지 아니하였도다

엉거 성경 사전(Unger's Bible Dictionary)은 버가모에 대해 다음과 같이 기록한다.

이 도시는 우상숭배가 극심했다. 도시의 아름다운 숲은 각종 우상과 제단으로 가득했다. 그곳은 이교도의 중심 도시였고, 대학촌과 왕족들이 사는 곳으로 향락을 충족시키기 위해 막대한 자본과 힘을 가진 역대 왕들이 대대로 일궈온 도시였다. 이교도 국가들의 성적인 제사를 위해 봉헌된 사원 도시였다.

누가 봐도 버가모는 사탄이 권좌를 세울 만한 사악한 도시였다. 견고한 진의 종류는 다양하다. 게리 키너맨은 그의 책 《어둠의 통치에 대한 승리》(Overcoming the Dominion of Darkness)에서 세 가지 진에 대한 탁월한 정의를 내렸다.

1. **지역의 견고한 진** 국가와 사회와 심지어 가정을 장악하고 영향을 미치기 위해 사탄이 전략적으로 임명한 어둠의 세력의 위계질서를

말한다. 다양한 지역에 산재해 있는 마귀의 세력마다 특정한 악을 강화하고 있다. 어떤 도시에는 우상숭배, 성적인 죄, 종교의 영 같은 견고한 진들이 있다.
2. **이념의 견고한 진** 사탄이 문화와 사회에 영향을 주는 철학들을 통해 세계관을 장악하는 것이다. 찰스 다윈의 적자생존(진화론)은 성경의 창조론을 반대한다. 이러한 견고한 진은 고린도후서 10장 5절에 나와 있다. "하나님 아는 것을 대적하여 높아진 것을 다 무너뜨리고 모든 생각을 사로잡아 그리스도에게 복종하게 하니."
3. **개인의 견고한 진** 사탄이 개인의 삶에 영향을 주기 위해 만든 것으로 개인의 죄, 생각, 감정, 태도, 행동 양식 등이 있다.

'세상의 변혁'(Transform Our World)의 에드 실보소는 견고한 진에 대한 또 다른 정의를 알려 준다. "견고한 진은 신자가 알고 있는 어떤 것이 하나님의 뜻과 반대될지라도 도저히 바꿀 수 없는 것으로 받아들인 고정관념이다."

중보와 영적 전쟁을 통해 도시에 자리 잡은 견고한 진을 효과적으로 무너뜨린 극적인 사건이 1990년 아르헨티나 마르 델 플라타에서 열방의 장군들이 그 도시의 중보자들과 만났을 때 일어났다. 우리는 도시의 강한 자 혹은 도시 전체를 장악한 어둠의 통치자와 더불어 네 가지 주요한 지역의 영들을 발견했다. 중보자들은 금식하며 기도했고, 약 300여 명의 사람이 광장에 모여 도시를 위해 중보했다. 우리는 도시를 대표하는 목회자들과 회개하며 기도하기 시작했다. 새벽 4시쯤 도시의 통치 영인 주술의 영을 대적하는 기도를 했다. 우리는 새벽 4시 정각에 성당의 종이 울린다는 것을 알았다. 그래서 주술의 영을 대적하며 계속 기도했다.

우리는 기도를 마쳤고, 얼마 후 지역의 한 목회자에게 새벽 4시에 무엇을 했는지 묻는 전화를 받았다. 지난 2년간 도시의 목회자들을 대적하는 기도를 한 마쿰바(브라질에서 행해지는 부두교와 기독교가 혼합된 주술) 주술사가 4시 정각에 급사했다는 소식이었다.

우리는 무척 놀랐다. 주술사가 급사한 것은 전혀 기쁘지 않았지만, 하나님께서 주술을 심판하신다는 분명한 메시지를 보내셨다는 확신을 얻게 되었다. 지극히 높으신 주님은 명확한 경계선을 그으며 말씀하셨다. "사탄아, 더 이상은 안 돼!" 사탄의 요새가 무너지면 그의 왕국은 설 수 없다. 이것은 누가복음 11장 21-22절과 연결된다. "강한 자가 무장을 하고 자기 집을 지킬 때에는 그 소유가 안전하되 더 강한 자가 와서 그를 굴복시킬 때에는 그가 믿던 무장을 빼앗고 그의 재물을 나누느니라."

간청

간청은 하나님께 탄식하며 간절히 애원하는 것이다. 스트롱 사전 (Strong's Exhaustive Concordance of the Bible)은 간청의 뜻을 '애원하다'라고 말한다. 간청 중보는 널리 알려지지 않았지만, 사도행전 1장 14절에 등장한다. "여자들과 예수의 어머니 마리아와 예수의 아우들과 더불어 마음을 같이하여 오로지 기도에 힘쓰더라."

간청과 산고기도는 매우 밀접하다. 간청은 출산 직전의 산모에 비유할 수 있다. 그 무엇도 생명의 탄생을 막을 수 없다. 이것은 하나님께서 반드시 지금 이루기 원하시는 기도다. 이런 형태의 기도는 종종 생사를 오가는 상황에 처한 사람들을 위한 것이다. 주님께서 길을 가는 백성의 마음을 사로잡아 긴급구조를 요청하는 기도를 시키실 수도 있다. 나의 경우 한밤중에 일어나 기도를 시작할 때, 주님께서 갑자기 어떤 사람의 얼굴을 보여 주시고 그 사람의 긴급한 상황을 위해 간절히 기도하게 하신다.

나에게 이런 일은 정기적으로 일어난다. 특히 사람들이 심각한 상황에 처했거나 하나님의 초자연적인 개입이 필요할 때 종종 일어난다. 하나님은 틈 사이에 설 사람을 찾고 계신다. 나는 이 목적을 위해서라면 주님께서 언제든지 깨우셔서 마음껏 사용하시도록 나를 완전히 내어드렸다. 실제로 간청기도는 하나님께서 나에게 중보의 은사를 주셨음을 확신하는 단서가 되었다.

묶고 풀기

진실로 너희에게 이르노니 무엇이든지 너희가 땅에서 매면 하늘에서도 매일 것이요 무엇이든지 땅에서 풀면 하늘에서도 풀리리라 진실로 다시 너희에게 이르노니 너희 중의 두 사람이 땅에서 합심하여 무엇이든지 구하면 하늘에 계신 내 아버지께서 그들을 위하여 이루게 하시리라 _마 18:18-19

영적 전쟁의 가장 강력한 무기 두 가지는 묶고 푸는 것 혹은 금하고 허락하는 것이다. 묶고 푸는 것의 성경적 선례에 관한 몇 가지 혼동이 있었다. 게리 키너맨은 이에 대한 신학적 근거를 제시했다.

묶고 푼다는 용어는 사실 예수님께서 먼저 사용하신 것이 아니다. 이것은 1

세기 유대의 랍비들이 자주 사용하던 표현이다. 알렉산더 브루스가 쓴 헬라어 신약 사전(The Expositor's Greek New Testament)에 따르면 묶고 푸는 것(헬라어 데오와 루오)은 세운다는 의미에서 단순히 '금하고 허락한다'는 뜻이다. 예수님 시대에 유대의 종교 당국은 종교 행위와 사회 활동에 대한 지침을 세울 권한이 있었다.

하지만 '데오'(deo, 묶는다)는 초자연적 통제를 표현한다. 누가복음 13장 15-16절에서 예수님은 유대 지도자를 꾸짖으셨다. "외식하는 자들아 너희가 각각 안식일에 자기의 소나 나귀를 외양간에서 풀어내어(luo) 이끌고 가서 물을 먹이지 아니하느냐 그러면 열여덟 해 동안 사탄에게 매인(deo) 바 된 이 아브라함의 딸을 안식일에 이 매임에서 푸는(luo) 것이 합당하지 아니하냐."

예수님 시대의 유대 지도자들은 묶고 푸는 것의 현실적 의미만 이해했다. 그때 예수님은 질병에 묶여 있는 여자와의 만남을 통해 그들에게 묶고 푸는 것의 초자연적인 면을 알려 주셨다. 예수님께서 여인을 묶은 것이 사탄이라고 말씀하신 것에 주목하자.

예수님께서 제자들에게 묶고 풀 수 있는 권세가 있다고 말씀하셨을 때 유대 지도자들이 격분한 것은 나름 타당해 보인다. 제자들은 유대의 종교와 정치 체제에서 인정받는 사람들이 아니었기 때문이다. 그들은 예수님께서 줄 수 없는 권리를 제자들에게 주셨다고 느꼈다. 그들은 주님께서 하늘의 보이지 않는 세계에 있는 권세를 제자들에게 주셨다는 것을 이해하지 못했다. 하늘의 보이지 않는 세계가 바로 진정한 묶고 푸는 능력이 일어나는 곳이다. 그곳에서 땅의 모든 것은 묶이거나 풀릴 수 있으며, 금하거나 허락된다.

묶기

묶기에는 긍정적 묶기와 부정적 묶기가 있다. 영적 전쟁에서는 두 가지 모두 중요하다.

부정적 묶기

부정적 묶기에 대한 이해를 돕기 위해 이 책을 처음 쓸 때 살았던 웨더포드 마을에서 일어난 일을 소개하겠다. 웨더포드에서는 텍사스의 작은 마을에서 벌어질 법한 일들을 모두 볼 수 있었다. 마을에서는 매년 로데오 경기를 열었다. 밧줄 던지기, 야생마 타기, 송아지 잡아 묶기 등 전형적인 카우보이 시합을 위해 각처에서 카우보이들이 모였다. 묶기를 가장 잘 표현한 이벤트는 밧줄로 송아지를 잡아 묶는 것이었다. 카우보이는 말을 타고 송아지를 쫓아가다가 밧줄을 던져 잡은 뒤, 말에서 내려 송아지를 끌어당겨 땅에 눕힌 후에 다리를 묶는다. 그러면 송아지는 전혀 움직이지 못한다. 성공하면 카우보이는 손을 높이 들고 승리를 외친다.

우리가 직면한 상황에서 사탄이 아무것도 하지 못하도록 기도로 묶을 때, 영의 세계에서는 이 같은 일이 일어난다. 어떻게 이런 일이 일어나는 것일까?

첫째, 사탄이 문제를 일으키려는 것이 무엇인지 먼저 상황을 파악한다. 불화를 예로 들어 보자. 사탄은 교회 안에 들어와 사람들의 귀에 이렇게 속삭인다. "목사는 너를 진정으로 사랑하지 않아. 네가 아플 때 찾아오지도 않았잖아. 기억나지?" "반주자가 오늘 너에게 한마디도 안 걸었지? 그가 너에 대해 안 좋은 소문을 퍼뜨리고 있는 것이 분명해."

사탄은 온갖 끈적끈적한 오물을 곳곳에 던지기 시작한다. 만일 사람들이 이러한 사탄의 계략을 인식하지 못하면, 그들은 서로를 불신하고 사이가 멀어지게 된다.

둘째, 중보자들은 불화를 인식하고 그 문제를 가지고 기도의 방으로 들어간다. 카우보이처럼 사탄의 역사를 잠재우기 위해 하나님 말씀의 밧줄을 가지고 기도의 말을 타는 것이다.

셋째, 하나님의 말씀을 선포함으로 밧줄을 던진다. 예를 들면 다음과 같다. "사탄아, 예수의 이름으로 너를 묶노라. 하나님의 말씀에 내가 무엇이든지 땅에서 매면 하늘에서도 매일 것이요, 무엇이든지 땅에서 풀면 하늘에서도 풀릴 것이라고 하셨다. 이 교회 안에서 이간질하는 것을 멈출지어다."

우리는 정확한 성경 말씀을 따라 이렇게 말하면 된다. "사탄아, 하나님의 말씀을 따라 나사렛 예수 그리스도의 이름으로 명하노니, 너의 모든 충동질을 멈출지어다."

어떤 문제는 한 사람 이상이 묶는 기도를 해야 하는 경우도 있다. 그런 상황에서는 합심기도와 묶는 기도를 병행해야 한다. 송아지 한 마리는 쉽게 다스릴 수 있지만, 미쳐서 날뛰는 황소는 한 명의 카우보이 정도는 어렵지 않게 끌고 다닐 수도 있다. 이런 경우에는 여러 사람이 모여 기도하거나 릴레이 기도가 필요하다. 황소를 잡거나 사탄의 공격이 멈출 때까지 중보자들은 각자의 기도 밧줄을 던져야 한다.

영의 세계에서 거리는 전혀 문제가 되지 않기 때문에 묶기는 원거리와 근거리 모두 효과적이다. 원수의 역사를 멈추기 위해 묶는 기도를 할 때, 원수의 공격을 당하는 당사자와 반드시 함께 있을 필요는 없다.

2년 전 새벽에 흐느껴 우는 한 여성의 전화를 받은 적이 있다. 그녀는 정신병원에 입원한 친구를 위해 기도해 줄 수 있는지 흐느끼는 목소리로 띄엄띄엄 말했다. 나는 즉시 일어나 그녀의 친구의 생각 속에 역사하는 원수를 묶기 위해 간절히 기도했다. 그리고 친구의 정신을 묶고 있는 큰 족쇄가 끊어졌다는 느낌을 받았다. 그러자 우리 두 사람에게 큰 평강이 임했다. 일주일 뒤 그녀의 전화를 받았는데, 우리가 기도한 날 밤에 친구가 완전히 회복되어 다음날 아침에 퇴원했다고 하였다. 원수의 손은 묶였고, 그녀는 더는 어떤 정신적 고통도 없이 자유를 얻었다.

긍정적 묶기

중보자들이 자주 간과하는 흥미로운 능력이 있다. 그것은 바로 긍정적 묶기다. 긍정적 묶기는 처해 있는 상황에 하나님의 말씀을 선포할 때 일어난다. 선포된 말씀에는 능력이 있다. 우리는 하나님의 형상으로 창조되었다. 하나님께서 문자 그대로 "세상이 있으라"고 말씀하시자 세상이 존재하게 되었다.

잠언 18장 21절은 말한다. "죽고 사는 것이 혀의 힘에 달렸나니 혀를 쓰기 좋아하는 자는 혀의 열매를 먹으리라."

긍정적 묶기는 하나님 말씀을 선포함으로 원수의 힘을 약화시켜 하나님의 목적에 저항할 수 없게 만든다. 긍정적 묶기는 현재 직면한 상황 가운데 주시는 하나님의 말씀을 토대로 선포하는 것이다.

긍정적 묶기의 가장 강력한 예는 예수님께서 광야에서 사탄과 싸우시는 장면이다. 주님은 자신을 유혹하려는 원수의 힘이 다 빠질 때까지 사탄을 향해 하나님의 말씀을 계속 선포하셨다.

주목해야 할 긍정적 묶기의 특징이 있다. 그것은 원수를 항상 즉각적으로 멈추게 만들지 않는다는 것이다. 주님께서 광야에서 사탄과 40일간 씨름하신 것처럼 싸움의 치열함은 점점 더 강해지고 오래 지속될 수 있다.

교회 내의 불화의 예를 다시 살펴보면, 시편 133편 1절에 기록된 하나님의 말씀으로 긍정적 묶기를 실행할 수 있다. "보라 형제가 연합하여 동거함이 어찌 그리 선하고 아름다운고."

당신이 사랑하는 사람들을 위해 기도하는 것처럼 주님이 필요한 사람들의 마음에 성경 말씀을 선포하라. 그러면 하나님의 말씀이 그들 안에 살아 역사하여 악한 친구들의 말과 하나님의 지식을 대적하여 높아진 모든 것을 무너뜨릴 것이다. 잠언 6장 20-21절은 말에 관해 아주 재미있는 사실을 보여 준다. "내 아들아 네 아비의 명령을 지키며 네 어미의 법을 떠나지 말고 그것을 항상 네 마음에 새기며 네 목에 매라."

아버지와 어머니의 말을 마음에 새기면 그것이 실제로 아들을 인도한다는 이 말씀은 참으로 흥미롭다.

우리가 부정적 묶기를 통해 누군가의 삶의 영역에 역사하는 사탄의 활동을 제지할 때마다 그 사람의 삶 속에 하나님의 말씀을 다시 심어주는 긍정적 묶기를 실행해야 한다.

보라 내가 오늘 너를 여러 나라와 여러 왕국 위에 세워 네가 그것들을 뽑고 파괴하며 파멸하고 넘어뜨리며 건설하고 심게 하였느니라 _렘 1:10

예수님께서 성전에 들어가 돈 바꾸는 자들을 쫓아내셨을 때, 긍정적으로 묶는 하나님의 말씀을 외치셨다. "기록된 바 내 집은 기도하는 집이 되리라 하였거늘 너희는 강도의 소굴을 만들었도다"(눅 19:46).

예수님께서 이 말씀을 선포하신 데는 여러 가지 이유가 있지만, 그중 하나는 성전을 다시 한 번 기도의 집으로 세우기 위해 묶기 곧 성전을 향해 하나님의 말씀을 선포하신 것이다.

풀기

기도로 푸는 것은 원수의 손에 잡힌 포로들을 풀어주는 중보의 한 형태다.

세계적인 성회를 위한 24시간 기도 파수꾼을 조직할 때, 피터 와그너는 처음부터 도움을 주었다. 내가 이 예를 드는 이유는 당시 기도를 인도한 사람들이 그 시대의 가장 강력한 기도의 장군들이었기 때문이다.

그 중보팀은 기도의 파수꾼으로서 1989년 7월 마닐라에서 개최된 세계복음화를 위한 제2차 로잔회의에 함께 모였다. 로버트 버치, 벤 제닝스, 조이 도우슨 같은 기도의 용사들은 수년간 영적 전쟁을 치르며 검을 날카롭게 연마해서 사탄의 궤계를 빠르게 파하는 기도의 거장들과 함께 기도했다. 요청받은 기도 제목들을 가지고 기도할 때, 브루스 올슨 선교사를 위한 특별한 기도 요청을 받았다. 이 기도 제목의 중요성을 이해하기 위해 하나님께서 그를 통해 어떤 놀라운 일을 행하셨는지를 알아야 한다.

브루스 올슨은 콜롬비아의 모틸원 인디언들을 위해 사역하는 세계적으로 유명한 선교사다. 선교 현장으로 부름 받은 많은 이들이 그의 삶을 통해 큰 용기를 얻고 있다. 선교 경험이 전혀 없는 그는 19세 때 오로지 하나님의 부르심을 따라 선교지로 갔다. 그가 처음 인디언들을 만나려 했을 때, 목숨을 잃을 뻔했다. 모틸원 인디언들은 그들에게 접근하는 사람은 누구든 상관하지 않고 죽일 정도로 굉장히 적대적이었다.

수년간의 노력 끝에 그들의 언어를 배운 브루스는 수많은 모틸원 인디언을 주님께로 인도했다. 그리고 농사짓는 법과 보건 사업과 교육 등 그들에게 필요한 것들을 소개하고 가르쳤다.

기도 요청을 받았을 때, 우리는 그가 치른 희생에 대해 잘 알고 있었다. 9개월 전 게릴라들이 브루스 올슨을 인질로 잡고 그를 이용해 인디언들과 싸우려 했던 사건이 있었다. 게릴라들은 브루스 올슨을 살해할 것이라고 공식적으로 통보했다.

우리는 이 기도 요청에 막중한 부담감을 느꼈다. 게릴라들은 이미 많은 사람을 살해했기 때문에 단순한 위협이 아니라는 것을 잘 알고 있었다. 그리고 브루스 선교사가 기꺼이 주님을 만날 준비가 되어 있다는 사실도 알았다. 하지만 아직은 그가 본향으로 돌아갈 때가 아닌 듯했다. 기도 중에 우리는 게릴라들의 활동을 막고 브루스가 계속 사역하는 것이 주님의 뜻이라고 느꼈다. 우리는 적의 활동을 중지시키고 포로를 자유롭게 해야만 했다.

1989년 7월 12일 수요일 오후, 조이 도우슨은 브루스를 위한 기도 모임을 이끌었다. 하나님의 군대 장관들의 수장인 조이는 부적절하게 중보하는 법이 없는 사람이었다(그녀는 국제 예수전도단의 대표인 존 도우슨의 어머니다).

기도를 시작하기 전, 그녀는 자리에서 일어나 하나님을 기다렸다. 함께 기다리는 동안 나는 하나님의 활동에 우리가 곧 동참할 것이라는 감동을 받았다. 그녀는 상황을 완전히 다스리고 통치하시는 하나님을 찬양하고 감사하기 시작했다. 그리고 브루스를 하나님의 손에 올려 드리고 하나님께서 브루스를 위해 친히 역사하실 것을 신뢰한다고 선포했다. 그와 그를 잡은 게릴라들이 처한 상황을 통해 예수님께서 최고의 영광을 받으실 수 있도록 하나님께서 친히 행하기를 간청했고, 이 기도가 응답될 것을 확신하는 믿음의 고백을 선포했다. 그런 다음 조이는 하나님께서 수종 드는 천사들을 브루스에게 파송하셔서 그의 마음을 완전한 평강으로 지켜주시도록 기도했다.

조이는 브루스 올슨과 사탄의 공격 틈 사이에 섰다. 그녀가 하늘의 최고 사령관께 받은 권세로 영적 전쟁을 시작하자 중보자들은 합심해서 기도했다. 그녀는 성령의 검을 담대하게 휘두르며 마태복음 18장 18절 말씀을 따라 브루스 올슨을 대적하는 어둠의 권세를 묶었다. "진실로 너희에게 이르노니 무엇이든지 너희가 땅에서 매면 하늘에서도 매일 것이요 무엇이든지 땅에서 풀면 하늘에서도 풀리리라."

그리고 사탄의 완전한 패배의 근거인 주 예수께서 흘리신 보혈을 선포하고, 주 예수 그리스도의 이름을 믿는 믿음을 사용해서 원수의 모든 힘과 책동에서 브루스 올슨을 풀어 주었다. 마지막으로 하나님의 계획과 전능하신 능력의 역사에 감사와 찬양을 드리며 기도를 마쳤다.

나는 마닐라를 떠나 집으로 돌아와서 그의 이야기를 실은 기독교 잡지를 받아볼 때까지 브루스 올슨의 석방 소식을 듣지 못했다. 기사를 읽다가 브루스의 석방 날짜를 보았다. 마닐라의 기도실에서 우리가 중보한 지 정확히 1주일 후에 그가 풀려났다는 소식은 참으로 감명 깊었다. 많은 사람이 지난 9개월 동안 그의 석방을 위해 기도했다. 하지만 특별히 그날 드린 우리의 중보기도는 포로 된 자를 풀어 그의 삶을 향한 하나님의 소명을 성취하는 데 일조했다.

이것은 우리가 소원하는 응답을 받기 위해 묶고 푸는 것, 두 가지 모두를 사용한 좋은 경험이었다. 중보자들은 먼저 게릴라들이 브루스 올슨을 살해하지 못하도록 금하고 막아섰다. 그리고 그는 우리의 기도를 통해 석방되어 자유를 얻었다.

푸는 기도에는 다음과 같은 효과가 있다.

1. 브루스 올슨의 경우처럼 푸는 기도는 인질을 석방할 수 있다.
2. 사탄에게 묶여 병고를 치른 여인처럼 푸는 기도는 질병으로부터 사람을 자유롭게 한다.
3. 푸는 기도는 특정한 상황 가운데 하나님의 뜻이 이루어지도록 풀거나 선포할 수 있다.
4. 푸는 기도는 하나님께서 상황 가운데 개입하셔서 변화되도록 돕는다. 하나님의 말씀에 의하면 우리의 필요를 기도할 때 비로소 하나님께서 움직이시기로 선택하셨다. "사람이 없음을 보시며 중재자가 없음을 이상히 여기셨으므로"(사 59:16). "너희가 얻지 못함은 구하지 아니하기 때문이요"(약 4:2).

묶고 푸는 것을 다음과 같이 요약할 수 있다.

1. 묶는 것은 원수의 공격을 중지시킨다.

2. 푸는 것은 하나님의 뜻이 현실의 상황 속에 개입하도록 풀거나 허용한다. 하나님께서 우리의 기도를 통해 그분의 목적을 실행하기로 작정하셨기 때문이다.

소개한 성경 말씀과 예화를 통해 당신이 중보의 언어를 더욱 잘 이해하고 구체적으로 적용하기 위해서 충분히 생각하기를 바란다. 이제 중보기도에 대해 오해하기 쉬운 부분을 살펴볼 것이다. 이것은 우리의 감정을 요구하기 때문에 종종 이성적 사고와 동떨어진 것처럼 보일 수도 있다.

더 깊은 중보기도를 위한
소그룹 스터디 POSSESSING THE GATES OF THE ENEMY

■ 핵심 성경 구절

이사야 14:12, 마태복음 16:18, 에베소서 1:21, 예레미야 1:10, 누가복음 11:17-22, 에베소서 3:10, 에스겔 28:11-19, 고린도후서 2:11, 에베소서 6:11-12, 다니엘 10:12-13, 고린도후서 10:4, 골로새서 2:15, 마태복음 11:12

01 알 수 없는 용어를 사용하는 중보기도 모임에 참석한 적이 있는가? 그때의 느낌을 말해 보라.

02 당신이 사용하는 중보 용어에 대한 정확한 성경적 정의를 말할 수 있는가?

03 합심기도가 개인 중보자의 역할과 책임감을 축소하거나 강화할 수 있는가?

04 금식이 기도의 효과를 극대화하는 이유는 무엇인가?

05 자연계에 어떤 변화가 일어나는 것을 보기 전에 당신의 기도가 이미 응답되었다고 확신한 적이 있는가? 당신의 기도가 관철되었다는 것을 어떻게 알 수 있는가?

06 당신의 국가와 도시와 가정에 있는 개인적·지역적·이념적 견고한 진들을 구체적으로 열거해 보라.

07 견고한 진에 대한 에드 실보소의 정의를 다시 읽고, 가정과 도시와 국가가 직면한 '절망적인' 상황들을 생각해 보라. 이것을 어떻게 바꿀 수 있을까? 만일 당신이 믿음을 발휘한다면, 하나님께서 불가능한 일을 행하실 것이라고 믿는가?

08 중보가 생명과 죽음의 문제라는 말을 어떻게 생각하는가?

09 누군가 원수를 묶는 기도를 했는데도 어떤 변화도 없었다면, 그 사람이 잘못 기도했다는 뜻인가?

10 중보자가 그리스도 안에 있는 권위의 범위를 이해하는 것이 중요한 이유는 무엇인가?

CHAPTER 09
중보의 현상들

THE CALL TO INTERCEDE

우리의 기도가 성령의 영감과 인도하심을 받으면, 강력한 영향력이 생긴다. 우리의 중보 가운데 성령께서 친히 나타나시는 방법 중 하나는 우리의 감정을 통해 역사하시는 것이다. 그동안 성령의 능력이 역사하는 증거에 대한 심각한 오해들이 있었다. 많은 그리스도인이 감정을 무시하는 듯하다. 아마도 감정을 따르면 통제하기 어려울 것이라는 두려움 때문인 것 같다. 그러나 그분의 감정을 느끼지 않고 하나님의 마음으로 기도할 수 없다. 만일 우리가 기도할 때 감정을 무시한다면, 우리는 중보의 깊이를 잃게 될 것이다.

가끔 중보할 때 우리가 기도하는 사람의 슬픔을 느끼거나 그의 감정과 나의 감정을 동일시할 때가 있다. 성령께서 어떤 사람의 죄에 대해 슬픔을 느끼시는 것을 알게 될 때도 있다. 이런 기도 속으로 들어가면, 산고와 눈물과 웃음 등의 현상을 경험하게 된다. 때때로 이런 강렬한 감정은 중보자를 사뭇 놀라게 한다. 이런 감정은 인위적으로 만들 수 없는 것으로, 성령의 뜻을 따라 나타나기 때문이다.

1장에서 어떤 아이를 위해 기도할 때, 그 아이가 마치 내 아이인 것처럼 울었던 사건을 기억하는가? 큰 소리로 웃으면서도 내가 왜 웃는지 몰랐던 일도 기억할 것이다. 이번 장에서는 우리가 기도할 때 성령께서 우리에게 영향을 주시는 다양한 방법을 배울 것이다. 이것을 통해 하나님에게서 온 감정과 성령이 아닌 사탄이나 자신의 감정을 분별하는 통찰력을 얻게 될 것이다.

산고

1950년대 중반 존 화이트라는 젊은 영국인이 펜실베이니아에 있는 새부족선교훈련원(New Tribes Mission's Boot Camp)에서 주님을 섬기는 훈련을 받는 중이었다. 훈련 참가자들은 매일 선교사들이 보내준 기도 편지를 받았다. 그들은 아침 7시에 편지를 보낸 선교사들을 위해 기도했다.

어느 날 아침, 존은 로레타 오하라라는 필리핀 선교사의 편지를 받았다. 존은 로레타를 만난 적도 없고, 개인적으로도 전혀 모르는 사이였다. 그의 손에 들린 그녀의 편지에는 생사(生死)가 걸린 중대한 기도 요청이 담겨 있었다. 그녀는 마닐라 병원에서 기도 편지를 썼는데, 의료진들은 그녀가 경추(목뼈) 암이거나 경추 결핵에 걸린 것 같다고 말했다.

존은 편지를 읽고 평소와 다르게 기도하기 시작했다. 하나님께서 로레타를 고쳐 주시도록 강력히 구했다. 하나님께 그녀를 고쳐 달라고 구할 뿐만 아니라 하나님이 그렇게 해주실 것을 강력히 주장했다. 기도를 마친 존은 자신이 내뱉은 말에 충격을 받았다. 처음에는 마음에 큰 평강을 느꼈지만, 하나님께 기도한 태도에 대해 곰곰이 생각해 보았다. 이 체험을 하기 전에는 적절한 간청기도만 드렸었다. 하지만 조금 전 그의 입에서 나온 말들은 그의 신학에 맞지 않았다. 자신도 모르는 사이에 그는 산고기도를 드린 것이다. 산고기도는 주어진 상황 가운데 하나님의 뜻을 기적적으로 출산한다.

산고기도는 로레타 오하라의 삶에 극적인 결과를 낳았다. 존이 기도하고 있을 때, 로레타는 노바 스코샤에 있었다. 그녀는 의사로부터 경추 결핵이라는 최종 진단을 받고 결핵 요양소로 이송 중이었다. 그런데 하나님은 그녀의 삶에 다른 계획을 준비하셨다.

어떤 그리스도인 모임에서 그녀가 그 지방을 지나간다는 소식을 듣고 요양소에 들어가기 전에 선교에 관해 이야기해 달라고 요청한 것이다. 중병에 걸린 로레타에게는 불가능한 일이었지만, 그들은 끈질기게 부탁했다. 그리고, 강의할 때 앉을 편한 의자도 마련해 두겠다고 말했다.

그들의 끈질김에 그녀는 결국 강의하기로 했다. 그녀가 선교에 관해 이야기하던 중에 갑자기 앉아서 하는 것이 최선의 방법이 아니라는 생각이 들었다. 그녀는 탁자를 잡고 조심스럽게 일어났다. 로레타는 인식하지 못했지만, 그 순간 그녀는 하나님의 초자연적 치유의 능력 속으로 들어갔다.

로레타가 의자에서 일어났을 때 자신에게 힘이 솟는 것을 느꼈다. 그리고 몸에서 통증이 사라졌다. 얼마 후 그녀는 기적이 일어났다는 것을 깨달았다. 그녀는 다시 검사받기 위해 의사를 만나러 되돌아갔다. 그녀는 의사에게 경추 결핵이 완전히 나았다는 것을 확진해 달라고 했다. 검진 결과, 그녀의 몸은 완전히 치유되었다. 로레타는 치유 때문이 아니라 선교지로 돌아갈 수 있다는 사실 때문에 한없이 기뻤다.

로레타가 새부족선교훈련원을 방문하기로 했을 때, 자신을 위해 기도한 남자와 특별한 만남이 있을 것이라고 꿈에도 생각하지 못했다. 로레타가 훈련원에 도착했을 때, 존 화이트는 그녀가 자신이 기도한 선교사라는 사실을 몰랐다. 하지만 그는 매력적인 그녀에게 깊은 관심을 갖게 되었다. 존은 자신의 배우자를 훈련원에서 만나게 될 것이라는 주님의 음성을 들었지만, 합당한 사람을 만나지 못하고 있었다. 얼마 지나지 않아 두 사람은 상대가 하나님께서 보내주신 평생 헌신할 사람이라는 것을 알게 되었다. 존과 로레타는 서로를 알아가면서 그들의 삶 가운데 역사하신 하나님의 개입에 감탄했다. 존은 로레타에게 청혼했고 그녀에게 새로운 이름을 주었다. 그녀는 로리 화이트가 되었다.

존이 기도했을 때 무슨 일이 일어났을까? 그것은 그가 스스로 결정한 것이었을까, 아니면 로레타 오하라의 생명을 위해 하나님께서 주신 부담감이었을까? 그는 왜 뜨겁게 기도했을까? 이 질문에 대한 해답을 얻기 위해서는 산고의 중보기도를 이해해야 한다.

갈라디아서 4장 19절에서 바울은 영적 자녀들이 그리스도의 형상으로 빚어질 때까지 해산의 수고(산고)를 한다고 말한다. 산고의 헬라어 '오디노'(odino)는 출산의 진통을 경험한다는 뜻이다. 우리를 부르신 하나님은 강력한 기도를 통해 어떤 영역에 하나님의 뜻을 출산하도록 우리가 동역하기 원하실 때가 있다. 보통 산고기도를 마치면 어떤 놀라운 느낌이 있거나, 하나님께서 기도를 통해 뭔가 이루셨다는 느낌을 받는다.

물론 우리는 모조나 가짜 산고가 아니라 우리를 통해 역사하신 분이 바로 하나님이심을 확신하기 원한다. 성령의 참 역사를 분별하는 기준이 되는 네 가지 특징은 다음과 같다.

1. 산고기도는 우리가 인위적으로 만들 수 있는 것이 아니라 하나님께서 주시는 것이다. 산고는 종종 내면의 깊은 신음이다. 로마서 8장 26절에 기록된 대로, 이것은 들을 수 있거나 말로 표현하기 어려울 수 있다. 종종 인위적으로 해산하는 소리와 큰 신음을 내려는 사람들이 있다. 하지만 하나님께서 우리 안에서 산고의 영으로 역사하시는 것은 수도꼭지처럼 쉽게 틀거나 잠글 수 있는 것이 아니다.
2. 산고기도는 때때로 다른 사람들이 우리보다 앞서 기도한 영역을 위해 기도할 때 나타나는 결과일 때가 있다. 문제가 해결되기 직전, 하나님은 당신을 마지막으로 기도할 사람으로 선택하실 수 있다. 그런 면에서 당신은 응답을 출산하는 사람이다.
3. 중보의 은사가 있는 사람들은 이러한 일에 사용해 달라고 주님께 자신을 드리지 않는 사람들보다 더 자주 산고기도를 드릴 것이다. 하지만 존 화이트처럼 하나님은 그분의 목적을 이루기 위해 누구라도 언제든지 산고기도를 하도록 부르실 수 있다.
4. 산고기도는 짧을 수도 있고, 길어질 수도 있다. 어떤 기도는 빨리 응답되지만, 어떤 기도는 응답이 될 때까지 여러 번의 산통이 있다.

구약성경은 우리를 위한 예수님의 산고에 관해 예언적으로 말한다. "그가 자기 영혼의 수고(산고)한 것을 보고 만족하게 여길 것이라"(사 53:11, KJV).

우리는 신약성경에서 예수님께서 산고기도를 하신 모습을 볼 수 있다. 첫 번째는 겟세마네 동산에서 깊은 고뇌 가운데 기도하실 때 핏방울을 땀처럼 흘리셨다. 두 번째는 나사로의 무덤에서 볼 수 있다. 요한복음 11장 33절은 다음과 같이 말한다. "예수께서 그가 우는 것과 또 함께 온 유대인들이 우는 것을 보시고 심령에 비통히 여기시고(영으로 신음하시고) 불쌍히 여기사."

많은 사람이 주님의 비통함(신음)은 당시의 상황과 친구의 죽음에 대한 의분의 표출이라고 가르쳤다. 나는 예수님께서 사람들의 곡소리 때문에 슬퍼하셨다고 확신한다. 주님이 신음하며 중보하실 때, 성령 안에서 무언가 일어났다고 믿는다.

때로는 산고기도가 너무 강렬해서 중보자를 삼켜버릴 것 같은 때가 있다. 만일 함께 모여 기도할 때 누군가 산고기도를 한다면, 주변 사람들은 그를 위해 중보해야 한다. 우리는 기도로 짐을 나누어지는 법을 배워야 한다. 산고기도가 출산과 비슷하다는 것을 명심하라. 따라서 우리가 산고기도를 하는 중보자를 도울 때, 출산을 돕는 산파처럼 행동해야 한다. 또한 원수가 그에게 침범하지 못하도록 묶어 버림으로써 지켜줘야 한다.

여기에 한 가지 주의사항이 있다. 성령님은 산고기도의 시간 속에서도 우리의 감정을 다스리신다. 우리의 감정을 통제 불가능한 상태로 내버려 두면 안 된다. 중보자는 절제의 열매를 맺으며 살아야 한다. 나는 어떤 기도 모임에서 '산고기도'를 하는 사람들이 인도자의 신호를 따라 동시에 신음한다는 이야기를 들었는데, 이런 것은 성경적인 산고의 모습이 아니다. 나는 아기가 태어날 예정된 시간이 있는 것처럼 하나님의 시간에 하나님이 주신 중보의 표현들이 나타난다고 생각한다. 아무리 산모가 아기를 간절히 원해도 출산을 위해 힘을 주는 시간은 하나님께서 친히 정하신다.

울음

피터 와그너 박사는 잘 울지 않는 사람으로 알려져 있다. 소천하기 전까지 그와 30년 동안 알고 지냈지만, 그가 눈물을 보인 것은 한두 번뿐이다. 하나님께서 피터를 사용하셔서 한 국가를 위해 산고기도를 하게 하신 대표적인 이야기를 소개하겠다.

1990년 8월 피터는 인디애나폴리스에서 개최된 북미회복집회(North American Renewal Congress)에서 말씀을 전하고 있었다. 그는 일본을 향해 자신이 느끼는 기도의 부담감에 대해 나누었다. 그리고 지도자들을 위한 콘퍼런스에서 강의하기 위해 다음날 일본으로 가야 해서 이를 위해 잠시 기도를 부탁했다. 집회 지도자 중 짐 베비스는 나에게 피터를 위한 기도를 인도해 줄 수 있는지 물었다. 기도 중에 나는 갑자기 히로시마 원폭으로 인한 상처와 황폐함을 느꼈다. 나는 하나님께서 피터를 사용하셔서 성령의 원자폭탄처럼 일본과 그 백성을 덮은 어둠을 깨뜨릴 수 있도록 기도했다.

집회를 마친 후 피터는 일본으로 가기 위해 인디애나폴리스를 떠나 로스앤젤레스로 갔다. 다음날 아침은 주일이었다. 아침 기도 시간에 그는 히로시마와 나가사키의 원폭 피해자들의 고통과 일본 사람들을 생각했다. 그러다 갑자기 울기 시작했다. 그는 이것을 도무지 이해할 수 없었다. 일본에 폭탄이 떨어졌을 때, 그는 겨우 15세였기 때문이다. 그가 폭탄 투하에 관여한 것도 아니고, 결정한 것도 아니었다. 하지만 하나님은 15세의 미국 소년이 일본 사람을 혐오했다는 것과 폭탄 투하 때 사망한 15세의 일본 소년들을 보여 주셨다. 일본인을 향한 내면의 증오심 때문에 그는 폭탄 투하를 결정한 사람들과 똑같이 정죄를 받았다. 한참 울면서 기도하는 가운데 하나님께서 일본을 향한 깊은 중보의 자리로 인도하셨다는 것을 깨달았다.

아침 기도 후 도리스와 통화할 때, 그는 아침에 일어난 일을 말해 주었다. 도리스가 그에게 말했다. "여보, 어쩌면 주님은 당신이 히로시마와 나가사키를 위해 회개하길 원하시는 것 같아요." 도리스의 말을 듣고 피터는 그것이 정확히 주님께서 자신을 통해 하기 원하시는 일이라는 것을 깨달았다.

일본에 도착한 그는 콘퍼런스 지도자들에게 히로시마와 나가사키에 폭탄이 떨어졌을 때 사망한 사람들의 유가족과 친척들을 집회에 초청할 수 있는지 물었다. 그들은 사람들을 초대했고, 주님께서 말씀하신 대로 공개적으로 죄에 대한 용서를 구할 시간을 마련했다.

회개 시간이 다가왔을 때, 피터는 다니엘서 10장과 느헤미야 1장을 중심으로 국가를 위한 용서의 말씀을 전하면서 사람들의 마음을 준비시켰다. 다니엘과 느헤미야도 국가와 자신의 죄를 회개했고, 이제 그도 그렇게 할 것이라고 설명했다. 다니엘이 했던 것처럼 "아버지, 내가 죄를 범했습니다"라고 고백할 것이다. 그는 오직 상하고 깨어진 백성을 치유하는 하나님의 도구로 쓰임 받기를 원했다.

피터는 폭탄이 떨어졌을 때 사랑하는 이들을 잃은 사람들을 앞으로 초청했다. 그리고 무릎 꿇고 그 죄에 대해 눈물로 용서를 구했다. 그리고 하나님께서 일본 사람들을 치유하시도록 기도했다. 그 순간 성령께서 그곳에 있는 모든 사람의 상한 마음을 휩쓸고 지나가셨다. 천여 명의 울음소리와 신음이 집회 장소를 가득 메웠다. 사람들의 고통은 눈물과 함께 씻겨 나갔다.

피터가 회개를 마치고 일어나자 일본 대표가 자기 민족의 죄가 미국인의 죄보다 더 크다고 고백하고, 주님께 2차 세계대전 중에 일본이 미국에 범한 죄를 용서해 주시기를 간구했다. 이것을 통해 성령님은 한 나라의 심장부에 오셔서 치유와 회복을 주셨다.

우리가 눈물로 중보하면, 하나님께서 변화시키고 온전하게 만들고 싶어 하시는 상황들 속에 생명이 들어간다.

나는 남편을 영화 〈스타 트렉〉의 '미스터 스팍'이라고 부르곤 한다. 그도 스팍처럼 감정을 거의 드러내지 않기 때문이다. 어느 날 나는 부흥을 경험하지 못한 한 교회를 위해 울며 기도하고 있었다. 그때 이렇게 기도했다. "주님, 그들이 부흥을 맞이하는 법을 안다면 그렇게 할 거예요. 그들에게 부흥을 경험하는 방법을 보여 주세요. 성령을 부어 주시고, 마음을 새롭게 하시고, 완고한 마음을 깨뜨려 주세요."

울며 기도하고 있을 때, 마이크가 들어와 같이 기도하며 나를 지켜보았다. 잠시 후 나는 그에게 손을 얹고 기도했다. 남편은 내가 이렇게 기도했다고 말했다. "하나님, 마이크를 사로잡아 주세요." 사실 나는 이렇게 기도했다. "주님, 남편에게 주님의 긍휼과 눈물을 주세요."

그날 밤 남편은 많이 울었다. 나는 이것이 마치 약효가 나타나는 데 얼마간의 시간이 필요한 캡슐형 약과 같다고 생각한다. 다음날 아침 '자녀 양육에 대한 아버지의 의무'라는 주제로 남편이 남성들에게 강의했는데, 그는 오전 내내 울었다. 현재 남편은 성령께서 역사하시면 언제든지 눈물을 흘린다.

딕 이스트만이 '열방을 위한 그리스도'(Christ for the Nations) 학교에서 말씀을 전하고 있었다. 그는 하나님께서 아주 사적인 물건을 학생들에게 보여 주길 원하신다고 말했다. 그리고 주머니에서 안약이 든 작고 둥근 통을 꺼냈다. 그는 항상 눈이 뻑뻑한 느낌이 있어서 의사의 처방을 받았다고 했다. 지혜로운 의사는 "딕 목사님, 이렇게 된 것은 기도하실 때 눈물을 너무 많이 흘리기 때문입니다"라고 말했다.

어떤 문화에서는 남자들이 우는 것을 금기시한다. 미국에서는 최근 약간의 변화가 있기는 하지만, 남자가 울면 눈살을 찌푸린다. "사나이는 울지 않는다"는 말을 당연하게 생각한다. 어릴 적 아버지에게 왜 울지 않느냐고 물었던 기억이 난다. "얘야, 남자는 울지 않는단다." 어느 날 아들이 여동생에게 남자는 감정을 숨긴다는 말을 했다. 겨우 아홉 살 아이가 이런 말을 하다니, 정말 생각해 볼 문제가 아닌가? 나는 어린 아들에게 하나님은 우리 감정의 주인이시기 때문에 건강하지 않은 방식으로 감정을 감출 필요가 없다고 설명해 주었다. 성인이 된 다니엘은 마치 눈물의 선지자 예레미야처럼 하나님이 눈물을 주시면 우는 것을 전혀 부끄러워하지 않는다.

예수님은 분명 강인한 남자였다. 동시에 가장 위대한 중보자셨다. "예수께서 눈물을 흘리시더라"(요 11:35)는 말씀은 성경에서 가장 짧은 구절이지만, 가장 강력한 말씀 중 하나다. 그분의 눈물은 나사로를 둘러싼 죽음의 멍에를 깨뜨렸고 부활의 명령을 예비했다. "나사로야 나오라"(요 11:43). 누가복음 19장 41절은 예수님께서 예루살렘 도시를 보시고 우셨다고 말한다. "가까이 오사 성을 보시고 우시며."

웃음

기도 중 터지는 웃음은 하나님의 뜻이 성취되었다는 표시다. 그리고 응답이 오고 있거나 원수의 계획이 무산되었다는 뜻이기도 하다. "하늘에 계신 이가 웃으심이여 주께서 그들을 비웃으시리로다"(시 2:4). 이 말씀은 언제나 나에게 큰 축복이 되었다. 최근 아르헨티나에서 열린 영적 전쟁 집회 이후 이 말씀은 큰 경이로움의 원천이 되었다.

1990년 6월 도리스 와그너, 데이브와 제인 럼프와 함께 '레지스텐시아 플랜'을 돕기 위해 남미로 갔다. 피터와 도리스 와그너 부부가 레지스텐시아에서 지난 4월 집회를 마치고 돌아왔고, 우리가 뒤를 이어 남미로 날아갔다. 통역자 마르파 카브레라는 강력한 하나님의 여종이었다. 마르파와 그녀의 남편 오마르는 9만 명의 성도가 출석하는 미래비전교회(Vision de Futuro Church)의 목회자였다. 도리스는 레지스텐시아를 위해 더 많은 중보가 필요하다는 큰 부담감을 가지고 있었는데, 특히 추수전도단의 대표 에드 실보소의 탁월한 교회 성장 전략과 복음 전파에 초점을 맞춘 중보가 절실했다.

레지스텐시아 플랜은 도시에 사는 사람들의 육체적·감정적·영적 차원에 영향을 줄 정도로 도시를 총체적으로 변화시키려는 시도였다. 이를 위해 복음주의, 은사주의, 오순절주의를 총망라한 모든 목회자의 완전한 연합이 요구되었다. 이 작전은 이웃의 필요를 섬길 수 있는 600개의 '등대' 가정을 세우고, 대규모 집회를 개최하는 것이다. 등대 가정은 교회가 되고, 그곳에 그리스도를 주와 구세주로 영접한 사람들이 모일 것이다(현재 레지스텐시아에 2만 명의 회중이 모이는 교회가 있다).

우리는 한 주 동안 750명의 지도자에게 영적 전쟁을 가르쳤다. 게다가 그 도시의 소유권을 주장하는 영들과 전투를 치르는 시간도 가졌다. 영적 전쟁을 통해 큰 자유가 풀어졌다. 몇 가지 강한 영들이 있었지만, 그중 특히 끔찍한 죽음의 영, 싼 라 무에르테(San La Muerte)가 더욱 그랬다. 어떤 사람들은 이것을 '멋진 죽음의 영'이라 부르며 숭배했다.

임무를 수행한 후 우리는 집으로 가는 비행기에서 쉬고 있었다. 우리가 이용한 아르헨티나 항공은 항로를 보여 주는 지도와 현재 이동하는 지역의 위치를 알려 주는 서비스를 제공했다. 지도 하단부에는 우리가 비행하는 지역과 가장 가까운 도시의 이름이 나와 있었다.

도리스 와그너와 나는 지도를 재미있게 보고 있었는데, 제공되는 저녁 식사 때문에 멈출 수밖에 없었다. 그런데 비행기가 극심한 난기류를 만난 것처럼 위아래로 움직였다. 도리스가 나를 보더니 큰 소리로 웃기 시작했다. "우리가 기도해야 하지 않을까요?" 이 말을 하고 나도 웃기 시작했다. 서로를 바라보다가 이상한 생각을 동시에 떠올렸다. '우리가 레지스텐시아 상공을 지나고 있는 건가?' 힐끗 본 지도에 레지스텐시아 옆 큰 도시인 코리엔테스가 나타났다. 10분 후 난기류는 멈추었다. 집으로 돌아오는 비행은 참으로 편안했다.

이것이 우연이었을까? 어쩌면 그럴 수도 있다. 하지만 우리가 지역의 영들과 싸웠던 도시의 상공 위에서 이런 일이 벌어졌다는 것은 참으로 놀랍다. 우리의 웃음과 순조로운 비행 사이에 어떤 연관성이 있을까? 만일 그렇다면, 중보와 영적 전쟁에서 웃음은 어떤 위치를 차지하고 있는 것일까?

내가 처음 이것을 깨달았을 때 한 말씀이 떠올랐는데, 바로 시편 2편 4절이다. 이 말씀은 주님께서 웃으시고 또 원수를 비웃는 것에 관해 말한다. 도리스와 내가 기내에서 웃었을 때 주님은 우리를 통해 웃으셨고, 하늘을 비행하는 동안 우리를 해칠 수 있다는 원수의 생각을 조롱하셨다. 웃음은 주님의 천사들이 우리를 둘러싸고 있기 때문에 우리가 사탄의 궤계를 전혀 두려워하지 않는다는 분명한 표시다. 중보를 통한 이런 영적 전쟁은 누가 우리의 목숨을 책임지고 있는지 원수에게 알려준다.

조롱한다는 의미에서 원수를 비웃는 것을 알려 주는 성경 말씀이 있다. 바로 시편 37편 12-13절이다. "악인이 의인 치기를 꾀하고 그를 향하여 그의 이를 가는도다 그러나 주께서 그를 비웃으시리니 그의 날이 다가옴을 보심이로다." 시편 59편 7-8절도 있다. "그들의 입으로는 악을 토하며 그들의 입술에는 칼이 있어 이르기를 누가 들으리요 하나이다 여호와여 주께서 그들을 비웃으시며 모든 나라들을 조롱하시리이다."

이런 면에서 내게 중요한 성경 구절은 시편 126편 1-2절이다.

> 여호와께서 시온의 포로를 돌려 보내실 때에 우리는 꿈꾸는 것 같았도다 그 때에 우리 입에는 웃음이 가득하고 우리 혀에는 찬양이 찼었도다 그 때에 뭇 나라 가운데에서 말하기를 여호와께서 그들을 위하여 큰 일을 행하셨다 하였도다

그웬 쇼는 《하나님의 마지막 때의 전쟁 계획》(God's End-Time Battle-Plan)에서 우리 마음을 주님의 웃음으로 채워야 할 때가 있음을 알려 준다. 그녀는 전도서 3장 4절을 제시한다. "울 때가 있고 웃을 때가 있으며 슬퍼할 때가 있고 춤출 때가 있으며." 그녀는 말한다. "만일 우리가 하나님께서 웃으시도록 허용해 드린다면, 그분이 우리를 통해 말씀하시듯 우리를 통해 웃으셔야 한다."

이런 일을 경험하지 못한 사람들이 우리가 기도할 때 기쁨에 넘치는 것을 보고 놀라는 것은 그리 이상한 일이 아니다. 사람들은 이렇게 말한다. "기도가 이렇게 신선한 것인지 몰랐어요. 전에는 아주 근엄하지 않으면 하나님께서 기뻐하지 않으실 거라고 생각했어요."

어떤 사람들은 얼굴에 기쁨을 띠고 말한다. "우리는 집으로 돌아가서 교회와 기도 모임에 참여한 사람들에게 우리도 충만한 기쁨으로 기도할 수 있다는 것을 꼭 말해야겠어요. 우리의 기도가 무기력했던 이유를 이제야 알겠어요." 모든 중보자는 생명을 끌어내야 한다는 놀라운 진리를 배웠다. "여호와로 인하여 기뻐하는 것이 너희의 힘이니라"(느 8:10).

산고와 눈물과 웃음 같은 감정적 표현은 하나님의 영감과 그분의 인도를 받는 것이다. 주님께서 인도하시도록 내어드리면, 그분은 우리를 새로운 표현의 자리로 안내하실 것이다. 주님의 인도하심에 맡기는 것이 변함없는 중보기도의 열쇠다.

더 깊은 중보기도를 위한
소그룹 스터디 POSSESSING THE GATES OF THE ENEMY

■ **핵심 성경 구절**

이사야 14:12, 마태복음 16:18, 에베소서 1:21, 예레미야 1:10, 누가복음 11:17-22, 에베소서 3:10, 에스겔 28:11-19, 고린도후서 2:11, 에베소서 6:11-12, 다니엘 10:12-13, 고린도후서 10:4, 골로새서 2:15, 마태복음 11:12

01 하나님은 감정이 있으실까? 만일 감정이 없다면, 하나님과의 관계에 어떤 영향을 미치겠는가?

02 하나님께 기도 응답을 강요하는 것은 위험하다. 당신이 적법한 산고기도를 드린다는 증거는 무엇인가?

03 산고기도를 하는 기도 모임에 참석한 적이 있는가? 그들은 적절한 범위 안에서 절제하며 기도하는가? 그들에 대한 당신과 다른 중보자들의 생각은 무엇인가?

04 기도할 때 눈물을 보이는 것이 어려운가? 이것이 중보의 걸림돌이 되는 이유는 무엇인가?

05 하나님은 웃음보다 눈물이 더 많은 분인가? 당신의 대답에 대한 근거는 무엇인가?

06 원수를 비웃는 것과 조롱하는 것의 차이점은 무엇인가?

07 당신의 기도 모임은 엄숙한 분위기인가? 중보자들이 기도할 때 주님의 기쁨을 풍성히 누릴 수 있는 비결은 무엇인가?

CHAPTER 10
잘못된 중보
THE CALL TO INTERCEDE

어느 월요일 이른 아침에 전화벨이 울렸다. 젊은 신학생 팸이었다. 일전에 팸은 기도를 강조하는 대형 교회에 출석한다고 말했다.

"신디, 괜히 비난할 생각은 없어요. 하지만 기도 모임이 뭔가 잘못된 것 같아요."

팸의 이야기를 들으면서 그녀가 '잘못된' 중보에 말려든 것을 알았다. 어떻게 이런 일이 일어났을까? 무엇이 중보자를 잘못된 길로 인도한 것일까?

어느 주일 아침에 에스텔이라는 여성이 팸에게 접근하여 '하나님의 말씀'이라고 하면서 그녀도 은밀한 가정 기도 모임에 합류해서 목사님을 위해 중보해야 한다고 했다. 에스텔은 목사님을 위한 개인적인 중보 모임을 통해 외부 사역에 동행하게 될 것이라고 흥분하며 말했다. 하지만 목사님이나 교회 지도자들이 이 은밀한 모임을 전혀 모른다는 사실을 팸에게 말하지 않았다. 팸은 에스텔이 하나님께서 이 모임을 지도자들에게 초자연적으로 알려 주실 것을 기대했다는 사실을 나중에 알았다.

팸은 어떤 의심도 없이 모임에 합류하기로 했다. 처음에는 모든 것이 잘되는 것 같았다. 그런데 몇 번의 모임 후 그들은 교회의 비전과 완전히 반대 방향으로 기도하기 시작했다.

그들은 목사님이 "빛을 보고 하나님과 일치되도록," 즉 그들의 의견과 일치되도록 열심히 기도했다. 또한 하나님께서 목사님을 그들의 모임으로 인도해 주셔서 교회의 방향을 결정할 때 그들과 상의하도록 기도했다. 팸은 이것이 불편했고, 그래서 나에게 전화한 것이다. 나는 팸에게 에스텔의 기도 모임을 떠나 교회가 인정하는 중보 모임에 참석할 것을 권면했다.

팸의 상황은 열방의 장군들 사역의 지도자인 마이크와 내가 자주 접하는 아주 전형적인 문제다. 그녀는 잘못된 중보자들에게 빠졌다. 그들은 다양한 이유로 기도에 열정은 있지만, 성경의 지침을 벗어난 사람들이다. 그들은 종종 교회에 혼란과 분열을 일으킨다. 잘못된 중보는 문제를 확산시킬 수 있다. 많은 예언자가 하나님께서 부흥의 전조로 강력한 기도를 하도록 교회를 부르신다고 선포하기 때문이다.

부흥은 기도를 통해 태동하고 타오르지만, 효과적인 중보를 유지하지 못해서 성령의 운행하심이 중단되는 일이 많았다. 잘못된 중보는 참된 기도를 방해하고 부흥을 망친다.

영적 전쟁 네트워크(Spiritual Warfare Network, 제2차 로잔회의 후 결성된 영적 전쟁에 관한 협의회) 모임을 계획하고 있을 때, 주님은 루터시대 사람들이 "오직 의인은 믿음으로 살리라"고 외친 것을 떠오르게 하셨다. 다가올 개혁의 표어 중 하나는 다음과 같다. "우리는 혈과 육에 대항해서 싸우지 않는다. 우리가 싸울 무기는 육적인 것이 아니다."

사탄은 간교하다. 사악한 뱀의 가장 강력한 무기 중 하나는 기만이다. 그는 육의 욕구에 호소하는 기발한 거짓말로 부흥을 위해 기도하라는 하나님의 뜻으로부터 사람들을 멀어지게 한다. 사탄은 가짜 중보자들을 양산하기 위해 부지런히 움직인다. 우리는 어떻게 잘못된 중보를 피할 수 있을까?

해답은 의외로 단순하다. 성경의 지침을 명확한 다림줄로 삼으면 된다. 이번 장에서는 중보자들과 기도 모임에서 야기되는 문제들, 곧 혼동을 조장하고 중보기도에 대한 나쁜 평판을 일으키는 문제점을 살펴볼 것이다. 이런 상황이 정말 안타까운 이유는 진정한 중보자는 다른 사람들을 위해 희생하는 하나님의 종이기 때문이다. 균형을 잃은 사람들은 보통 가르침을 받지 못했거나 균형을 잃은 사람들에게 배워서 그렇게 된다. 하지만 그들이 지닌 극단적인 영역이 무엇인지 깨닫게 되면, 대부분의 사람들은 즉시 교정한다.

중보자를 위한 두 가지 안전장치가 있다. 가장 중요한 안전장치는 영적 책임감이다. 만일 중보자가 그들의 기도와 하나님께서 보여 주셨다고 믿는 것을 분별받기 거부한다면, 그들은 잘못된 영적 토대 위에 서 있는 것이다.

중보자들이 지역 교회와 사역단체를 위해 기도할 경우, 중보하는 단체의 권위에 순복해야 한다. 만일 그들이 서로 친밀한 사이가 아니라면, 그들의 기도가 사역단체의 비전과 일치하는지 확인할 방법을 마련해야 한다. 외부 단체를 위해 부름 받은 중보자들도 지역 교회의 보호를 받아야 한다.

두 번째 안전장치는 정결한 마음의 원리를 지키는 것이다. "하나님이여 내 속에 정한 마음을 창조하시고 내 안에 정직한 영을 새롭게 하소서"(시 51:10).

에스텔은 자신의 마음을 알지 못했고, 여러 가지 측면에서 이 원칙을 지키지 못했다. 첫째, 그녀의 마음에 교만함이 있었다. 그녀는 교회의 기도 모임 책임자의 권위에 복종하지 않고, 자신이 지도자가 되어야 한다고 생각했다. 그리고 그녀가 받은 '계시'가 목회자나 지도자들이 하나님께 들은 것보다 더 뛰어나다고 생각했다. 이는 기도를 통해 하나님의 비밀을 받은 사람들이 빠지는 공통적인 덫이다.

둘째, 비판의 영이 있었다. 비판의 영은 교만의 단짝이다. 그녀는 목회자가 중보기도 모임을 세운 방식을 비판했다. 특히 자신이 기도 모임의 지도자로 초대받지 못하자 따로 모임을 만들었다. 그녀는 교회 내에 세워진 기도 모임에 참여해 자신을 검증받고 하나님께서 지도자로 승진시켜 주시는(혹은 승진하지 않는) 과정을 거쳐야 했다.

중보자는 하나님께서 우리 마음의 동기를 드러내 주시도록 기도해야 한다. 종종 마음에 쓴 뿌리와 상처가 있는 이들이 중보자가 되기를 갈망한다. 내가 발견한 아주 놀라운 사실은 그들이 이런 마음의 상태를 인식하지 못한다는 것이다. 그들이 중보에 이끌리는 이유는 놀라운 능력 때문이기도 하지만, 무의식적으로 중보를 자신이 바라는 것을 얻는 수단으로 보기 때문이다. 오직 하나님의 영만이 우리의 진짜 모습을 보여 주실 수 있다. 따라서 중보자에게 좋은 기도는 이것이다. "주님, 저의 마음의 동기를 드러내셔서 주님 앞에서 항상 순결함을 유지할 수 있도록 도와주세요."

정결한 마음의 법칙을 벗어난 에스텔은 압살롬의 영에 이끌릴 위험에 빠지게 되었다. 이런 일은 압살롬이 아버지 다윗 왕에게 행한 것처럼 중보자가 다른 사람에게 행할 때 일어난다. 압살롬이 망명 생활에서 돌아왔을 때, 아버지가 만나 주지 않은 것에 대한 서운함이 있었다. 그때부터 압살롬은 아버지의 왕국을 좀먹기 시작했다. 표면적으로 그의 행동은 선해 보였고 심지어 백성을 도왔지만, 마음의 태도는 잘못되어 있었다. 압살롬은 나쁜 짓을 해서라도 아버지의 관심을 받고 싶었다. 그리고 아버지가 연락하도록 압력을 행사하면서 복수할 음모를 꾸몄다.

우리 안에 있는 압살롬의 영을 찾아낼 방법은 무엇일까? 무엇보다 이런 영을 가진 사람은 목회자를 깎아내리는 말을 한다. "목사님 말씀의 의도는 잘 알고 있어요. 하지만 내가 기도해 봤는데요, 목사님은 성도들에게 진짜 무엇이 필요한지 못 보시는 것 같아요."

그들은 대화 가운데 자신의 지혜를 자랑하며 심지어 이렇게 말한다. "내가 만일 목사님이라면, 이렇게 저렇게 할 거예요." 자신도 모르게 "내가 만일 왕이라면, 백성은 더 좋은 대우를 받게 될 겁니다"라고 말한 압살롬을 닮아가는 것이다. 중보자는 끊임없이 자신의 마음을 분별해서 왜 그렇게 말하는지, 무엇을 말해야 하는지 결정해야 하고, 올바른 기도 방향과 합당한 태도를 위해 기도해야 한다.

압살롬의 영을 인식하지 못하고, 그것을 바로잡지 않고 방치하면 교회에 분열을 일으키게 된다. 성도들이 비전과 인도를 받기 위해 목사보다 압살롬의 영을 가진 사람을 찾기 때문이다. 압살롬의 영에 영향을 받는 사람은 일반적으로 신앙생활을 열심히 하지만, 자신에게 무슨 일이 벌어지고 있는지 잘 모른다. 만일 교회가 그 사람을 용납하지 않으면, 그는 상처를 주고 떠나고 교회는 큰 아픔을 겪게 된다. 다른 사역 철학을 가지고 있거나 교회의 변화를 추구하는 모든 사람이 압살롬이란 뜻은 아니다. 하지만 어떤 변화를 제안하기 전에 항상 마음의 상태를 반드시 점검해야 한다.

기도 사역자 중 이렇게 말하고 싶은 사람이 있을 것이다. "신디, 우리 목사님은 저랑 대화도 안 하세요. 우리가 기도할 때 받은 하나님의 말씀을 듣고 싶어 하지 않으세요. 정말 낙심이 돼요."

이것은 종종 교회를 위해 기도하는 중보자들의 마음에 아픔을 주는 실제적인 문제다. 당신이 기도하다가 교회가 추구하는 어떤 방향과 함께할 수 없다고 느낄 때가 있을 것이다. 이럴 경우, 나는 배우자나 사람들과 함께 목사님을 찾아가 기도 중에 받은 방향에 관해 설명하기를 권한다. 이때 당신이 변화되어야 한다고 믿는 것을 반드시 관철해야 한다는 감정이나 비판의 영을 버리고 대화해야 한다. 성령님께서 지도자가 그 내용을 잘 분별할 수 있도록 도와주실 것이다.

게리 그린왈드는 그의 책 《노출된 유혹》(Seduction Exposed)에서 압살롬의 영에 관한 전형적인 예를 소개하며 교묘히 조종하는 중보자들의 문제점을 알려 준다.

> 나는 중보자들이 함께 기도할 때 받은 계시를 나누면 머지않아 서로 같은 응답을 받는 경향이 있다는 것을 종종 발견합니다. 얼마 전 우리 교회의 한 중보 모임은 이 진리를 아주 파괴적인 방식으로 보여 주었습니다. 우리 독수리 둥지(Eagle's Nest) 사역은 심각한 내분을 겪었고, 사역자와 많은 성도가 교회를 떠나고 말았습니다.
>
> 그중 한 중보자는 교회를 어떤 방향으로 인도해 가라는 말씀에 불순종했기 때문에 하나님의 심판이 곧 나에게 임할 것이라는 계시를 받았습니다. 그녀가 몇몇 사람에게 자신이 받은 계시를 나누자, 그들은 모두 그 말에 동의했습니다. 만일 내가 회개하지 않으면, 느부갓네살 왕이 짐승처럼 머리를 기르고 들판에서 풀을 먹고 지낸 것처럼 나도 그렇게 심판받을 것이라고 했습니다.
>
> 중보자들은 그들의 소명인 기도의 용사와 든든한 후원자의 자리를 벗어났기

때문에 목사보다 교회를 향한 더 많은 비전을 받았다는 속임에 빠지고 말았습니다. 그들의 교만은 오류의 영(spirit of error)에게 대문을 활짝 열어 주었습니다. 중보자의 역할은 기도를 통해 지도자가 받은 비전을 출산하는 것이지, 영계에서 본 것을 다른 사람들과 토론하는 것이 아닙니다. 이 중보자들은 그들이 받은 경고의 계시로 나를 조종하려 했습니다. 그들은 육적 조종의 늪에 빠졌습니다. 중보자들이 찾아왔을 때, 나는 그들이 받은 부르심보다 월권하고 있음을 알리고 간곡히 타일렀습니다. 하지만 자기 생각이 강한 중보자가 나머지 중보자들을 기만의 길로 이끌었고, 그들 중 대부분은 이 사건으로 교회를 떠났습니다.

나는 무엇 때문에 이런 어려움이 발생했는지 판단하고 싶지 않다. 다만 중보자들의 행동에 대한 나의 의견을 나누고 싶다.

첫째, 무엇보다 중보팀이 게리 목사에게 한 말은 굉장히 지나쳤다. 느부갓네살은 나라를 비참한 죄에 빠뜨린 왕이다. 설사 게리 목사가 교만했을지라도 느부갓네살과 같은 벌을 받는다는 것은 너무 가혹하다. 이 말은 하나님께서 목회자를 다루지 않으신다는 뜻이 아니다. 때때로 중보자의 가정생활이 그들의 판단에 큰 영향을 줄 때가 있다. 하나님께 무서운 말씀을 계속 받는 중보자는 보통 그 배경에 역기능 가정이 있다. 이것이 그들이 들은 내용을 오염시키고 하나님께 들은 것을 율법적으로 적용하게 만든다.

둘째, 하나님께서 그들에게 게리 목사를 심판하신다고 말씀하신 것이 맞다면, 다니엘이 왕의 꿈을 해석했을 때 "오 왕이시여, 이 일이 왕이 아닌 다른 사람에게 이루어지길 기도하나이다"라고 말했던 것처럼 그들도 진심으로 슬퍼했어야 했다. 하나님께서 나에게 어떤 목사가 심장마비에 걸릴 위험이 있다고 알려 주셨을 때, 내 마음이 어떠했는지 기억하는가? 그분에게 받은 상처 때문에 하나님의 심판이 그에게 임하길 바랐다. 나의 마음은 참으로 간교하고 사악했다. 그리고 나의 죄는 그의 죄보다 월등히 컸다.

셋째, 만일 그들이 하나님의 정확한 음성을 들었다면, 교정의 말을 다른 사람에게 퍼뜨리기보다 기도의 골방으로 들어가 하나님께서 친히 그 목사에게 말씀해 주시도록 부르짖어야 했다. 하나님의 말씀은 우리가 연장자를 꾸짖어서는 안 된다고 하신다(딤전 5:1). 중보자는 목회자를 꾸짖는 자가 아니라 그를 위해 기도하는 자다. 그리고 하나님께서 지도자의 삶 속에 균형 잡힌 말씀을 전해 줄 사람들을 보내 주시도록 간구해야 한다. 그럴 때 성령님께서 당신이 기도의 골방에서 순수한 마음으로 기도한 내용을 목회자에게 속히 말씀해 주실 것이다.

넷째, 이 모든 것을 다 했음에도 여전히 문제가 해결되지 않는다면, 중보자는 주님께서 자신을 그 교회에서 놓아주실 것인지에 대해 기도할 필요가 있다. 이때 교회의 성도들에게 목사를 대적하는 말을 퍼뜨려서는 절대 안 된다. 이것은 혼란과 불화를 일으킨다. 중보자, 특히 기도 사역자는 하나님께서 교정하기 원하시는 권위자의 연약한 부분과 마음을 기도로 보호하는 책임을 다해야 한다. 물론 성적인 죄와 비정상적인 행동은 반드시 교회 장로들에게 알려야 한다.

한 가지 더 명심해야 할 것이 있다. 목회자는 하나님께 더 깊이 들어가길 원하지만, 성도들은 아직 준비가 안 됐을 수도 있다. 이럴 경우 영적 책임감과 정결한 마음의 원리를 유지하는 것이 목회자를 지나치게 밀

어붙이거나 잘못된 방향으로 가지 않도록 당신을 보호해 줄 것이다.

'쳐죽이라'는 기도

오래전 나는 중보자들로 가득 찬 기도실에 앉아 있었다. 인도자가 일어나 어떤 정치적 현안에 대해 기도하면서 한 정치인의 경건하지 못한 행실에 대해 자세히 말하기 시작했다. 변화의 필요성을 설명한 뒤, 그녀는 우리에게 함께 기도하자고 했다. 그녀는 긍휼한 목소리로 그 정치인을 위해 기도했다. 얼마 후 나는 그녀가 이렇게 기도하는 소리를 듣고 소름이 돋았다. "하나님, 그를 구원해 주세요. 그를 직위에서 물러나게 하시든지 아니면 죽여 주세요!" 내 귀를 믿을 수 없었다. 그녀는 경건한 여인이었다. 그런 그녀가 어떻게 이런 기도를 하게 되었을까?

이 후에 나는 전국 곳곳에서 중보자들이 이와 비슷한 열정으로 기도하는 소리를 듣기 시작했다. 그들은 음란물을 파는 가게를 저주하며 불태워 달라고 하나님께 기도했다. 그뿐만 아니라 음란물을 상영하는 극장을 파괴해 달라고 부르짖었고, 회개하지 않는 운영자들을 쳐죽여 달라고 기도했다. 한번은 원수들이 벌레에 먹혀 죽도록 기도한 다윗의 시편을 인용하며 기도하는 소리도 들었다.

심지어 그리스도인들이 무당을 저주하면 불에 타 죽을지도 모르기 때문에 그리스도인들을 저주하지 않을 수 없다고 말하는 무당의 이야기를 들었다.

이런 기도를 들었을 때, 나는 중보자들이 신약의 중보 형식을 잘 모른다고 생각했다. 그래서 이 부분을 연구했고, 결국 내 생각이 맞았다는 것을 알게 되었다. 하나님의 말씀 안에 여러 예가 있지만, 특별히 이 말씀을 나누고 싶다.

> 제자 야고보와 요한이 이를 보고 이르되 주여 우리가 불을 명하여 하늘로부터 내려 저들을 멸하라 하기를 원하시나이까 예수께서 돌아보시며 꾸짖으시고 함께 다른 마을로 가시니라 _눅 9:54-56

중보자는 우리에게 영향을 주는 것이 무엇인지 잘 모른다. 때때로 야심 찬 영에 사로잡혀 그리스도의 마음에서 동떨어진 중보를 할 수도 있으므로, 우리는 반드시 마음의 동기를 살펴야 한다. '쳐죽이라'는 기도를 하지 말아야 할 두 가지 이유가 있다.

1. '쳐죽이라'는 기도는 불신자들에게 나쁜 증거가 된다. 거듭나기 전 술집을 운영하던 친구가 있었다. 그녀는 자신의 술집이 불에 타 잿더미가 되라고 저주하는 그리스도인들 때문에 큰 상처를 받았다. 그녀가 말했다. "나나 우리 가족 중 한 사람이라도 화상을 입었다면 어떻게 되었을까요? 왜 그들은 내가 구원받아서 건물을 팔아 하나님 나라를 위해 사용하게 해달라고 기도하지 않았을까요?"
2. '쳐죽이라'는 기도는 중보자의 기본자세인 자비의 원칙을 범한다. 단어의 정의를 살펴보면, 중보자는 다른 사람을 대신해서 틈 사이에 서는 자다.

두 번째 이유는 밥 윌화이트의 현명한 가르침에서 나온 것이다. 이것은 열방의 장군들 집회에서 배운 최고의 가르침 중 하나다. 밥은 하나님께서 한 민족이나 나라를 심판하신다는 말씀을 주실 때, 그 말씀 앞에 중보자들이 바르게 반응하는 법을 탁월하게 알려 주었다. 그는 하나님께서 자신의 본성이나 성품은 절대 바꾸지 않으시지만, 그분의 생각은 바꾸실 수 있다는 것을 잘 설명해 주었다. 하나님은 심판을 원하지 않으시기 때문에 틈 사이에 설 사람들을 찾으신다.

밥은 이것을 다음의 예를 통해 생생하게 설명해 주었다. 예레미야는 성경에 소개된 가장 위대한 중보자 중 한 사람으로, 이스라엘을 위해 끊임없이 기도했다. 하지만 어느 시점에 이르러 하나님은 예레미야에게 이스라엘을 위한 기도를 멈추라고 말씀하셨다. 하나님께서 그들을 심판할 것이기 때문이다. 예레미야는 어떻게 반응했을까? 그는 하나님의 백성을 위해 그분의 자비를 구했다. 10장이 지난 후에도 예레미야는 계속 긍휼을 구했고, 결국 하나님은 진노를 거두셨다. 완전히 절망적이고 암울한 말씀을 받을지라도 중보자는 하나님 앞에 일어나 하박국 3장 2절 말씀으로 기도해야 한다. "여호와여, 진노 중에라도 긍휼을 잊지 마옵소서."

이 가르침은 내 삶을 바꾸었다. 또한 다른 사람의 허물을 보거나 하나님께서 어떤 사람이나 사역에 대해 심각한 교정의 말씀을 주실 때 기도하는 방식을 완전히 바꾸어 놓았다. 심판받을 사람을 대신해 틈 사이에 들어가 기도하면, 심판은 멈추고 잘못한 사람은 완전히 돌이키게 된다.

때때로 응급 상황, 예컨대 강도가 당신의 자녀에게 총을 쏘려는 상황같이 하나님께서 원수를 멸망시키시는 것이 아주 당연하게 여겨질 때도 있다. 하지만 내가 말하고 싶은 것은 사람을 조종하려는 사탄을 꾸짖되 사람을 저주해서는 안 된다는 것이다.

핵심은 이것이다. 하나님께서 친히 심판하시도록 하자. 정계에 있는 사람들을 위해 기도할 때 "하나님, 저들을 구해 주세요. 저들을 바로잡아 주시거나 아니면 그 자리에서 내려오게 해주세요"와 같은 수준은 괜찮다. 하지만 하나님께서 그들을 좌천시키는 방법에 대해서는 그분께 맡겨 드려야 한다.

다른 사람의 병을 대신 짊어지는 것

지난 수년간 우리는 기도하는 사람들에 관한 슬픈 이야기를 많이 들었다. 가장 슬픈 이야기 중 하나는 어느 기도 모임의 인도자가 병에 걸렸다는 소식이다. 그녀가 기도했을 때, 이 병은 자신의 것이 아니라 친구의 병을 대신 지고 있다고 느꼈다. 그녀는 이 병이 진짜가 아니라 약한 사람의 병을 대신 지는 것이기 때문에 자기를 해칠 수 없다고 자주 말했다. 하지만 시간이 흐르면서 그녀의 병은 더 깊어졌다. 마침내 병원에서 심각한 당뇨 진단을 받았다. 그녀의 상태가 너무 위중해서 의사는 손을 쓸 수가 없었고, 결국 그녀는 죽었다. 이 여성은 잘못된 짐을 졌고, 그녀를 죽인 가설과 기만의 늪에 빠진 것이다.

이 문제를 연구하면서 노만 그럽의 리즈 하월즈 전기를 다시 읽었다. 그 책을 보면 중보자들이 다른 사람의 질병을 짊어져야 한다는 생각이 어디에서 기인했는지 추론해 볼 수 있다. 내가 이 말을 하는 것은 이 땅에 살았던 가장 위대한 중보자 중 한 명인 리즈 하월즈를 공격하기 위함이 아니다. 리즈 하월즈는 중보기도의 개척자이지만, 주님께서 그에게 '동일시' 기도에 관해 말씀하신 것을 그의 책에서 정확하게 전달하지 못했을 수도 있다는 점을 말하고 싶다.

하월즈는 가난하고 고통받는 사람을 향한 성령의 탄식을 마음으로 느끼고 있었다. 하지만 폐결핵 환자를 위해 중보한다는 것은 무슨 의미가 있을까? 중보자로서 그는 반드시 고통 속에 들어가 기도하는 대상의 자리에 서야만 했다. 그는 침상에 누워 정상적인 가정생활을 전혀 하지 못하고 방안에 갇힌 채 한때 삶의 기쁨과 흥미를 준 모든 것과 단절된 삶을 사는 한 폐결핵 환자를 알고 있었다. '칩거'하는 동안 성령님은 그에게 다른 사람들의 고통과 자신을 동일시하는 마음을 더욱 깊이 주셨다. 그가 그렇게 할 때, 이 여인뿐만 아니라 세상에 있는 폐결핵 환자들과 고통받는 자들의 짐이 그 위에 임했다. 하월즈는 이 길을 멀리 가기도 전에 하나의 확신에 사로잡혔다. 주님께서 이 병을 그에게 주셔서 그 역시 폐결핵 환자가 될 때, 비로소 그들을 위한 진정한 중보가 가능하다는 생각이었다. 이것은 어리석은 상상이 아니었다. 나중에 그가 개인적인 큰 위험을 감내하며 폐결핵 환자를 돌보면서 실제적인 가능성으로 나타났다. 마치 그가 질병과 계약을 맺은 것처럼 보였다. 게다가 그의 초창기 중보 사역을 살펴보면, 그는 기도하는 대상의 자리에 서서 그들과 같은 삶을 살았다.

나는 리즈 하월즈가 이 땅에 살았던 가장 위대한 중보자 중 한 명이라고 생각한다. 하지만 이 본문은 중보자들에게 몇 가지 위험한 문을 열어 줄 수 있다. 동일시 기도라는 개념이 확장되면 상황에 따라 중보자 자신이 구원과 변화를 가져오는 주체가 되고, 그들의 수고가 치유와 온전함을 주는 것처럼 여겨질 위험이 있기 때문이다.

하나님의 말씀은 예수님께서 우리의 죄를 짊어지고 친히 십자가에 달리셨고, 그가 채찍에 맞음으로 우리가 나음을 얻었다고 하신다(벧전 2:24). 우리가 질병을 짊어지는 것은 치유를 일으키는 것과 전혀 상관이 없다. 우리가 기도할 때 적용해야 할 것은 오직 그리스도께서 하신 일만이 치유할 수 있다는 것이다. 금식하며 기도할 때 배가 고픈 것처럼 우리가 중보할 때 어떤 고통을 받을 수 있다는 것은 맞는 말이다. 이사야 58장은 금식은 혼(soul)에 고통을 준다고 말한다. 나는 이 구절을 믿는다. 금식은 확실히 고통을 준다. 또 밖에서 일을 봐야 할 상황에서 소중한 시간을 기도로 내어드리는 것 역시 또 다른 예가 될 수 있다. 많은 중보자에게 이것은 오해거리가 되거나 미친 짓이란 생각이 들게 한다.

이쯤 되면 중보자들은 이렇게 말할 것이다. "내가 기도하는 사람을 괴롭히던 병이 내 몸에도 생겼어요." 어떤 이들은 이렇게 생각할 수도 있다. "때때로 내가 기도하는 사람이 앓고 있는 병 때문에 내가 고통받는다는 사실을 전혀 몰랐어요. 만약 내가 그들의 병을 짊어지지 않았다면, 어떻게 이런 일이 생겼을까요?"

당신이 다른 사람을 위해 틈 사이에 설 때, 중보하는 사람과 마귀가 그 사람에게 주려는 고통 사이가 바로 당신이 서야 할 위치라는 것을 명심하라. 따라서 당신이 기도하는 사람을 공격하는 그 질병이 때때로 당신을 공격할 수 있다. 중요한 것은 당신이 기도하는 사람뿐만 아니라 당신을 향해 오는 모든 사탄의 공격을 즉시 대적하는 것이다. 만일 사탄이 목표로 삼은 그 사람을 죽일 수 없다면, 그를 위해 기도하는 중보자에게 고통을 주려는 시도를 마다하지 않을 것이다. 기억하라. 사탄은 도적질하고 죽이고 멸망시키기 위해서 왔다(요 10:10).

또 다른 경우에 대해 처음에는 전혀 몰랐지만, 당신의 증상이 당신이 중보해야 하는 환자의 증상과 정확히 같다는 것을 뒤늦게 발견할 수 있다. 주님께서 우리를 틈 사이에 두실 때, 우리는 무슨 일이 일어나고 있는지 처음에는 잘 모를 수 있다. 이것이 원수의 불화살을 대적해야 할 또 다른 이유다. 이런 원수의 화살들이 당신과 당신이 기도하는 대상을 향한 것인지 늘 주님께 물어야 한다.

무당의 기도

육체의 일은 분명하니 곧 음행과 더러운 것과 호색과 우상 숭배와 주술(무당)과 원수 맺는 것과 분쟁과 시기와 분냄과 당 짓는 것과 분열함과 이단과 _갈 5:19-20

아주 오래전 어느 아름다운 봄날, 레슬리(가명)의 전화를 받았다. 레슬리는 상당히 흥분해 있었다. 그녀의 친구는 중보 시간에 레슬리가 유명한 TV 복음 전도자와 결혼하게 될 것이라는 분명한 응답을 받았다고 했다. 그녀의 친구가 전해 준 세부적인 '단어' 때문에 그녀는 미칠 듯이 기뻐했다.

레슬리가 말을 할수록 나는 더 많은 지혜를 구했다. 레슬리는 모르고 있었지만, 사실 나는 그날 아침 캘리포니아에 사는 피비(가명)의 전화를 받았는데 그녀도 정확히 똑같은 말을 했다. 피비의 계시와 너무 유사해서 섬뜩한 기분이 들 정도였다. 레슬리의 장황한 말이 잠시 멈추었을 때, 나는 속으로 그녀의 기분을 상하게 하거나 그녀의 친구를 깎아내리지 않으면서도 그녀에게 필요한 말을 잘 전하게 해달라고 하나님께 짧게 기도 드렸다.

내가 너무 기뻐서 할 말을 잃은 줄로 착각한 레슬리는 흥분해서 외쳤다. "신디, 내가 그분을 만나서 빨리 결혼이 성사되도록 나와 합심해서 기도해 주세요." 정말 입장이 난처해졌다. 내가 그녀의 바람대로 기도해 줄 수 없는 이유가 몇 가지 있었다.

1. 하나님은 나에게 그들이 결혼해야 한다는 확신을 주지 않으셨다.
2. 더욱 중요한 것은 하나님께서 그 복음 전도자에게 그녀와 결혼해야 한다는 말씀을 하지 않으셨다는 것이다.
3. 만일 레슬리와 합심해서 기도한다면 나는 무당의 세계로 들어가게 되고, 결국 레슬리가 그 복음 전도자와 결혼하도록 조종하는 기도를 하게 될 것이다.

내가 할 수 있는 일은 이것이었다.

1. 그녀가 경건한 남편 만나기를 바란다고 격려해 주었다.
2. 복음 전도자가 그녀의 남편이 될 것이라는 하나님의 음성을 듣지 못했다고 말했다. 하지만 하나님께서 준비한 최고의 남편을 보내 주시도록, 만일 그 복음 전도자가 하나님이 준비하신 최고의 남편이라면 하나님께서 두 사람이 만날 기회를 주시도록 기꺼이 기도해 주겠다고 말했다.
3. 그녀에게 캘리포니아에서 온 전화에 대해 말해 주었다. 하나님은 일부다처제를 너그러이 봐주시지 않기 때문에 둘 중 하나는 잘못되었다는 것을 그녀는 깨달았다.
4. 하나님께서 그녀에게 가장 잘 어울리는 남편을 주시고, 두 사람에

게 최고의 선물이 될 만남을 주시도록 그녀와 합심해서 기도했다.

왜 레슬리는 위험한 무당기도에 빠질 뻔했을까? 의도한 것은 아니지만, 그녀는 외로움 때문에 기도로 조종하며 조작하는 세계로 들어가고 있었다. 이것이 바로 무당의 거룩하지 않은 중보의 토대다. 그들은 자신이 기도하는 사람들에게 저주와 족쇄를 건다. 그래서 갈라디아서 5장 20절은 육체의 일 목록에 무당(주술)을 포함했다. 이런 것은 그리스도의 마음에서 나온 기도가 아니라 인간의 마음에서 나온 심리적 기도다. 심령술사와 무당은 이것을 마인드 컨트롤이라고 부른다.

마이크와 나는 열방의 장군들 사역을 하면서 수년간 무당기도로 인한 문제들을 목격했다. 어떤 사람들은 돌아다니면서 다른 사람들의 집과 토지가 자신의 소유가 될 것이라고 주장한다. 우리는 오랜 기간 동안 자산을 팔 수 없었던 사람을 알고 있다. 그 이유는 어떤 그리스도인들이 그 땅을 차지하고 싶은 욕심에 그것이 팔리지 않도록 기도했기 때문이다. 우리는 건물이나 땅(그들이 소유하고 싶은 것)을 위해 기도하는 사람들에게 이렇게 기도하도록 권면한다.

주님께서 이 땅이 나의 자산이 될 것이라고 해주신 말씀을 믿습니다. 만일 주님께서 구별해 두신 것이라면, 나를 위해 이 땅을 붙들어 주세요. 그리고 구매할 준비를 하는 동안 이 땅의 소유주를 재정적으로 축복해 주세요.

누군가 자기의 생각과 의지 혹은 감정을 따라 기도하면, 그가 기도하는 대상에게 엄청난 심리적 (대부분 마귀적인) 힘을 풀어놓게 된다. 잠언

18장 21절은 말한다. "죽고 사는 것이 혀의 힘에 달렸나니."

말에는 큰 힘이 있다. 민수기에 등장하는 이스라엘 정탐꾼의 말을 생각해 보자. 정탐꾼들의 악한 보고는 이스라엘 진영 전체를 더럽혔다. 기도할 때 사용하는 우리의 말 역시 같은 힘이 있다. 만일 다른 사람들을 위한 기도 계획이 그들의 삶을 향한 하나님의 뜻이 아니라면, 그들은 혼란에 빠질 수 있다.

압살롬의 영으로 기도하는 중보기도 모임은 자주 이런 식으로 기도한다. "하나님, 우리 목사님은 단상에 필요 이상으로 너무 오래 있었습니다. 주님, 그분을 옮겨 주시고 주의 백성을 축복해 줄 다른 목사님을 보내 주세요."

만일 그 목회자가 움직일 때가 아니라면, 그들의 기도는 사탄이 목회자의 생각을 공격해서 혼란을 일으키도록 문을 열어 주게 된다. 반대로 목회자가 그 교회에 부름 받았다는 것을 확신한다면, 그는 말씀을 전하거나 사역을 할 때 고민과 중압감 혹은 속박을 느끼게 된다. 육체의 일이나 주술(무당)은 목회자에게 고통을 주고, 기도하는 사람에게도 여파가 있다. 갈라디아서 6장 7절처럼 심은 대로 거두는 법이다.

당신이 잘못된 기도를 하고 있다면 회개하라. 그리고 당신의 삶 속에 있는 기만을 제거해 달라고 주님께 구하라. 당신의 기도 중 잘못된 것이 무엇인지 보여 달라고 주님께 여쭈어 보라. 그런 다음 예수님의 이름으로 당신이 합당하지 않게 기도한 사람과 조종기도를 한 사람들을 놓아주라.

만일 당신을 조종하는 기도가 느껴진다면, 이것을 생각해 보라. 당신은 아무 이유 없이 혼란스럽거나 중압감을 받고 있는가? 만일 그 문제가 육체적인 문제, 죄와 갈등과 무관한 문제라면 이렇게 기도하라.

아버지, 나는 예수님의 이름으로 내 삶을 향한 주님의 뜻과 반대되는 모든 기도의 힘을 파쇄합니다. 모든 조종하는 기도의 속박을 끊어 주심을 감사합니다.

잘못된 중보를 막는 안전장치

다양한 형태의 잘못된 중보에 빠지지 않기 위한 가장 확실한 방법은 당신의 기도를 하나님의 살아 있는 말씀에 온전히 맞추는 것이다.

내가 처음 '말씀으로 기도하는 법'을 배웠을 때, 나는 주제별로 거의 모든 상황과 관련된 말씀이 담긴 소책자를 가지고 있었다. 누군가에게 도움이 필요하면 즉시 소책자에서 관련 주제를 찾고, 찾은 말씀을 가지고 기도했다. 말씀을 주제별로 묶은 소책자를 사용하는 것을 선호하지만, 다양한 상황에 적합한 주제 성구를 찾아 기도하는 법을 계속 배워 나가고 있다.

어느 날 한 여성이 절박한 재정 문제로 전화를 했다. 내가 기도했을까? 당연히 했다. 나는 소책자에서 찾은 모든 번영과 관련된 성구와 마음에 떠오른 성경 구절로 기도했다. 또한 원수에게 그녀의 재정에서 당장 손을 떼라고 명했다. 나는 나의 영성을 뿌듯하게 여겼다.

하지만 전화를 끊자 성령님께서 슬퍼하시는 것을 느꼈다. 그래서 다시 기도했다. 주님은 그녀에게 직장을 주시려 하지만, 그녀의 게으름 때문에 주님의 뜻을 거부하는 모습을 보여 주셨다. 재정적인 어려움은 불순종의 결과였다.

나는 그녀가 회개하지 않았다는 것을 알았다. 그리고 내가 그녀를 향한 하나님의 다루심을 거스르는 기도를 했다는 사실도 깨달았다. 나는 속히 하나님의 용서를 구했다. 그 사건 이후로 사역의 상황에 맞는 하나님의 살아 있는 레마의 말씀을 구하기 시작했다.

이것은 놓치지 말아야 할 아주 중요한 핵심이다. 우리는 반드시 하나님의 살아 있는 말씀으로 기도하는 법을 배워야 한다. 어떤 사람들은 카페 스타일로 기도한다. 그들은 하나님의 말씀을 두루 살피다가 자기 입맛에 맞는 것만 취사선택한다. 그리고 기도한다. "하나님, 새집을 주세요." "옆집 아가씨가 내 아내가 되게 해주세요." "멋진 새 차를 주세요."

하나님의 말씀은 온갖 약속과 축복으로 가득 차 있다. 많은 경우 하나님은 우리에게 집과 배우자와 차를 주고 싶어 하신다. 하지만 우리가 소원하는 모든 것이 다 하나님의 뜻이라고 가정하는 것은 하나님의 말씀으로 기도하는 것과는 전혀 다르다.

만일 당신이 이번 장에서 다룬 여러 형태의 잘못된 중보를 하고 있다면, 지금 바로 회개하고 새롭고 건강한 방식으로 다시 시작해 보면 어떨까? 다른 사람을 조종하는 무당기도를 하고 있다면, 그 기도의 힘을 깨고 축복을 풀어 놓자.

세계적으로 원수의 기만과 간교함이 점점 더 심해지는 것 같다. 중보자인 우리는 반드시 우리가 어떤 영역에 끌려가고 있는지 매우 주의해야 한다. 나는 사람들이 거짓 이적과 강한 조종의 영으로 잘못된 길로 인도하는 거짓 선지자와 중보 사역자들을 따라가서 기도 운동 전체가 어긋나는 것을 지켜보았다.

하나님께서 인도하시는 중보의 방향을 잘 듣고, 마귀가 우리를 곁길로 인도할 수 있다는 경각심을 갖는다면, 우리는 계속 중보할 수 있을 것이며 잘못된 중보가 결코 우리의 삶을 침범할 수 없을 것이다.

더 깊은 중보기도를 위한
소그룹 스터디 POSSESSING THE GATES OF THE ENEMY

■ **핵심 성경 구절**

이사야 14:12, 마태복음 16:18, 에베소서 1:21, 예레미야 1:10, 누가복음 11:17-22, 에베소서 3:10, 에스겔 28:11-19, 고린도후서 2:11, 에베소서 6:11-12, 다니엘 10:12-13, 고린도후서 10:4, 골로새서 2:15, 마태복음 11:12

01 당신 혹은 중보팀 일원이 이번 장에서 다룬 문제들을 일으킨 적이 있는가? 그렇다면 회개의 시간을 가져라. 하나님께 당신의 마음과 그분의 뜻을 보여 달라고 구하라.

02 당신은 중보자로서 하나님의 말씀을 얼마나 묵상하고 있는가? 지도자의 지도에 순종하는가? 당신의 기도의 신실함을 지켜줄 안전 지침은 무엇인가?

03 주님께서 당신에게 목회자의 실수를 말씀해 주시면, 당신은 어떻게 하겠는가? 다른 중보자가 이런 메시지를 나눈다면 어떻게 하겠는가?

04 다른 사람들을 향한 극렬한 심판의 말씀을 자주 받는 중보자들이 있는가? 그들에게 치유받아야 할 부분이 있는가?

05 하나님은 생각을 바꾸시는가? 당신의 대답에 대한 성경적 증거를 말해 보라.

06 하나님께서 당신에게 심판이 필요한 상황을 보여 주실 때, 심판 대신 하나님의 긍휼을 베푸시도록 중보할 수 있는 구체적인 방법은 무엇인가?

07 다른 사람의 '기도 방패'로 서 있는 중보자는 자신이 불 속에 들어가는 모습을 발견한다. 만일 당신이 불의 공격을 받는다면 어떻게 대처할 것인가?

08 조작과 조종기도는 무당과 같다는 말에 동의하는가? 어떤 유사점이 있는가?

09 내 생각으로 만든 사건이나 해답을 정해 놓고 하나님께 이루어 달라고 기도한 적이 있는가? 하나님의 뜻을 벗어난 기도를 인식하는 방법과 피하는 방법은 무엇인가?

CHAPTER 11

예언적 중보

THE CALL TO INTERCEDE

'최전방 사역'(Frontline Ministries)팀이 과테말라에 도착해서 하룻밤 묵을 때, 그들에게 주어진 임무로 인해 그들은 한껏 기대감에 부풀어 있었다. 팀원들 가운데 우리의 좋은 친구 더치 쉬츠도 있었다. 그들은 패션 강에 있는 페튼 정글에 사역센터를 지을 생각이었다. 그런데 오하이오 출신 중보자 린다 스넬링의 순종 여부에 그들의 목숨이 달린 위험한 상황에 처해 있다는 것을 전혀 몰랐다.

팀은 금요일 밤에 도착했고, 토요일에 비행기로 최종 목적지가 있는 정글에 갈 계획이었다. 다음날 아침 더치와 팀원들이 공항에 갔을 때, 비행기는 결항이었다. 중미 지역을 여행하는 사람들에게 이런 일은 그리 특별한 게 아니다. 공항 관계자는 일요일에 다시 오라고 말했다.

사역팀은 주님의 인도하심을 구하기 시작했다. 사탄이 그들의 출발을 막는 걸까, 아니면 하나님께서 이곳에 하루 더 머물기 원하시는 걸까?

그날 출발해야 한다는 감동을 받은 사역팀은 과테말라 항공사 직원과 협상을 시작했다. 한편, 그 시간 오하이오에 있는 린다 스넬링은 무릎 꿇고 기도하고 있었다.

그녀는 세 시간이 넘도록 그들을 위해 고통스럽게 기도하고 있었다. 하나님께서 평안을 주실 때까지 기도하고 또 기도했다. 이 기도는 공항 직원의 돌 같은 마음을 녹이는 역할을 했다. 세 시간의 공방 끝에 그들은 갑자기 아무 이유 없이 마음을 바꾸어 두 손을 번쩍 들고 말했다. "탑승하세요!"

다음날 새벽 3시에 과테말라 역사상 최악의 지진이 과테말라시티를 강타했다. 지진은 3만 명의 목숨을 앗아갔고, 100만 명의 이재민이 발생했다. 정글에서 돌아온 사역팀은 금요일 밤에 투숙했던 호텔, 즉 토요일 밤에도 머물 뻔한 호텔로 갔다. 그런데 지진으로 호텔 천장과 기둥이 투숙객을 덮쳐 수많은 투숙객이 사망했다는 사실에 충격을 받았다. 그들은 목숨을 구해 주신 하나님의 초자연적인 개입과 은혜에 얼마나 감사했을까?

그들이 귀국했을 때, 더치는 사역팀을 위한 린다 스넬링의 예언적 중보 소식을 듣고 깊은 감사와 경이로움에 감동하였다. 그들이 과테말라 항공사 직원들과 협상하던 바로 그때, 린다가 세 시간 동안 기도했다는 사실을 알게 된 더치는 더욱 놀랄 수밖에 없었다.

최전방 사역팀에 보내주신 '추가' 팀원에 대해 하나님께 무한 감사를 드린다. "주님, 내가 여기 있사오니 나를 보내주셔서 무릎기도로 가게 하소서"라고 말한 충성된 기도의 용사를 주신 하나님께 감사드린다. 그녀의 기도가 하나님 나라를 위해 얼마나 큰 역할을 했는지 우리는 결코 잊지 못할 것이다.

예언적 중보란 무엇일까? 하나님께서 당신을 예언적 중보로 부르신다면, 어떤 느낌이 들 것 같은가? 린다는 사역팀을 위해 기도해야 한다는 강한 의무감을 느꼈다. 무엇을 기도해야 할지 그녀는 어떻게 알았을까?

예언적 중보는 당신이 잘 알지 못하는 상황이나 환경에 대해 성령께서 알려 주시는 대로 기도하는 것이다. 당신은 하나님의 마음에 있는 기도 제목으로 기도하게 된다. 그것은 주님께서 초자연적으로 개입하실 수 있도록 당신의 옆구리를 툭 치며 기도하라고 부드럽게 권면하시는 것이다. 4장에서 하나님의 집행자들에 대해 다룬 내용을 기억하는가? 하나님께서는 뜻이 하늘에서 이루어진 그대로 이 땅에 이루어지도록 당신의 기도를 인도하실 것이다.

다양한 예언적 기도가 있지만, 모든 기도가 예언의 은사를 받은 사람들에 의해 이루어지는 것은 아니다. 하나님은 그리스도의 몸 안에 있는 이들을 부르셔서 자연계의 지식을 뛰어넘는 기도를 하게 하신다. 성령께서 친히 모든 신자를 기도의 통로로 사용하고 싶어 하시기 때문이다. 하지만 예언적 기도를 정기적으로 하는 사람들이 있다. 예언적 기도를 하는 사람들은 대부분 중보의 은사를 받은 사람들이다.

이번 장은 예언적 중보의 두 가지 측면, 예언적 중보에서 신자의 역할과 중보의 은사와 예언의 은사를 받은 사람의 역할을 살펴볼 것이다.

신자의 역할

예언적 기도에서 신자의 역할은 무엇이며, 성령의 촉구하시는 음성을 어떻게 들을 수 있을까?

당신은 주님의 마음에 있는 것으로 기도하길 원한다고 구함으로 예언적 중보를 시작할 수 있다. 파수꾼의 눈을 개발하는 방법을 따르면 도움이 될 것이다.

하나님과 함께하는 조용한 기도 시간에 당신이 현실적으로 생각하거나 기도 제목으로 삼고 있는 상황을 뛰어넘어 기도할 수 있는 능력을 주님께 구하라.

주님을 예배하는 시간을 가져라. 주님을 찬양할 때, 그분은 당신의 생각을 거룩하게 하실 것이다.

주님께서 기도 제목에 부합한 살아 있는 성경 말씀을 주시도록 구하라. 때때로 성경을 읽을 때 특정 구절이 눈에 확 들어오거나 그날 읽은 묵상 내용이 당신이 기도하는 상황과 정확히 일치할 수도 있다.

하나님의 음성을 듣고 성령께서 말씀으로 당신의 생각을 채워주실 것을 신뢰하라. 당신이 마음을 연다면, 다른 사람에 대한 생각이 당신 안에 일어나는 것을 깨닫기 시작할 것이다. 어떤 사람의 이름이 계속 떠오를 수도 있고, '보호기도'나 '주님, 이런저런 사람의 안전을 지켜주세요'라는 생각이 마음에 샘솟듯 일어날 수도 있다.

때로는 당신이 기도하는 사람과 하나 되어 그의 감정을 느낄 때도 있을 것이다. 우리가 9장 '중보의 현상들'에서 다룬 것처럼 성령께서 당신의 감정을 통해 역사하실 수 있다.

어쩌면 눈물을 쏟거나 슬픔을 느낄 수도 있다. 때로는 안절부절못하는 것이 자신이 아닌 다른 사람을 위해 기도하라는 뜻일 수 있다. 만일 초조한 마음이 들면, 왜 그런지 주님께 묻고 그분이 말씀해 주실 것을 신뢰하라. "너희는 거룩하신 자에게서 기름 부음을 받고 모든 것을 아느니라"(요일 2:20).

딕 이스트만은 그의 책 《무릎으로 사랑하라》에서 이 같은 중보에 대해 말해 준다. 그는 테러리스트들이 네덜란드에 있는 한 초등학교에서 153명의 어린이를 인질로 잡고 있다는 소식을 들었다. 테러리스트들은 그들의 요구를 들어주지 않으면 한 명씩 차례로 처단하겠다고 위협했다. 딕이 기도하기 시작했을 때, 그의 마음속에 네덜란드의 어린이들 속에 그의 자녀가 함께 있는 환상이 보였다. 그는 이렇게 기술한다.

> 자연계에서 이런 일이 있을 수 없다는 것을 나도 잘 안다. 당시 나의 두 딸은 안락한 침대에서 곤히 자고 있었다. 하지만 나는 이 사실을 잊었다. 나는 동일시 기도를 시작했고, 성령님은 이전에 한 번도 경험하지 못한 강렬한 기도로 이끄셨다.
>
> 의분에 가득 찬 나는 테러리스트들에게 아이들을 풀어주라고 명령하기 시작했다. 나는 주먹으로 내 손바닥을 치며 기도했다. 손가락으로 테러리스트들을 가리키며 권위를 가지고 아이들을 석방하라고 반복적으로 명했다. 나는 울부짖고 또 외쳤다. 그리고 전율했다. 그러다가 불현듯 승리했다는 느낌이 들었다. 갑자기 시작한 기도는 이렇게 끝마쳤다.

나중에 딕은 모든 학생이 안전하게 풀려났다는 소식을 들었다. 만일 딕이 감동을 무시했다면 어떻게 되었을까? 어쩌면 그는 전혀 모르는 153명의 어린이를 위해 기도하는 것보다 그가 중요하다고 생각하는 다른 일을 했을 것이다. 그가 다른 나라 부모들의 고통과 마음에 공감하고 기도의 대가를 지급했기 때문에 153명의 어린이는 오늘까지 무사히 잘 지내고 있다.

기도를 마쳤을 때, 당신이 기도한 내용과 시간과 날짜를 기도 수첩에 기록하고 싶은 마음이 들 때가 있을 것이다. 하나님께 당신이 기도한 내용에 대한 확증을 달라고 구하라. 만일 이상한 요청을 받은 느낌이 든다면, 보다 성숙한 중보자들의 분별을 받기 전까지 기도하지 마라.

심지어 아주 어린아이도 예언적 기도를 배울 수 있다. 이것은 나의 자녀인 메리와 다니엘에게 자주 있었던 일이다. 어느 화창한 봄날, 아주 놀라운 일이 있었다. 여섯 살이던 다니엘이 갑자기 문을 박차고 들어왔는데, 나는 저녁 식사를 준비하느라 분주했다.

"엄마, 배가 이상해요." 다니엘이 중얼거렸다. 다니엘에게 무언가 심상치 않은 일이 벌어지고 있다는 것을 느꼈다.

"다니엘, 배가 이상하다는 거니? 아니면 하나님께서 너에게 무슨 말씀을 하신다는 거니?"

성경은 생수의 강이 그 배에서 흘러나올 것이라고 말한다(요 7:38). 나는 하나님이 아이들에게 기도할 마음을 주시면, 아이들이 배를 가리킨다는 것을 알게 되었다(물론 배가 아파서 그럴 때도 있다).

"엄마, 누군가에게 문제가 생겼어요."

"다니엘, 누구에게 무슨 문제가 생겼는지 하나님께 기도해 보자."

우리는 같이 기도했다.

"엄마, 누군가 죽을 수도 있어요?"

"그럴 수 있단다. 다니엘, 누가 그런 위험에 빠졌는지 주님께 보여 달라고 기도하자."

우리는 주님께 그가 누구인지 알려 달라고 기도했다.

갑자기 다니엘이 소리쳤다. "엄마, 미국 대통령이 살해될 수도 있어요?"

나는 아이에게 암살이라고 설명해 주고, 하나님께서 그 일을 막아주시도록 우리가 기도해야 한다고 말했다. 다니엘은 암살 위협에서 대통령을 보호해 달라고 하나님께 기도했다. 기도가 끝나자 기분이 좋아진 다니엘은 펄쩍펄쩍 뛰면서 바깥에 나가 저녁까지 놀았다.

한 주 뒤 워싱턴 D.C에 사는 친구의 전화를 받았다. 연방 정보부 요원들이 레이건 대통령 암살 음모를 한 주 전에 밝혀냈다는 내용이었다. 하나님은 그 일이 벌어지기 전에 한 명의 하늘 정보부 요원을 사용하셨다. 어린 소년의 순종으로 대통령을 향한 원수의 음모는 실패로 돌아갔다. 나는 다니엘에게 "하나님께서 많은 사람을 깨워 대통령을 위해 기도하게 하셨는데, 너도 그중 한 사람이었다"고 설명해 주었다. 이 사건은 기도하면 능력이 나타난다는 진리에 대한 다니엘의 믿음을 실제로 키워주었다.

하나님께서 예언적 기도에 특별히 어린이를 사용하시는 이유는 그들이 하나님을 아주 쉽게 신뢰하기 때문이다. 어린이는 들은 것을 믿고 신뢰하는 것을 우리처럼 어려워하지 않는다. 어린이가 하나님의 길과 성품과 말씀으로 양육받으면 이런 기도에 쉽게 동참하게 된다.

우리는 수년간 지구촌의 여러 나라를 방문할 때마다 많은 예언적 기도로 중보해 왔다. 가장 강력한 예언적 기도 중 하나를 조지 부시 대통령 시절의 이라크 전쟁 때 여행하면서 경험했다.

나는 그 전쟁이 굉장한 논쟁거리였다는 것을 잘 알고 있다. 그 전제에 동의하든, 동의하지 않든 어떤 작전을 실행할지에 대해 누군가는 하나님의 음성을 들어야 할 때가 있다.

전투 중인 군인들을 위해 중보할 때, 주님은 나에게 팀을 꾸려 그곳에 가서 전쟁이 진행될 방향에 대해 기도하라고 아주 강하게 말씀하셨다. 사실 나는 이런 음성을 들었다. "전쟁의 전략을 바꾸지 않으면, 이 전쟁은 미국에 또 다른 베트남 전쟁으로 남게 될 것이다."

전략을 바꾸게 되면 군 장성들은 실행 계획을 세우고 때를 따라 실전에 적용한다. 우리는 이라크에 갈 계획을 세웠다. 그곳에 도착한 우리는 비록 소수지만 강력했다. 그렉, 샤론 스톤, 이름을 밝힐 수 없는 젊은 아랍 지도자, 마이크와 내가 함께했다.

최종 목적지로 가기 전날 밤, 중동의 어느 지역에 머물고 있던 나는 공포심을 느꼈다. 사탄은 나의 감정에 역사하고 있었다. 나는 마루를 천천히 왔다갔다하며 기도했다. "하나님, 우리를 보호해 주세요." 야자수와 모래로 둘러싸인 호텔에서 나는 하나님의 보좌로 많은 기도를 간절히 올려 드렸다.

다음날 우리는 한밤중에 이라크에 도착했다. 이래저래 쓰고 싶은 내용은 많지만, 이 말은 꼭 하고 싶다. 하나님은 고대 니느웨(지금 모술의 일부)에서 약 60마일 떨어진 한 도시에서 기도하도록 우리를 인도하셨다. 우리는 여러 기도 제목과 더불어 전쟁의 반전과 새로운 전략이 풀어지도록 예언적으로 선포했다.

우리가 귀국한 지 얼마 되지 않아 미군은 지도자들의 교체를 단행했다. 새롭게 임명된 장관은 셀 수 없이 많은 군사를 데리고 새로운 전략을 실행했다.

여기서 배울 수 있는 교훈은 무엇일까? 첫째는 영계이고, 다음은 자연계다. 하나님께서는 우리가 '군화를 신고 땅을 밟기' 원하실 때가 있다. 하늘에서 이룬 하나님의 뜻을 우리가 이 땅에 푸는 것이다. "통찰력을 가지고 현장으로 가라"는 말처럼 주님은 우리가 실제로 현장에 가서 기도하도록 부르신다.

하나님은 당신에게 이라크에 가서 기도하라고 말씀하지 않을 수 있다. 개인적으로 참가한다면, 이런 일은 오직 성령의 감동을 받은 기도의 용사들만 때를 잘 맞춰서 해야 한다. 하지만 주님은 당신이 사는 도시의 영적으로 어두운 곳에 가서 기도하라고 촉구하실 수 있다. 이 글을 쓰는 중에도 수많은 중보자가 테러리스트의 상황과 지구촌을 위해 기도하고 있다. 하나님께서 우리에게 재난을 막아서는 기도를 예언적으로 선포하라고 말씀하실 때, 그것을 들을 수 있도록 늘 깨어 있어야 한다.

우리가 주님의 인도하심에 마음의 문을 열어 두면, 기도의 열매는 모든 신자의 삶의 일부가 될 수 있다. 중보의 은사를 받은 사람들은 이런 일을 빈번하게 경험하게 될 것이다.

중보자의 역할

중보의 은사를 받은 사람은 예언적 기도가 그들의 삶을 향한 하나님의 부르심의 일부라는 것을 알게 된다. 예언적 중보자는 기도할 때 실제적으로 예언한다. 그들 중 대부분은 우연히 이런 기도를 하지만, 왜 하는지는 잘 모른다. 다만 보다 길게 기도할 수 있고 기도 응답을 자주 받는다는 것을 알 뿐이다.

피터 와그너는 《교회 성장을 도와주는 영적인 은사들》(Your Spiritual Gifts Can Help our Church Grow)에서 예언을 다음과 같이 정의한다. "예언의 은사는 초자연적 기름 부음을 받은 말을 통해 하나님의 즉각적인 메시지를 받아 그분의 백성에게 전달하기 위해 하나님께서 그리스도 몸의 지체들에게 주시는 특별한 능력이다."

예언적 중보의 은사는 하나님이 주신 즉각적인 기도 제목을 받아서 초자연적 기름 부음을 받은 말로 기도할 수 있는 능력인 것이다.

다니엘은 예언적 중보자였고, 그의 기도는 막강했다. 정부의 선지자였던 그는 역사를 바꾸는 기도를 했다. 다니엘서 9장 2절을 보자. 주님은 그분의 백성이 바벨론 포로 생활에서 자유롭게 되기를 원하셨다. 그래서 다니엘로 하여금 선지자 예레미야를 통해 약속하신 말씀을 하나님께 상기시켜 드리는 기도를 하게 하셨다.

> 곧 그 통치 원년에 나 다니엘이 책을 통해 여호와께서 말씀으로 선지자 예레미야에게 알려 주신 그 연수를 깨달았나니 곧 예루살렘의 황폐함이 칠십 년 만에 그치리라 하신 것이니라

다니엘은 하나님의 약속을 붙잡았다. 이스라엘 백성이 70년간의 포로 생활에서 자유를 얻기 위해 그는 하늘의 전쟁터로 나아가야 했다.

다니엘서 9장 3절은 말한다. "내가 금식하며 베옷을 입고 재를 덮어쓰고 주 하나님께 기도하며 간구하기를 결심하고."

이것은 우리에게 예언적 중보가 단지 하나님께서 중보자에게 기도해야 할 문제를 알려 주실 뿐만 아니라, 선지자의 입에서 선포된 말씀을 통해 기도의 긴박성을 알려 주실 때가 있다는 것을 보여 준다. 디모데전서 1장 18절은 다음과 같이 말한다. "아들 디모데야 내가 네게 이 교훈으로써 명하노니 전에 너를 지도한 예언을 따라 그것으로 선한 싸움을 싸우며."

지혜로운 기도의 용사 마가렛 모벌리는 이렇게 말했다. "모든 중보자가 다 선지자는 아닙니다. 하지만 모든 선지자는 다 중보자입니다."

중보는 하나님께서 정기적으로 예언의 말씀을 선포하는 일에 사용하실 사람들을 위한 훈련장이다. 그녀는 이 말의 근거로 예레미야 27장 18절을 인용한다.

만일 그들이 선지자이고 여호와의 말씀을 가지고 있다면 그들이 여호와의 성전에와 유다의 왕의 궁전에와 예루살렘에 남아 있는 기구를 바벨론으로 옮겨가지 못하도록 만군의 여호와께 구하여야 할 것이니라

몇 년 전 캘리포니아 헤멧의 한 수련회에서 어떤 목회자의 아내를 위해 기도했을 때, 주님은 그녀의 가족이 처한 상황에 대해 구체적인 말씀을 주셨다. "사모님에게는 이 정도 키(그녀의 어깨 높이)의 딸이 있는데, 주님은 그 아이가 사모님의 딸이라고 말씀하십니다."

내 입에서 이 말이 나갔을 때, 나 자신조차도 이 말을 이해할 수 없었다. 왜 주님은 그녀에게 딸이 그녀의 것이라고 말씀하셨을까? 그녀가 새어머니라는 사실을 나중에 알게 되었다. 딸은 목회자 부부가 인정할 수 없는 친척과 살고 싶어 했다. 그래서 부부는 양육권 소송 중이었다. 그들은 예언의 말씀을 붙잡고 중보하며 싸웠다. 하나님께 그들의 딸임을 상기시켜 드렸고, 사탄은 이 일에 관여할 권한이 없다고 선포했다. 부부는 딸과 함께 살게 될 것이라는 살아 있는 약속의 말씀을 붙잡았다.

다음 공판이 열렸을 때, 딸은 이렇게 말했다. "나는 아빠와 살지 않을 거예요. 지금 있는 곳에서 살 거예요."

하지만 재판이 진행되는 동안 딸은 마음을 바꾸어 아빠와 살고 싶다고 고백했다. 지금 그 딸은 주님을 잘 섬기고 있다.

성경에 나오는 모든 선지자는 중보자였다. 아브라함은 소돔을 위해 중보했다. 이사야, 예레미야, 에스겔 등 구약 전반에 이스라엘을 위해 기도한 선지자들이 많다. 신약에는 시므온과 안나가 있다. 하나님의 아들이 태어나실 때가 되었기 때문에 하나님께서 그들에게 중보하라고 촉구하셨다는 점은 의심할 여지가 없다.

예루살렘에 시므온이라 하는 사람이 있으니 이 사람은 의롭고 경건하여 이스라엘의 위로를 기다리는 자라 성령이 그 위에 계시더라 그가 주의 그리스도를 보기 전에는 죽지 아니하리라 하는 성령의 지시를 받았더니 _눅 2:25-26.

안나는 주야로 금식하고 기도하며 주를 섬겼고 하나님의 아들을 알아보았다(눅 2:36-38).

예언의 말씀은 중보의 한 형태다. 말씀을 받은 사람의 삶 속에 초자연적인 하나님의 개입을 일으키기 때문이다. 이것은 정확히 우리가 틈 사이에 설 때 일어나는 일이다. "오직 하나님께 경배하라 예수의 증언은 예언의 영이라"(계 19:10).

이것은 우리에게 흥미로운 사실을 알려 준다. 어떻게 예수님께서 우리를 위해 '항상 살아서 중보하시는지' 궁금한가?(히 7:25) 물론 십자가 위에서 행하신 그분의 사역은 중보였다. 하지만 예언의 말씀과 예언적 중보를 통하는 것도 또 다른 방법일 것이다.

어떤 필요를 보신 예수님은 누군가에게 중보하도록 촉구하신다. 그러면 예수님은 성령의 권능으로 그 사람을 통해 하늘에서 이루어진 그대로 이 땅에 그분의 뜻이 이루어지도록 기도하신다.

1987년 예루살렘에서 사역을 마치고 돌아오는 비행기에서 나는 미국을 위해 기도하고 있었다. 그런데 갑자기 미국의 경제에 대한 부담감이 나를 완전히 사로잡았다. 그때 이 말씀이 내게 임했다. "나는 너의 발이 미국 땅을 밟자마자 금식하기를 원한다. 주식 시장이 붕괴될 것이다. 그것을 막을 수는 없지만 완화시킬 수는 있다."

두말할 필요도 없이 집에 도착하자마자 금식을 했다. 주식 시장은 무너졌지만, 나는 중보자들의 기도를 통해 그 파장이 완화되었다고 믿는다.

내가 주님께 나의 계획을 언제든 마음껏 바꾸실 수 있도록 이미 허락해 드렸기 때문에 주님은 특별히 긴급한 임무를 내게 맡기신다. 이런 기도의 임무는 일회성 행사가 아니다. 텍사스 시다에 소재한 트리니티 교회에서 예배드리고 있을 때, 나는 다시 한 번 주님으로부터 주식 시장을 위해 전략을 세우는 기도를 하라는 음성을 들었다.

그 당시 우리는 35개 주를 오르내리며 열일곱 번의 24시간 기도 임무를 막 끝낸 후였다. 우리가 달린 고속도로는 텍사스 라레도에서 미네소타 둘룻까지 연결되어 있다. 우리는 35일간 새로운 성결 운동을 위해 기도했고, 그 기도 시간을 '거룩의 대로'라고 명명했다.

큰 프로젝트를 마친 후라 나는 휴가를 떠나고 싶었다(열방의 장군들을 섬기는 직원들도 같은 마음이었다). 감격스러운 예배를 드리는 중에 성령님께서 나의 마음에 말씀하셨다. "신디, 기도팀을 데리고 10월 29일에 뉴욕으로 가서 주식 시장을 위해 기도하거라."

당신은 월가가 1929년에 붕괴했다는 것을 잘 알고 있을 것이다. 우리는 이를 검은 화요일이라고 부른다. 이 일은 개인적으로 참 어려운 일이었다. 특히 우리가 뉴욕에서 대형 기도 집회를, 하필이면 마이크의 환갑날 열어야 하는 이유를 설명해야 했기 때문이다.

나는 2008년에 일어난 이 사건을 6장에서 다루었는데, 미처 하지 못한 이야기를 좀 더 하겠다. 우리는 개혁기도 네트워크를 소집해서 일을 진행했다. 우리의 전략은 10월 29일에 그레이엄 파워(Graham Power)와 세계 기도의 날(Global Day of Prayer) 팀과 연합해서 전 세계에서 자국의 주식 시장을 위해 기도하고, 미국 연방준비은행 열두 곳의 지점과 뉴욕 지점 증권거래소에서 중보하는 것이었다. 세계 전역의 주요 주식 시장에서도 같은 날 기도했다.

제리 튜마는 우리가 월가에서 기도하기 직전에 발생한 경제 위기에 관한 연구를 담은 영향력 있는 책 《모퉁이돌 보고》(Cornerstone Report)의 저자다. 그는 모든 지표가 증시 붕괴 후 엄청난 공황에 빠질 것을 예고한다고 말했다. 하지만 우리는 대공황 대신 깊은 경기 침체에 접어들게 되었다. 1929년 경제 대공황의 여파로 사람들은 배급을 받기 위해 긴 줄을 서야만 했다. 그는 우리의 기도가 세계 경제의 안정과 회복에 기여했다고 믿고 있다. 나 역시 그렇게 믿는다.

당신이 정기적으로 예언적 기도를 하도록 부름 받았다면, 무엇을 해야 할까? 무엇보다 자신을 선지자라고 칭하지 마라. 하나님은 친히 그리스도의 몸 가운데 선지자들을 부르신다. 다만 하나님께 그런 능력을 달라고 기도하라. 그리고 당신의 권위자에게 기꺼이 그 내용에 대해 분별을 받아라. 만일 당신이 기도 가운데 어떤 계시를 받았다면 나누어라. 때가 되면 영적 권위자들이 당신의 삶 가운데 있는 기름 부음을 인식하고, 그 은사를 잘 계발할 수 있도록 도와줄 것이다.

만일 당신의 교회나 목회자가 예언이나 예언적 중보에 대해 잘 모른다면, 당신에게 주신 계시를 다른 사람에게 억지로 강요하지 마라. 조용히 기도하고 인내하라. 그리고 하나님께서 친히 말씀을 나눌 수 있는 기회의 문을 열어 주시도록 기다려라.

당신이 주님의 인도하심을 구하면, 주님은 당신의 마음에 있는 것을 나눌 길을 열어 주실 것이다. 하나님은 크신 하나님이시다. 만일 주님이 당신에게 주신 말씀을 말하기 원하시면, 그렇게 할 수 있도록 도와주실 것이다.

잠언 18장 16절은 다음과 같이 말한다. "사람의 선물(은사)은 그의 길을 넓게 하며 또 존귀한 자 앞으로 그를 인도하느니라."

수년 전, 나는 깊은 절망에 빠졌었다. 그 당시 기도할 때 많은 계시를 받았지만, 나눌 만한 사람이 주변에 아무도 없었기 때문이다. 결국 잠언 18장 말씀을 적용하고 믿어야 한다는 감동을 받았다. 나는 이 말씀을 냉장고에 붙이고 기다리려고 노력했지만, 점점 안달이 났다. 안달하면 할수록 주님은 더욱 기다리게 만드셨다. 내가 아니더라도 주님은 다른 확실한 사람들을 통해 말씀하셨다. 주님은 내가 영을 잠잠히 하고 인내하는 법을 배우기 원하셨다.

하나님의 때를 기다리는 것은 어려웠다. 나는 하나님이 가장 좋아하시는 단어가 '기다림'이라고 생각했다. 어느 날 기도의 골방에서 주님이 보여 주신 것들을 절대로 말하지 못하게 하실 것 같은 생각이 들 때, 나는 주님의 음성을 들었다.

"신디, 나는 나의 기름 부음을 낭비하지 않는단다. 때가 되면 너에게 문을 열어 줄 것이다."

그리고 주님은 문을 열어 주셨다. 지금 나는 세상 끝에서부터 대륙과 대륙의 꼭대기까지 지구촌 전역으로 기도팀을 이끌고 있다.

하나님은 내가 마땅히 해야 할 말씀을 적절한 방법으로 말할 수 있을 만큼 충분히 침착해졌다고 생각하셨을 때, 사역의 문을 활짝 열어 주셨다. 그분은 예언의 말씀으로 사역하도록 부르신 사람들을 이와 같이 다루실 것이다.

더 깊은 중보기도를 위한
소그룹 스터디 POSSESSING THE GATES OF THE ENEMY

■ **핵심 성경 구절**

이사야 14:12, 마태복음 16:18, 에베소서 1:21, 예레미야 1:10, 누가복음 11:17-22, 에베소서 3:10, 에스겔 28:11-19, 고린도후서 2:11, 에베소서 6:11-12, 다니엘 10:12-13, 고린도후서 10:4, 골로새서 2:15, 마태복음 11:12

01 예언적 중보라는 말이 불편한가? 당신을 인도해 줄 자연계의 정보가 없다면, 어떤 기도가 하나님에게서 온 것인지 어떻게 알 수 있는가?

02 잘못될까 두려워 내면 깊은 곳에서 끓어오르는 예언적 기도를 담대하게 선포하지 못한 적이 있는가?

03 하나님께 올바르게 듣고 있는지 분별하는 데 기도일지가 도움이 되는가? 기도일지의 유익은 무엇인가?

04 당신은 어린아이가 예언적 중보기도를 할 수 있다는 것을 어떻게 생각하는가? 어린아이가 기도할 수 있도록 훈련하고 격려할 방법은 무엇인가?

05 기도 중 특별한 긴박감을 느낀 적이 있는가? 이것이 예언적 중보가 될 수 있는가?

06 마가렛 모벌리가 옳다면 왜 모든 선지자는 중보자인가?

07 예언의 말씀은 피할 수 없는 것인가?

08 히브리서 7장 25절에 언급된 우리를 향한 예수님의 중보가 그분의 백성의 기도를 통해 실제로 성취될 수 있다는 점에 대해 어떻게 생각하는가?

09 기도 중에 받은 통찰이나 지식에 대한 분별의 도움을 받고 나눌 사람이 있는가? 들은 말씀을 하나님께서 말하라고 하실 때까지 참고 기다릴 수 있는가?

CHAPTER 12
개인기도 동역자들
THE CALL TO INTERCEDE

200년 전, 영국의 한 구두 수선공은 세상의 이교도들에게 관심을 갖기 시작했다. 그는 구두 수선을 하면서 작업대 위의 《쿡 선장의 세계일주》(Captiain Cook's Travels)와 다른 책에서 얻은 몇 가지 정보를 적은 지도를 보며 다른 나라에 사는 이들의 구원을 위해 기도했다.

자신을 '은사 없는 노력파 고학생'이라고 부른 윌리엄 캐리는 그렇게 현대 선교의 아버지가 되는 길로 접어들었다. 그의 영향으로 영국 최초의 선교단체가 세워졌다. 하지만 이 일은 캐리가 침례교단 형제들의 극심한 반대를 극복한 이후에야 비로소 이루어졌다. 그가 인도 선교사로 나간 후 그곳에 42년간 머물면서 캐리와 동역자들은 성경 전체를 26개 인도 방언으로 번역했고, 신약성경과 성경 일부를 25개 이상의 언어로 번역했다.

윌리엄 캐리에 관한 책이 많이 출간되었지만, 장애인으로 한평생 침대에서 생활한 무명의 여동생 폴리에 관한 책은 아직 한 권도 없는 것 같다. 52년간 지체장애인으로 산 폴리가 먹고 자는 것 외에 할 수 있었던 것은 단 두 가지였다. 하나는 글을 쓰는 것이고, 다른 하나는 기도하는 것이었다.

폴리와 캐리는 아주 친했는데, 캐리는 여동생에게 인도에서 일어나는 모든 일과 사역의 문제점을 편지로 알려 주었다. 그러면 폴리는 몇 시간씩, 몇 주씩 그 문제점들을 위해 주님 앞에 기도했다. 이 사실을 알았을 때, 나는 이런 궁금증이 생겼다. 윌리엄 캐리의 사역이 성공한 것은 과연 누구 때문일까?

캐리와 폴리는 현대 사역자들이 인식하는 영적 능력의 근원으로 들어갔다. 그것은 바로 개인기도 동역자들이다. 하나님은 이 팀에게 어떻게 상급을 분배해 주셨을까?

사무엘상 30장 24절은 다음과 같이 설명한다. "전장에 내려갔던 자의 분깃이나 소유물 곁에 머물렀던 자의 분깃이 동일할지니 같이 분배할 것이니라."

오늘날 사역자들은 심각한 공격을 받아 엄청난 시련을 겪고 있는 듯하다. 이 문제는 사역자들이 교제할 때 종종 대화의 주제가 된다. 심지어 사역자들이 영적 지도자로 존경하는 많은 이들 역시 심각한 문제를 가지고 있다. 그들의 가장 간절한 외침은 이것이다. "어떻게 하면 이런 일들을 피할 수 있습니까?"

사역자들의 어깨에 짊어진 엄청난 부담감을 잘 아는 나는 전화할 때마다 먼저 이 질문을 한다. "개인기도 중보자가 있으세요?"

그들은 거의 예외 없이 비슷한 대답을 한다. "나를 위해 정기적으로 기도한다고 하는 사람이 있기는 합니다만."

"그렇다면 그분들은 당신의 아주 개인적인 기도 제목까지 알고 있나요?"

오직 극소수의 사역자들만이 개인 중보자들을 세울 생각을 한다. 개인 중보자들을 두는 것은 성경적일까? 두말할 필요도 없다. 바울은 에베소 교회에 편지해서 개인적인 중보기도를 요청했다. 그리고 성도들에게 자신의 상세한 상황을 알려서 그들이 중보할 수 있도록 두기고를 보냈다(엡 6:21-22). 바울이 교회들에게 보낸 서신은 반복적으로 그를 위해, 그의 필요를 위해 기도해 달라고 부탁하며 마친다.

기도의 동역자가 되길 원하는가, 아니면 기도의 동역자가 되는 것을 주저하고 있는가? 당신이 반드시 기도가 필요한 특별한 공적 사역을 해야 하는 것은 아니다. 모든 중보자는 기도의 후원이 필요하고, 대부분의 사역단체는 기도로 후원할 사람들을 간절히 찾고 있다.

피터 와그너는 그의 목숨을 구해 준 기도 동역자의 예언적 중보의 가치를 어떻게 확신하게 되었는지 말해 주었다.

1983년 3월 25일, 그의 기도 동역자 중 한 사람이 캘리포니아 템플시티에서 가까운 한 교회에서 열린 음악회에 참석하고 있었다. 정확히 오후 8시 30분 강한 악의 기운을 느낀 그녀는 기도를 시작했고, 주님께 그 의미를 물었다. 기도 중 그녀와 가까운 누군가가(자녀는 아니었다) 죽음과 파멸의 공격을 받고 있다는 것을 느꼈다. 그래서 그 사람을 보호할 천군·천사를 보내 달라고 기도했다. 중보기도를 하다가 그녀는 허리에 심한 통증을 느꼈고, 그녀의 남편은 허리에 안수하며 통증이 떠나도록 기도했다. 그녀는 평강이 임할 때까지 20분 동안 기도했다. 결국 어둠의 기운이 떠나갔다. 그녀의 중보가 무엇을 막았는지는 몰랐지만, 그녀는 편안한 마음으로 집으로 돌아갔다.

이 기도의 용사는 전혀 몰랐지만, 주님께서 그녀를 중보의 자리로 초청했을 때 피터는 심각한 위험에 처해 있었다. 그는 차고에서 3미터 높이의 사다리를 타고 올라가 위층에 있는 물건을 꺼내려던 참이었다. 전에도 여러 번 사다리를 타고 올라갔기 때문에 안전하다는 것을 잘 알고 있었다. 하지만 8시 30분 정각에 무언가 사다리를 건드려 피터는 차고 시멘트 바닥에 떨어져 뒤통수와 목을 부딪혔다. 놀란 피터가 도리스를 불렀고, 급히 뛰어온 그녀는 구급차를 불렀다.

병원 응급실에서 검사한 결과, 심한 멍 외에는 어떤 골절이나 내상도 없었다. 허리와 머리 역시 전혀 손상이 없었다. 멍 때문에 몇 달간 몸이 쑤시긴 했지만, 몸은 완전히 회복되었다. 피터는 기도 동역자의 중보가 없었다면, 사탄이 그의 사역을 중단시켰을 것이라고 확신했다.

만일 당신이 어떤 사역을 하고 있다면, 잠시 후 '기도의 교제를 시작하는 방법'에 대한 내용을 읽고 용기를 얻기 바란다. 기도 동역자에 관심 있는 사람들에게 유익한 정보가 될 것이다.

열방의 장군들의 기도 동역자들은 최고의 중보자다. 우리를 위한 그들의 사랑의 수고는 큰 감동을 주었다. 그들의 기도 덕분에 우리의 사역은 폭발적으로 성장하고 있다. 마이크와 나는 그 이유를 잘 안다. 우리의 기도 동역자들은 우리가 말씀을 전할 때 하나님께서 기름 부으시고 사역의 지혜를 주시도록 기도한다.

당신이 동역자들에게 헌신하고 그들도 당신에게 헌신하기로 하면, 하나님께서 그들에게 당신의 약점을 보여 주신다는 것을 기억하라. 어느 날 전화벨이 울리고 나의 기도 동역자의 음성이 들렸다. "신디, 무엇을 그렇게 걱정하나요? 두려움과 걱정이 떠나도록 온종일 기도했어요."

개인기도 동역자들은 우리에게 책임감을 주고, 주님의 인도가 절실히 필요할 때 큰 위로가 된다. 최근 말씀을 전해 달라는 초청장들이 내 책상 위에 수북이 쌓여 있었다. 그중 몇몇 요청은 세계적인 분쟁 지역에서 사역해 달라는 것이었다. 이와 관련해서 나의 기도 동역자들에게 물어볼 때가 있다. "어떻게 생각하세요?" 그러면 어김없이 서너 명의 동역자들이 가야 할지, 가지 말아야 할지에 대해 주님이 주신 (동일한) 말씀을 받아서 내게 연락한다.

열방의 장군들에게 항상 개인기도 동역자들이 있었던 것은 아니다. 피터 와그너는 '기독교 지도자를 위한 중보'라는 제목으로 강의했는데, 솔직히 나는 그의 가르침을 통해 기도 동역자를 모집하는 방법을 배웠다. 우리가 기도 동역자를 얻기 전에는 열방을 다니며 사역하느라 점점 지쳐갔다. 사람들에게 우리를 위해 기도해 달라고 부탁하지 않았기 때문이 아니라, 그냥 우리끼리 기도했기 때문이다. 우리를 위해 기도하기로 헌신한 사람들을 세운 이후부터 우리의 삶과 사역에 획기적인 변화가 일어나기 시작했다.

기독교 지도자에게 개인기도 동역자가 필요한 이유는 무엇일까? 몇 년 전, 이 질문에 대한 좋은 답을 들었다. 현저하게 눈에 띄는 사람이 사탄의 표적이 되는 이유는, 사탄이 그를 넘어뜨리면 다른 사람들도 도미노처럼 쓰러뜨릴 수 있다는 것을 잘 알기 때문이다. 사탄은 교회의 의자에 가만히 앉아 있는 평범한 그리스도인보다 지도자들에게 극렬한 복수심을 가지고 다가온다. 다니엘에게 말씀이 도달하지 못하도록 방해하며 싸웠던 자는 페르시아의 정사(바사군)였다.

존 맥스웰 박사는 기도 지침서인 《목회자의 기도 동역자》(Pastor's Prayer Partners)에서 이렇게 말했다. "싸울 가치가 있는 모든 전쟁은 지도자 자신이 가지고 있는 것보다 더 많은 자원을 필요로 한다."

이것은 모세에게도 적용되는 진리였다. 아말렉 족속과의 전쟁 중 여호수아 군대는 모세가 언덕 위에서 손을 높이 들고 있으면 승리했다. 손이 무거워 들기 힘들어지면, 아론과 훌이 두 팔을 붙들어 주었다. 마찬가지로 많은 기독교 지도자들이 하나님께서 맡기신 사명을 제대로 마치지 못하는 이유는 적절한 기도의 도움을 받지 못하기 때문이다. 원수가 지도자들을 누르고, 방해 공작을 펼치고, 박해하면 쉽게 포기해 버린다.

솔직히 생각보다 많은 목회자들이 추풍낙엽처럼 맥없이 중도에 하차하고 있다. 당신이 하나님을 어떤 모양으로 섬기든 간에 당신을 위해 하나님께 부르짖으며 기도로 도울 사람이 필요하다.

기독교 지도자에게 개인적인 중보자가 필요한 또 다른 이유는 원수의 공격이 아주 교묘하기 때문이다. 적의 군사는 그들 나름의 금식과 불경건한 중보를 실행하고 있다. 다음은 어느 침례교 지도자가 피터 와그너에게 보낸 편지를 발췌한 것이다.

디트로이트에서 탑승한 비행기 옆 좌석에는 대화에 관심이 없는 한 남자가 앉았습니다. 목적지 절반쯤 왔을 때, 그가 마치 기도하는 것처럼 머리를 숙이더군요. 그가 웅얼대던 입술을 멈추고 머리를 들었을 때 물었습니다. "그리스도인이세요?" 나는 그에게 침례교 목사이자 대학교수라는 내색을 전혀 하지 않았습니다. 그는 나의 질문에 놀란 표정으로 말했습니다. "아, 아니에요. 오해하셨네요. 나는 그리스도인이 아닙니다. 사탄 숭배자입이다." 나는 그에게 사탄 숭배자로서 무엇을 기도했는지 물었습니다. "정말 알고 싶으세요?" 내가 정말 알고 싶다고 하자 그는 이렇게 말했습니다. "나의 주된 관심은 뉴잉글랜드에 살고 있는 목회자들과 그의 가족들을 타락시키는 것입니다." 그는 진지하게 자신의 임무를 수행했고, 이에 대해 이야기하는 것을 주저하지 않았습니다.

이런 기도와 금식에 정말 능력 있을까? 성경은 능력이 있음을 보여 준다. 이세벨은 의인 나봇을 대적하기 위해 금식을 선포했다.

그 편지 사연에 이르기를 금식을 선포하고 나봇을 백성 가운데에 높이 앉힌 후에 불량자 두 사람을 그의 앞에 마주 앉히고 그에게 대하여 증거하기를 네

가 하나님과 왕을 저주하였다 하게 하고 곧 그를 끌고 나가서 돌로 쳐죽이라 하였더라 _왕상 21:9-10

경건한 사람 나봇은 재판에 회부되어 사형 선고를 받았다. 성읍 장로들은 의인의 말보다 불량자들의 거짓을 믿었다. 기독교 지도자들이 소송에 휘말리거나 형제들에게 고발당하는 일이 점점 더 많아지는 것을 보면, 원수의 특별한 공격이 갈수록 더 강해지는 듯하다.

기독교 지도자들은 사탄의 직접적인 공격이 있다는 사실을 직시해야 한다. 그리고 정기적으로 기도하는 기도 동역자들의 도움으로 이러한 사탄의 공격을 멈출 수 있다.

출발점

대부분의 지도자들이 개인 중보자를 원하지만, 중보자를 동원하는 법과 그들과 정기적으로 소통하는 법을 잘 모른다. 이제부터 중보자를 모집하고, 그들과 대화하고, 그들의 중보를 받을 때 겪을 수 있는 잠재적 위험으로부터 당신을 보호할 수 있는 실제적 방법을 알아보자. 또한 당신이 충분히 기도의 보호를 받고 있는지 알 수 있는 방법도 소개하겠다.

먼저 기도 동역자의 종류를 살펴보자.

1. **원내 핵심 중보자** 하나님께서 당신에게 주신 작은 모임이다. 모세에게는 아론과 훌이 있었다. 예수님은 베드로와 야고보와 요한과 가장 친밀하게 지내신 듯하다. 소명과 기도에 특별히 충성된 중보

자들이 있는데, 이들은 당신의 원내 핵심 중보자다. 그들은 당신과 함께 설 것이다. 당신의 개인기도 동역자들 가운데 일반적으로 이들이 가장 신실하고 믿을 수 있을 것이다. 어떤 사람들은 최고의 전략적 기도 동역자를 아이원(iOne: 헬라어 ion에서 유래한 말로 '행복을 주는 친한 친구'라는 뜻-역주)이라고 부르기도 한다. 루스와 줄리 질스트라는 이 같은 중보자들이다. 줄리는 매일 나를 위해 기도하며, 종종 받은 감동을 전하여 용기를 준다. 그리고 나는 우리의 기도 제목을 수시로 알려 준다. 우리에게 루스와 줄리를 보내주신 하나님께 진심으로 감사드린다.

2. **원외 중보자** 그리스도의 아홉 명의 제자와 같다. 그들은 자주 기도하지는 못하지만, 정기적으로 당신을 위해 기도한다.

3. **회중** 이들은 같은 교회 성도이거나 매일 당신을 위해 기도한다고 말하는 사람들이다. 개인적으로 가까운 관계는 아니지만, 당신이 모집해야 할 중요한 사람들이다. 이들은 보통 단상이나 강단에서 나눈 기도 제목을 듣고 당신을 위해 기도한다. 당신은 한 주에 한 번씩 이메일로 기도 제목을 보낼 수 있다.

4. **위기 중보자** 당신이 특별한 영적 임무를 수행하거나 치열한 영적 전쟁을 치를 경우, 하나님은 당신의 임무가 끝날 때까지 당신을 위해 기도해 줄 위기의 중보자들을 일으키실 것이다. 이런 중보자는 기도 편지나 방송을 통한 홍보와 광고로 모집할 수 있다.

순회 사역자들은 그들을 위해 기도해 줄 성도가 없기 때문에 이런 중보자들을 곧잘 동원한다. 딕 이스트만은 수년 동안 강의를 마칠 때 자신의 가족의 이름을 알려 주고 기도를 부탁하는 방식으로 중보자들을 일으켰다. 그는 각 사람의 이름을 알려 주었고, 자신이 떠난 후에도 그들을 위해 기도해 줄 것을 부탁했다.

순회 사역자들이 중보자를 모집할 수 있는 또 다른 방법은 정기적으로 기도 편지를 보내는 것이다. 이것은 그다지 친밀감이 느껴지지는 않지만, 사람들에게 기도를 촉구할 수 있는 효과적인 방법이다.

정보를 교류할 수 있는 또 다른 방법은 단상에서 당신과 가족의 기도 제목을 알려 주는 것이다. 어떤 사역자들은 공개적으로 자신의 연약함과 기도 제목을 나누는 것에 대해 주저할 수 있다. 하지만 숨기는 것보다 공개적으로 나누는 것이 훨씬 도움이 된다. 무엇보다 내가 지금 말하는 대상은 대부분 그리스도 안에 있는 나의 형제와 자매들이다. 그래서 나는 그들을 내 가족처럼 대한다. 실제로 그들은 내 가족과 같다.

기도 동역자 모집 방법

누가복음 11장 9절을 보자. "내가 또 너희에게 이르노니 구하라 그러면 너희에게 주실 것이요 찾으라 그러면 찾아낼 것이요 문을 두드리라 그러면 너희에게 열릴 것이니."

1. **구하라** 첫 단계는 기도하는 것이다. 당신을 위해 기도해 줄 구별된 개인기도 동역자들을 주시도록 주님께 구하라.
2. **찾으라** 당신을 위해 정기적으로 기도할 수 있다고 생각되는 사람들의 명단을 작성하라. 예배 후나 말씀을 전한 후 교회 문을 나설 때, 사람들이 당신에게 하는 말을 유심히 들어보라. "당신과 당신

의 가족을 위해 매일 기도하고 있어요." 그들이 당신을 위해 기도할 때 어떤 하나님의 음성을 들었는지 나눌 수 있는 시간을 마련하라. 만일 당신이 사역자라면, 하나님께서 이미 당신을 위해 기도해 줄 사람들을 예비하셨을 것이다. 중보자를 모집하는 효과적인 방법은 하나님께서 이미 이루신 것을 단순히 인식하는 것이다.

3. **두드리라** 주님께서 당신의 마음에 떠오르게 한 사람들에게 기도 동역자가 되어 달라는 편지를 써라. 전화로 부탁해야 할 사람들도 있을 것이다.

기도 동역자 모집에 대해 처음 배웠을 때, 마이크와 나는 참으로 어려운 시기를 통과하고 있었다. 남편 회사의 사장은 그를 해고하겠다고 계속 협박했고, 자녀들은 온갖 괴롭힘을 당하고 있었다. 한마디로 사방으로 붙은 불을 끄기에 바빴다. 어느 날 나는 말했다. "이제 그만! 이런 공격은 받을 만큼 받았어." 철퍼덕 주저앉은 나는 주님의 뜻에 맞는 개인 중보자들을 보내 달라고 기도했다.

중보자 명단을 작성한 후 우리를 위해 기도로 헌신할 수 있는지 묻는 요청 편지를 보냈다. 이 편지는 중보자들의 신뢰도에 초점을 맞추었다. 우리의 기도 동역자 외에 그 누구도 알 수 없는 개인적인 일들을 나누어야 했기 때문이다. 그 당시 우리는 그들에게 매일 기도해 달라고 요청하지 않았지만, 성령께서 인도하시는 대로 기도해 달라고 부탁했다. 그들 대부분은 기도해 주겠다고 했다.

반응은 엄청났다. 첫 번째 기도 편지를 보낸 지 1주일 만에 우리의 삶은 완전히 반전되기 시작했다. 남편 회사의 사장은 그를 괴롭히는 것을 멈추었다. 일련의 놀라운 사건을 통해 우리는 주님의 분명한 인도를 받았고 자녀들의 시련도 끝났다.

개인기도 동역자를 선택할 때, 고려해야 할 중요한 자격 요건은 다음과 같다.

- 기도의 헌신
- 신뢰도
- 하나님의 인도를 듣고 온유하게 나눌 수 있는 능력
- 당신과 당신의 사역을 위해 기도하라는 주님의 부르심

기도 동역자와의 의사소통

나는 정기적으로 기도 동역자들에게 사역과 사적인 일을 이메일로 알리고, 외부 사역을 가면 여행과 집회에 관한 상세한 내용을 보낸다. 전에는 문서로 된 편지를 보냈지만, 지금은 빠르고 가격 대비 효과 만점인 이메일을 사용한다.

중보자들과 연락하는 방법은 사역의 특성에 따라 다를 수 있다. 목회자는 순회 사역자와 다른 형태로 관계를 맺을 수 있다.

존 맥스웰은 지역 교회 목회자이지만, 다양한 부류의 개인기도 동역자들과 관계를 맺고 있다. 그에게 100명의 개인기도 동역자들이 있는데, 모두 남자다. 그들은 분기마다 조찬 모임을 하고 편지나 전화로 마음을 나눈다. 또한 매년 기도 동역자 수련회를 열어서 깊은 대화를 나누고, 서로를 위해 기도하고 음식을 나누면서 즐거운 교제 시간을 보낸다.

피터 와그너는 기도 동역자들과 교제하는 자신만의 비결을 알려 주

었다. 그것은 '총체적 접근성'(total accessibility)이다. 그는 동역자들이 밤낮 가리지 않고 언제든지 그에게 연락하도록 했다. 또한 기도 동역자들에게 마음을 열고 자신의 연약함을 나누고 중요한 문제와 필요에 대해서도 중보하도록 허용했다고 강조했다. 이것은 대단히 중요하다. 당신의 비밀 기도 제목을 나누지 않으면, 기도 동역자들은 당신을 위해 효과적으로 기도할 수 없다. 나는 기도 동역자가 나의 신뢰를 저버린다고 생각한 적이 한 번도 없다.

관계가 열쇠다. 당신을 위해 기도해 주는 사람들과 더 많은 교제를 할수록 그들은 당신을 위해 더 나은 중보를 할 수 있을 것이다. 중보자들은 그들의 기도에 불을 지필 연료가 필요하다. 그들의 마음에 기도의 불을 지피는 것은 당신의 기도 제목이다. 나의 원내 핵심 기도 동역자들은 내가 그들을 얼마나 바쁘게 만드는지 잘 알고 있다.

존 맥스웰과 피터 와그너가 공통으로 강조하는 것은 감사의 중요성이다. 빌립보서 1장 3-4절은 이것을 잘 표현한다. "내가 너희를 생각할 때마다 나의 하나님께 감사하며 간구할 때마다 너희 무리를 위하여 기쁨으로 항상 간구함은."

헌신한 사람들에게 종종 감사를 표현해야 한다. 그들이 정말 열심히 기도하기 때문이다.

몇 가지 주의할 점

사역자들이 개인기도 동역자들과 교제할 때 발생할 수 있는 몇 가지 잠재적 위험 요소를 알아야 한다. 아래에 다섯 가지 위험 요소를 소개한다.

1. **거짓된 감정적 의존** 동역자들이 건강하지 않은 방식으로 당신에게 감정적으로 의존하거나 반대로 당신이 그들을 의지할 수도 있다. 그들의 기도가 당신이 지도자로서 하나님께 직접 듣는 것을 막거나 결정할 수 있는 권위를 빼앗아서는 안 된다. 또한 당신에게 개인기도 동역자들이 있다고 해서 기도 생활을 태만하게 해서도 안 된다.

2. **중보와 예언을 통한 조종** 당신이 기도 동역자를 지나치게 의존한 나머지 그들의 목소리만 들어서는 안 된다. 균형을 잡기 위해 당신을 위해 기도하는 사람들에 대한 사역적 책임을 져야 한다는 것을 기억하라.

3. **영적 간음** 이성의 기도 동역자와 감정적으로 강하게 결속된 관계를 말한다. 기혼자가 이성의 기도 동역자와 오랜 시간 친밀하게 대화하는 것은 심각한 문제를 초래할 수 있다. 영적 간음은 당신이 어떤 이성을 배우자보다 더 자주 생각하고 힘을 쏟을 때 일어난다. 이성과의 친밀한 대화는 주의해야 한다. 지나치게 친밀한 대화는 감정적 혼란을 줄 수 있다.

4. **지혜롭지 못한 선택** 이것은 특별히 지역 교회 목회자들이 주의해야 하는 일이다. 많은 사람이 내게 말해 준 것이 하나 있는데, 잘못된 것을 잘못된 사람에게 말하면 입방아에 오르게 된다는 것이다. 그러므로 당신의 선택에 주의하라.

5. **변심** 사람들은 일정 기간이 지나면 변할 수 있고, 당신을 위해 기도하는 헌신 역시 변할 수 있다는 점을 기억하라. 그래서 우리는 매년 정기적으로 기도 동역자들에게 우리를 위해 계속 중보할지에

대한 여부를 묻는다.

당신에게 얼마나 많은 중보기도가 필요할까

상황에 따라 기도 동역자를 확충해야 할 때가 있다. 아래에 당신에게 기도의 보호가 충분하지 않다는 것과 더 많은 중보자를 모집해야 한다는 것을 알려 주는 지표를 소개한다.

1. 당신과 가족들이 정기적으로 육체적·정신적 타격을 받고 있을 때, 더 많은 중보자가 필요하다.
2. 당신의 중보자들이 정기적으로 공격받고 있거나 당신을 위해 기도하느라 수면이 부족하다고 알려 줄 때, 더 많은 중보자가 필요하다. 그들은 당신을 향해 날아오는 불화살을 막는 방패이기 때문에 더 많은 중보자를 소집해 더욱 강력한 기도로 영적 전쟁을 치러야 한다는 표시다.
3. 당신이 어떤 공격을 받을 때, 아주 길고 극심한 싸움을 통해 상황이 악화되는 것을 볼 때, 당신을 대적하는 어둠을 뚫고 나가기 위해 더 많은 중보자가 필요하다.

아르헨티나의 어느 목회자는 성도들에게 가족들과 식사할 때마다 자신을 위해 기도해 달라고 부탁했다. 만일 3분의 1의 성도들이 매일 식사할 때마다 목회자를 기억하고 기도한다면, 기도의 능력이 어떨지 상상해 보라. 이것은 정말 강력한 중보기도의 보호다.

사역자들이 개인기도 동역자 모집을 등한시하는 이유는 자신이 중보자의 도움을 받을 자격이 없다고 여기기 때문이다. 그들은 자신보다 더 중요하거나 영적인 사람들만 중보자를 모을 수 있다고 생각한다. 그런 생각은 버려라. 우리의 소명이 가정주부든, 한 국가의 대통령이든 상관없이 우리를 위해 기도해 줄 사람이 반드시 필요하다.

효과적인 기도 동역자가 되는 법

기도 동역자가 받는 상은 과연 무엇일까? 나 역시 여러 사역자의 기도 동역자다. 바울 사도는 기도 동역자 중 한 사람에 관한 놀라운 말씀을 기록했다. "그리스도 예수의 종인 너희에게서 온 에바브라가 너희에게 문안하느니라 그가 항상 너희를 위하여 애써 기도하여 너희로 하나님의 모든 뜻 가운데서 완전하고 확신 있게 서기를 구하나니"(골 4:12).

'애쓰다'의 헬라어 '아고니조마이'(agonizomai)는 '공식 경기에서 승리를 위해 싸운다'는 뜻이다. 이 단어는 경기장에서 이기기 위해 온 신경을 곤두세워 싸우는 씨름에서 유래했다. 에바브라는 많은 일들 가운데 기도로 씨름한 사람이었다.

기도의 동역자 역할을 감당하는 이들 가운데 대다수는 상급을 생각하지 않겠지만, 주님은 우리의 희생을 잊지 않는 신실하신 분이다. 주님께서 처음 나를 중보자로 부르셨을 때, 나는 중보가 필요한 사역단체의 명단을 작성해서 기도하기로 약속했다. 그때 다음의 말씀이 아주 소중하게 다가왔다.

너희를 위하여 보물을 땅에 쌓아 두지 말라 거기는 좀과 동록이 해하며 도둑이 구멍을 뚫고 도둑질하느니라 오직 너희를 위하여 보물을 하늘에 쌓아 두라 거기는 좀이나 동록이 해하지 못하며 도둑이 구멍을 뚫지도 못하고 도둑질도 못하느니라 _마 6:19-20

이 말씀과 함께 주님은 내게 이렇게 약속하셨다. "신디, 네가 지금 다른 사람을 중보하기 위해 너의 삶을 내려놓으면, 하늘 은행에 너를 위한 중보를 저축하게 된단다. 그리고 네가 사역할 때, 많은 사람이 너의 기도 동역자가 되어 너를 위해 중보해 줄 거란다."

이 약속은 이루어졌다. 그 당시 동역자들은 내가 그들을 위해 매일 기도한다는 사실을 몰랐다. 하지만 나는 날마다 아이들이 낮잠 자는 두세 시간 동안 주님께서 중보의 부담을 주시는 사람들을 위해 기도했다. 이 모든 기도는 하늘에 쌓인 섬김의 보물이다.

만일 당신이 중보자가 되어 지도자의 가정을 위해 신실하게 기도한다면, 언젠가 당신에게 당신의 가족을 위해 이런 기도가 필요할 때가 올 것이다. "주님, 내가 다른 사람의 가족을 위해 하늘에 기도를 많이 저축했습니다. 이제 주님께서도 우리 가족을 위해 기도해 줄 사람들을 일으켜 주실 거지요?"

신실하신 주님께서 기도 용사들의 마음을 움직여 당신을 위해 기도하게 하실 것이다. 기도 동역자가 누리는 또 다른 혜택은 기도 선교사가 될 수 있다는 것이다. "전 세계로 가라"는 명령은 당신이 땅 끝까지 나아가는 사역자를 위해 기도할 때 실제가 된다. 어떻게 하면 축복이 되는 기도 동역자가 될 수 있을까?

1. 사역자의 종으로 나아가라. 사역자는 당신의 필요와 가족을 위해 기도하려고 그 자리에 있는 것이 아님을 유념하라. 비록 사역자가 동역자들을 위해 기도해 줄지라도 그들을 이용하지는 마라. 지도자는 당신에게 깊이 감사할 것이다. 받기만 하고 끝내는 사역자는 거의 없다.
2. 당신이 사역자와 통화할 때, 주님께 받은 것을 간단명료하게 전달하라. 때때로 그들은 매우 바쁘다. 좋은 방법은 지도자가 바쁜지, 다른 시간에 통화하는 것이 좋은지 먼저 물어보는 것이다.
3. 사역자가 개인적으로 만나 주지 않는다고 섭섭해하지 마라. 그가 여력이 없을 수도 있다. 그렇다고 당신에게 관심이 없다는 뜻은 아니다.
4. 당신이 기도하는 사람들에게 감정적으로 지나친 부담을 지우지 않도록 주의하라. 만일 그들을 향한 하나님의 무거운 경고를 받았다면, 그들이 경고의 말씀을 잘 감당할 수 있는지, 그렇지 않은지에 대해 민감하라.
5. 꿈이나 환상을 보았다면, 주님께 그 의미를 물어보라. 해석은 당신의 몫이지 목회자의 몫이 아니다. 주님께 받은 것이 무엇인지 잘 모르면 더 기도하는 것이 좋다.
6. 중보 사역의 진정성에 대한 신뢰를 얻기까지는 시간이 걸린다. 충성스럽게 기도하라. 그러면 신뢰의 문이 열릴 것이다.
7. 당신과 사역자와의 관계를 섣불리 가정하지 마라. 당신의 세세한 개인사나 당신이 그들의 기도 동역자라는 사실을 자랑하지 않아도 당신을 중보자로, 한 개인으로 소중히 여길 것이다. 이것이 진정한 신뢰 관계다.

8. 사역자의 가족을 위해 기도하는 것을 잊지 마라. 그의 가족들 역시 원수의 맹공 아래 있다.

9. 주님은 당신에게 집중적으로 기도해야 할 부분을 알려 주실 수 있다. 당신이 어떤 영역을 위해 '전문적으로 기도하는 사람'이 될 수 있다는 뜻이다. 나의 동역자 중 내 자녀를 위해 집중적으로 기도하는 사람들이 있다. 어떤 이들은 나보다 내 남편을 위해 더 기도한다. 또 어떤 사람들은 내가 도덕적 유혹에 빠지지 않도록 기도한다.

10. 주님께 받은 말씀을 사역자에게 정기적으로 점검받으라. 최소 몇 개월 단위로 전화나 이메일로 연락하라. 기도 동역자가 중보하는 사역자와 어떤 방법으로든 연락을 주고받는 것은 아무리 강조해도 지나치지 않다. 기도는 쌍방 통행이다. 나는 중보자들이 기도 중에 받은 하나님의 말씀을 듣고 싶다.

11. 당신이 중보하는 사역자를 위해 집중적으로 기도해야 할 특별한 시간이 있다. 바로 사역 전날과 사역 후다. 사역 전날 사역자의 가족이 어려움을 당하거나, 준비하는 사역자의 생각을 분산시키는 많은 방해거리가 종종 찾아온다. 일이 얽히고, 갈등이 생기며, 자녀들은 놀린다. 겟세마네 동산에서 기도를 요청하신 예수님처럼, 당신이 기도하는 사역자는 그의 겟세마네 시간 동안 당신의 기도를 환영할 것이다.

사역자가 임무를 마치는 시간 역시 아주 취약한 때다. 사역자에게 이 시간은 보통 주일의 돌파 이후인 월요일에 찾아온다. 이때 많은 사역자가 우울함의 공격을 받는다. 이 공격은 사람들이 목회자를 비판할 때 자주 일어난다. 사역자가 강력한 사역을 마치고 지쳐 있을 때가 비난에 취약한 상황이다. 사탄은 이것을 잘 안다. 광야에서 40일을 보내신 직후 천사들이 찾아와 예수님을 섬겼다는 사실에 주목하라.

어떤 이유에서인지 대부분의 순회 사역자는 긴 사역을 마치고 집으로 돌아온 뒤 거의 2주 동안 영적 전쟁을 경험한다. 육체적 공격이나 재정적 공격도 받는다. 이런 공격은 종종 사역자가 탈진했을 때나 쉼과 회복이 가장 필요할 때 발생한다. 기도 동역자는 사역자가 집에 돌아와 모든 것이 잘되고 있다는 주님의 평강이 임할 때까지 기도하는 것을 멈춰서는 안 된다.

12. 기도 동역자로서 중보할 때, 당신 가족의 보호를 위해 기도하라. 시편 91편을 큰 소리로 읽기를 권한다. 틈 사이에 서서 기도할 때, 당신이 기도하는 사역자가 드러나면 드러날수록 당신에게도 기도의 방패가 필요하다.

국제증가사역(Increase International)의 엘리자베스 알베스는 중보자를 위한 기도 전략을 개발하는 데 도움이 되는 훌륭한 책들을 저술했다. 그녀는 사역자를 위한 중보 지침서에서 다음과 같이 제안한다.

일요일: 하나님과 함께하는 은총의 시간
월요일: 사람들과 함께하는 은총의 시간
화요일: 순수한 비전
수요일: 영·혼·육
목요일: 영적 전쟁과 보호
금요일: 우선순위
토요일: 가족

더 깊은 중보기도를 위한
소그룹 스터디 POSSESSING THE GATES OF THE ENEMY

> **■ 핵심 성경 구절**
>
> 이사야 14:12, 마태복음 16:18, 에베소서 1:21, 예레미야 1:10, 누가복음 11:17-22, 에베소서 3:10, 에스겔 28:11-19, 고린도후서 2:11, 에베소서 6:11-12, 다니엘 10:12-13, 고린도후서 10:4, 골로새서 2:15, 마태복음 11:12

01 만일 당신이 기도 사역자이거나 중보의 은사가 있다면, 주변에 기도로 후원할 사람들이 있는가? 그들과 정기적으로 구체적인 기도 제목을 나누고 있는가?

02 당신에게 헌신 된 기도 동역자들이 없다면, 주님께서 연락하라고 감동을 주신 책임감 있는 사람들은 누구인가?

03 사역자들이 기도 동역자 모집하는 것을 주저하는 이유는 무엇인가?

04 기도 동역자와의 친밀한 관계 속에 주의해야 할 위험 요소는 무엇인가? 사역자들이 합당한 사람을 찾고 위험을 최소화할 방법은 무엇인가?

05 정기적으로 중보를 받지 않는 사역자가 겪을 수 있는 위험에 대해 써 보라.

06 당신은 무당과 사탄 숭배자들이 사역자들을 대적하기 위해 금식하고 기도한다는 사실을 믿는가?

07 하나님께서 중보자들에게 당신의 약점을 보여 주시는 것을 어떻게 생각하는가? 중보자들과 사적인 기도 제목을 솔직하게 나누고, 그들과 편하게 말하는 것을 어떻게 생각하는가?

08 사역자의 중보자들이 사역의 책임과 상급을 동일하게 받는다는 것에 동의하는가?

09 당신의 목회자나 사역자 혹은 당신이 중보하는 사람에게 공식적인 기도 동역자들이 있는가? 기도 관계 속에서 그들을 격려할 방법은 무엇인가?

CHAPTER 13

중보 찬양

THE CALL TO INTERCEDE

우리 하나님은 강한 요새, 결코 무너뜨릴 수 없는 성루
육체의 병이 창궐할 때 승리를 주시는 우리의 도움
옛 원수 마귀가 우리에게 고통을 주려고 찾아오고
그의 간악함과 능력이 크며 잔인한 증오로 무장했으니
이 땅에서 그를 당할 자 없도다.
_마틴 루터(1483-1456)

강력한 여성 집회가 끝나갈 무렵이었다. 세미나가 마무리될 때, 한 여성이 앞으로 나와 기도 제목을 나누었다. 우울증으로 입원까지 한 그녀가 자신의 심각한 문제를 나눌 때, 눈에 눈물이 가득했다. 얼핏 보아도 신경쇠약의 벼랑 끝에 서 있는 듯했다.

그녀 주위로 사역자들이 모여 기도하기 시작했다. 그들은 기도하고 또 기도했지만, 도저히 돌파가 일어나지 않았다. 그녀는 여전히 끔찍한 우울증의 고통에 시달리고 있었다. 갑자기 집회 대표가 예배팀을 앞으로 보냈다. 찬양 인도자는 중보 찬양으로 찬양 전투를 이끌기 시작했다. 나는 피아노 옆에서 주님을 찬양함으로 사탄의 역사를 대적하는 전쟁을

시작했다. 이것은 새로운 중보의 도구가 아니다. 성경에 많은 실례가 있음에도 불구하고 많은 기도 운동에서 크게 간과하고 있을 뿐이다.

집회에 참석한 여성들은 서서 찬양하고 손뼉을 치며 외쳤다. 계속 그렇게 예배할 때, 그녀의 고통스러운 우울증이 완전히 떠나자 그녀는 울기 시작했다. 마치 구름이 걷히듯 수년 만에 처음으로 그녀의 정신이 맑아졌다. 그녀를 향한 하나님의 선하심에 우리는 매우 기뻤다.

이 간증을 묵상할 때, 많은 궁금증이 있을 것이다. 기도와 찬양은 도대체 어떤 관계일까? 찬양은 영적 전쟁과 어떤 관련이 있을까? 찬양이 그렇게 놀라운 도구라면, 중보팀에 어떻게 적용할 수 있을까?

기도와 찬양

기도와 찬양의 관련성을 이야기하기 전에 기도의 토대가 되는 성경을 살펴보자. "내가 곧 그들을 나의 성산으로 인도하여 기도하는 내 집에서 그들을 기쁘게 할 것이며 … 이는 내 집은 만민이 기도하는 집이라 일컬음이 될 것임이라"(사 56:7).

이 말씀은 중보 찬양과 어떤 관련이 있을까? 이 질문에 대한 답을 위해 1986년 워싱턴 D.C.에서 우리가 개최한 세미나 이야기를 하고 싶다.

세미나의 주제는 '기도와 찬양의 연합'이었다. 목적은 국가를 위한 연합적 찬양 전투를 위해 찬양 사역자와 중보자를 모으는 것이었다. 많은 사람이 자신을 예배자로, 어떤 이들은 중보자로 여겼다. 그런데 예배자는 자신을 중보자로 여기지 않았고, 중보자는 자신을 예배자로 여기지 않았다. 마이크와 나는 이 문제를 위해 기도했다. 만일 두 그룹이 연합하면 '찬양 중보자'(중보 찬양자)가 될 것이고, 많은 이들이 기도 모임과 찬양팀들 가운데 중보 찬양의 비전을 갖게 될 것이다. 그러면 기도하는 중보의 도구로 쓰임 받을 것이다.

집회 강사 중 많은 찬양을 작곡한 짐 길버트라는 찬양 선교사가 있었다. 짐은 하나님께서 중보에 관해 더 많이 배우라는 말씀을 주셨다고 했다. "이전에 나는 중보는 골방에 들어가 배앓이 하는 것으로 생각했습니다." 그는 웃으며 말했다. 예배자인 그는 자신이 알고 있는 많은 중보자에게 기쁨이 없다고 느꼈다. 그들은 항상 심각하게 눌려 있었기 때문에 짐은 그런 중보에 함께할 필요를 인식하지 못한 것이다. 그는 이사야서 56장 7절에서 중보 찬양을 발견했다. "이는 내 집은 만민이 기도하는 집이라 일컬음이 될 것임이니라." 이 말씀은 실제적 중보의 노래다.

이것이 열쇠였다. 나는 기뻐하며 집으로 돌아와 이사야 56장 7절에 소개된 기도를 더 깊이 연구했다. 기도로 번역된 '테필라'(tephillah)는 공식 예배에서 음악에 맞춰 부른 기도다. 이 단어는 구약에 77번 등장한다.

따라서 이 구절을 이렇게 해석할 수 있다. "내 집은 기도와 찬양의 집이라 일컬음이 될 것임이라." 음악은 구약 전반에 걸쳐 기도와 분리할 수 없다. 신약에서 예수님이 성전을 정결하게 하실 때 인용한 말씀 역시 경배의 개념을 함축한다. 이 개념은 하나님께서 기도의 집에 있는 우리에게 기쁨을 주신다는 뜻이다. 많은 중보자가 우울한 표정으로 다닌다. 만일 우리가 중보하면서 기쁨을 유지하지 않으면, 원수는 우리의 힘을 빼앗아 갈 것이다. 느헤미야 8장 10절은 말한다. "여호와로 인하여 기뻐하는 것이 너희의 힘이니라."

중보자들이 기도하는 문제로 슬픔과 탄식에 빠지면, 사탄을 그것을 이용해 무너뜨리려 할 것이다. 그들은 상처받은 무거운 짐 진 자들이 되고, 그들 중 많은 이들의 건강에 문제가 생길 것이다.

언젠가 나는 어떤 문제 때문에 산고기도에 들어간 한 여성의 간증을 들었다. 그녀의 남편은 그만하고 쉬면서 음식을 먹으라고 계속 권했다. 그녀는 자신의 산고가 슬픈 감정이자 강박증인 것을 깨닫지 못한 채 남편의 권면을 거부했다. 하나님의 인도를 받은 기도가 아니라, 사탄이 이끄는 기도를 했던 것이다. 끝없는 슬픔과 탄식으로 그녀의 건강은 악화되었고, 결국 사망했다.

치열한 전쟁 중에도 우리는 반드시 기쁨을 유지해야 한다. 그렇지 않으면 마귀에게 큰 영광을 돌리게 될 것이다.

주님께서 국제 기도의 집(IHOP)처럼 기도와 찬양에 초점을 맞춘 여러 단체를 일으키셨다. 기도와 찬양이 정교하게 어울리는 것을 보면 참으로 경이롭다. 마이크 비클은 요한계시록 5장 8절에 나타난 '테필라'의 의미를 확장해서 설명했다. "그 두루마리를 취하시매 네 생물과 이십사 장로들이 그 어린 양 앞에 엎드려 각각 거문고(harp)와 향이 가득한 금 대접(bowls)을 가졌으니 이 향은 성도의 기도들이라."

현재 24시간 기도의 파수꾼으로 주님 앞에서 섬기는 사역자들이 많다. '하프 앤 보울(harp and bowls: 거문고와 대접) 중보'는 예배와 찬양과 기도가 잘 어우러져 있다. 또한 그들은 주님께서 즉흥적으로 주시는 새 노래로 노래한다.

찬양과 전쟁

하나님의 말씀을 보면, 기도와 찬양이 서로 긴밀하게 연결되어 있음을 알 수 있다. 이 둘과 영적 전쟁은 어떤 관계가 있을까? 시편 149편은 영적 전쟁에서 찬양의 역할을 말해 준다.

> 할렐루야 새 노래로 여호와께 노래하며 성도의 모임 가운데에서 찬양할지어다 … 춤 추며 그의 이름을 찬양하며 소고와 수금으로 그를 찬양할지어다 … 그들의 입에는 하나님에 대한 찬양이 있고 그들의 손에는 두 날 가진 칼이 있도다 이것으로 뭇 나라에 보수하며 민족들을 벌하며 그들의 왕들은 사슬로, 그들의 귀인은 철고랑으로 결박하고 기록한 판결대로 그들에게 시행할지로다 이런 영광은 그의 모든 성도에게 있도다 할렐루야 _시 149: 1, 3, 6-9

하나님을 찬양하는 것은 왕들을 사슬로, 귀인을 철고랑으로 결박하고 심판한다. 이것은 아주 강력한 중보다. 교회에서 하나님을 예배하는 것은 영적 전쟁의 한 방법이다. 그런데 성도들은 하나님을 찬양하고 감사할 때 무슨 일이 일어나는지 온전히 이해하지 못한다.

찬양이 원수의 일을 묶어버린 아주 놀라운 실화가 캘리포니아 오클랜드에 있는 실로 크리스천 펠로우십 교회에서 일어났다. 그 교회의 목회자는 바이올렛 키틀리 박사였다. 지금은 소천해서 주님 품에 안긴 그녀는 위대한 믿음의 여성 개척자였다.

실로 교회는 언제나 예배하는 교회로 유명했고, 성도들은 찬양의 능력이 원수를 결박한다는 것을 전심으로 믿었다. 오클랜드 경찰청의 초청을 받을 때까지 그들의 찬양이 얼마나 유명해질지 꿈에도 생각하지 못했다. 그들이 플레이트너 거리에 갔을 때 무슨 일이 벌어질지 상상이나 했을까? 그 당시 플레이트너 거리는 악명이 높은 우범 지역으로, 마약 밀매상과 포주와 성매매 여성들로 들끓었다.

경찰청의 초대를 받았을 때, 그들은 다소 놀랐지만 기꺼이 수락했다. 그들은 기도하면서 전략을 짰다. 경찰과 공조하면서 지역을 정한 뒤 길거리 파티를 열기로 한 것이다. 옷과 요리한 핫도그를 나누어주고, 시편 149편을 따라 하나님을 예배하며, 전도 메시지를 전할 계획을 세웠다. 그들은 3주 동안 매주 토요일에 그곳에 갔는데, 결과는 엄청났다. 경찰이 그 거리에서 열린 파티에 대해 언론사에 알려 신문에 보도되었다. 경찰청은 파티 이후 70퍼센트의 마약 거래상들이 플레이트너 거리를 떠났다고 말했다. 나는 키틀리 박사에게 의도적으로 그 지역의 정사와 권세를 대적하기 위해 시편 149편 말씀을 따라 하나님을 찬양했는지 물었다. "물론이죠. 우리는 그저 즐기며 노래하려고 그곳에 간 것이 아니에요."

실로 교회는 수년간 경찰청과 동역하고 있다. 경찰은 오클랜드의 우범 지역과 살인이 가장 많이 일어나는 지역을 교회에 알려 준다. 그러면 교회는 중보 찬양을 통해 그곳에 들어가 원수를 무찌른다. 키틀리 박사에 의하면, 플레이트너 거리 예배를 통한 가르침과 하나님의 역사로 이런 길거리 전도 파티가 미국 전역에서 열린다고 한다.

원수를 결박하는 것 외에도 찬양은 다른 사람들을 위해 우리가 틈 사이에 서도록 도와주고, 그로 인해 그들은 자유를 얻게 된다. 앞에서 언급한 집회에 참석한 여성을 괴롭혔던 억압의 구름이 떠났을 때, 바로 이 일이 일어난 것이다. 이 일의 성경적 모델로 다윗이 사울 왕을 위해 노래한 것을 들 수 있다. "하나님께서 부리시는 악령이 사울에게 이를 때에 다윗이 수금을 들고 와서 손으로 탄즉 사울이 상쾌하여 낫고 악령이 그에게서 떠나더라"(삼상 16:23).

오래전 마이크와 나는 겁에 질린 한 어머니의 전화를 받았다. 그녀의 말을 알아듣는 데 몇 분이 걸렸는데, 그때는 새벽 2시였다.

"제발, 지금 좀 와 주시겠어요. 우리는 끔찍한 상황에 처했어요. 딸이 칼을 들고 우리를 죽이려고 해요!"

우리는 담임목사에게 연락했는지 물었다. "이곳저곳 다 연락했지만, 당신 말고는 아무도 통화가 안 됐어요."

우리 부부는 급히 옷을 입고 아이들을 맡길 사람을 찾은 뒤, 30마일을 운전해 갔다. 우리가 도착했을 때, 끔찍한 장면이 우리를 맞아 주었다. 열네 살 어린 딸이 아버지를 꼼짝 못 하게 깔고 앉아 으르렁거리고 있었다. 아버지는 애처로운 눈빛으로 우리를 올려다보며 말했다. "딸을 세 시간 동안 붙잡고 있었지만, 너무 강해서 완전히 탈진했어요."

그가 말할 때, 아이는 손으로 아버지의 목을 할퀴었다. 마이크는 나에게 잠시 같이 서 있자는 몸짓을 했다. 우리는 어떤 말도 하지 않고 함께 하나님을 찬양하기 시작했다. 우리는 거의 두 시간 동안 찬양했다. 결국 아이는 정신을 차렸고, 바르게 앉아서 왜 그런 일이 일어났는지 말해 주었다.

이것은 우리가 귀신을 축사할 때 사용하는 유일한 방법으로, 뜨거운 여름밤에 우리가 할 수 있었던 아주 효과적인 방법이다. 다윗의 음악이 사울에게 있던 악한 영을 쫓아낸 것처럼 아이 안에 있던 악한 영들 역시 중보 찬양을 통해 쫓겨났다.

왜 사탄은 하나님을 찬양할 때 큰 타격을 입을까? 첫째, 사탄은 찬양의 능력을 알고 있는 하늘의 예배 인도자였다. 에스겔 28장 13절은 말한다. "네가 지음을 받던 날에 너를 위하여 소고와 비파가 준비되었도다."

《음악의 재탄생》(The Rebirth of Music)에서는 이렇게 설명한다.

루시퍼는 몸 안에 소고와 비파를 가지고 있었고, 소고와 비파를 탁월하게 연주할 수 있는 능력이 있었다. 루시퍼가 음악에 정통했고, 음악이 그의 일부였다는 것은 아주 분명하다. 성경이 비파를 복수로 표현한 것은 그가 한 개 이상을 가지고 있었다는 뜻이다.

루시퍼는 음악을 연주할 때, 리듬이나 박자를 맞출 수 있는 작은 북 혹은 소고를 단장품으로 소장하고 있었다. 루시퍼의 단장품은 우리가 오늘날 볼 수 있는 모든 악기를 표현해 준다. 이사야 14장 11절은 말한다. "네 영화가 스올에 떨어졌음이여 네 비파(viols) 소리까지로다 구더기가 네 아래에 깔림이여 지렁이가 너를 덮었도다." 비올(viols: 바이올린과 비슷한 초기 현악기-역주)은 여섯 개의 줄로 구성된 악기로, 모든 현악기를 대표한다. 따라서 전자 악기를 제외하고 현재 우리가 연주하는 모든 악기는 루시퍼의 몸 안에 있었던 것이다. 그는 모든 악기를 잘 연주할 수 있었다.

루시퍼의 다른 이름은 '기름 부음 받은 그룹(천사)'이다. 루시퍼는 음악으로 섬기도록 기름 부음을 받았다.

둘째, 루시퍼는 우리가 중보 찬양 가운데 하나님을 찬양하는 능력을 사용해서 대적하면 그의 능력이 무력화된다는 것을 잘 알고 있다.

셋째, 사탄은 찬양을 혐오한다. 우리가 시편 149편을 찬양의 무기로 사용하면, 그의 통치 체계가 묶이고 중보 찬양을 통해 결박당한다는 사실을 알고 있다. 시편 22편 3절은 이를 잘 보여 준다. "이스라엘의 찬송 중에 계시는 주여 주는 거룩하시니이다."

하나님을 찬양할 때, 하나님은 우리의 찬양 가운데 거하시고 들어오신다. 그리고 그분의 능력은 원수의 능력을 압도한다. 그분은 전능하신 하나님이시다. 사탄은 그분의 힘과 도저히 견줄 수 없다. 우리의 찬양 가운데 들어오시는 하나님을 통해 빛이 어둠을 쫓아낼 것이다. 하나님을 찬양할 때 나타나는 이런 능력은 바울과 실라를 원수로부터 구해 주었고, 적의 능력을 몰아냈다. "한밤중에 바울과 실라가 기도하고 하나님을 찬송하매 죄수들이 듣더라"(행 16:25).

바울과 실라가 소리 높여 찬양한 동기가 궁금하지 않은가? 감옥에서 앞으로 벌어질 일 때문에 염려하고 있을 때, 실라가 이렇게 말했을 것이다.

"바울 형제님, 우리가 어떻게 하면 이 난관을 빠져나갈 수 있을까요?"

잠깐 생각한 바울이 이렇게 말했다고 상상해 보자. "이스라엘 민족이 장벽을 직면한 것은 이번이 처음은 아니지요. 여리고 성 기억나지요?"

"우리가 발에 족쇄를 차고 감옥을 돌 수는 없어요."

"맞는 말이군요. 하지만 외칠 수는 있지요. 어쩌면 감옥 벽이 무너질지도 몰라요. 아니면 최소한 옥문이라도 열릴지 누가 알겠어요."

"바울 형제님 말이 맞아요. 우리 함께 주님을 찬양합시다. 여호사밧 왕이 백성에게 주님을 찬양하고 승리를 노래하게 했을 때, 놀라운 역사가 일어났지요."

두 사람은 찬양하면서 자신들이 미련하다고 생각했을지도 모른다. 하지만 그들은 분명 큰 소리로 찬양했다. 왜냐하면 성경은 다른 죄수들이 그들의 찬양 소리를 들었다고 기록하기 때문이다. 그들이 찬양할 때, 감옥이 흔들리기 시작했다. 큰 지진이 일어났고, 감옥 문들이 활짝 열렸다.

아르헨티나에서 영적 전쟁에 대해 강의할 때, 강의 주제를 실습할 기회를 얻었다. 함께 간 팀원들과 승강기를 탔는데, 갑자기 층간에서 멈추었다. 처음에 우리는 재미있다는 생각에 웃었다. 하지만 곧 곤혹스러운 상황에 **빠졌다는** 것을 깨달았다. 우리는 정말 승강기 안에 갇힌 것이다.

막연히 기다리는 동안 무엇을 할까 고민하다가 문득 하나님의 말씀을 적용해 보고 싶다는 생각이 들었다. 만일 찬양이 바울과 실라를 감옥에서 건져냈다면, 분명히 우리도 승강기에서 건져낼 것이다. 그래서 우리는 입에서 나오는 대로 찬양을 한 곡 한 곡 이어 불렀다. 몇 분 후 승강기가 다시 작동하기 시작했다.

우연이었을까? 어쩌면 그럴 수도 있다. 하지만 나는 이 사건을 구원하는 기도의 능력에 대한 좋은 교훈이라고 생각한다.

시편 8편 2절은 말한다. "주의 대적으로 말미암아 어린 아이들과 젖먹이들의 입으로 권능을 세우심이여(예수님은 이 말씀을 인용해서 마태복음 21장 16절에 '완전한 찬양-찬미'라고 말씀하셨다) 이는 원수들과 보복자들을 잠잠하게 하려 하심이니이다."

찬양 전투 혹은 중보 찬양은 보복을 가져올 뿐만 아니라 복음에 대한 수용성을 일으킨다. 바울과 실라가 감옥에서 하나님을 찬양한 이후 간수장과 그의 가족이 모두 구원받았다는 것을 주목하라.

중보 찬양은 예수 그리스도의 복음이 필요한 사람들의 눈을 가리는 강한 자를 무너뜨리는 효과적인 무기다(고후 4:4). 테리 로는 그의 책 《찬양과 경배의 능력》(The Power of Praise and Worship)에서 이 같은 사례를 알려 준다.

그는 1972년 러시아에서 찬양팀 리빙 사운드(Living Sound)와 함께 사역하고 있었다. 팀은 약 200여 명의 젊은 공산당원들로 가득 찬 나이트클럽에서 노래할 예정이었다. 복음과 관련된 말을 하는 것은 엄격히 금지되었다. 팀이 콘서트를 시작하는 동안, 그는 무대 뒤에 서 있었다. 중반쯤 되었을 때, 그들은 손을 높이 들고 하나님을 경배하기 시작했다. 팀원들은 주님의 임재 가운데 울고 있었다.

그들의 찬양으로 하나님께서 강력하게 역사하셨다. 새벽 3시 30분 콘서트가 끝나갈 즈음, 그들은 많은 사람을 예수 그리스도께 인도했다.

테리는 그의 삶 가운데 가장 중요한 사건 중 하나를 목격했다는 것을 알았다. 그는 이렇게 말한다.

우리가 청중 앞에서 하나님을 찬양할 때, 그들이 적대적이든 그렇지 않든 간에 찬양과 경배를 통해 그들을 짓누르는 힘과 권세를 묶을 수 있다는 놀라운 사실을 발견했습니다. 청중은 우리의 찬양과 경배를 통해 임하는 성령의 기름 부음과 복음에 쉽게 마음을 열었습니다.

찬양에는 사탄의 손아귀에 있는 포로들을 자유롭게 하는 기름 부음이 있다. 패니 크로스비는 역사상 가장 사랑받는 찬송 작곡가 중 한 사람이다. 그녀는 앞을 보지 못했지만, 구원이 필요한 수많은 사람의 눈을 열었고, 지금도 여전히 열어 주고 있다. 그녀의 전기를 쓴 버나드 루핀은 패니 크로스비의 찬송을 통해 수많은 사람이 회심했다고 말한다. 패니 크로스비의 찬송들이 잃어버린 자들에게 심오한 영향을 준 이유를 그는 다음과 같이 간증한다.

패니는 이를 성령의 활동이라고 설명했습니다. 찬송을 작곡할 때마다 하나님께서 수많은 영혼을 그분께 인도하는 데 자신의 노래를 사용해 주시도록 기도했습니다. 또한 그녀의 찬송을 통해 백만 명의 영혼을 구원하게 해달라고 간구했습니다. 그녀의 찬송을 부른 수많은 사람이 회심했다는 소식을 들을 때마다 그녀의 찬송이 하나님의 초자연적 통로로 사용되었음을 알았습니다. 패니는 찬송을 영혼 구원의 목적으로 성별하면 하나님께서 찬송을 통해 기적을 일으키신다고 고백했습니다.

패니 크로스비, 찰스 웨슬리, 마틴 루터 외에 많은 이들이 작곡한 찬송가 가사는 지금까지도 놀라운 기름 부음을 흘려보내고 있다. 최근 어떤 문제와 씨름하고 있을 때, 이 찬송들이 나의 삶에 감동을 주었다. 이번 장에 소개할 찬송을 찾으려고 찬송가를 폈다가 "주 너를 지키시리"의 가사를 읽게 되었다. 찬송 가사를 읽는 동안 내 안의 무거운 짐이 떠났고, 마음에는 깊은 평강이 임했으며, 뺨에는 눈물이 흘러내렸다.

찬양은 중보다. 찬송이 최신 찬양이든, 1500년대의 찬양이든 전혀 중요하지 않다. 찬양에는 마음과 생각 속에 있는 사탄의 견고한 요새를 파쇄하는 능력이 있다. 성경은 중보 찬양을 기도 모임과 개인기도 시간에 적용할 수 있는 다양한 방법을 알려 준다. 우리가 찬양 전투에서 사용할 수 있는 몇 가지 무기와 이 무기를 기도 모임에 실제로 사용하는 방법을 살펴보자.

1. **할랄**(Halal) '자랑스러운, 흥분한, 찬양 가운데 나오는 엄청난 열정의 폭발'을 의미한다(할렐루야는 할랄에서 유래되었다). 탈무드와 미드라시는 이것이 악한 자의 패망과 관련이 있다고 강조한다(시 117:1).

2. **야다**(Yadah) '감사하다, 공적으로 인정해 드리다, 손을 펼치다, 두 손을 들고 경배하다'(대하 20:19-21)를 의미한다.

3. **바락**(Barak) '축복하다, 머리를 조아리다, 경배하며 무릎을 꿇다'(시 103:1, 2)를 의미한다.

4. **자마**(Zamar) '현악기를 연주하다, 하나님께 음악을 만들어 드리다'를 의미한다. 이것은 찬양의 음악적 동사다(시 144:9).

5. **샤박**(Shabach) '적절하게 높이 칭찬하다, 큰소리로 외치며 승리를 명령하다'(시 117:1)를 의미한다.
6. **테필라**(Tephillah) 누군가를 위한 중보, 간청, 찬송이다(사 56:7).
7. **토다**(Towdah) 감사와 감사함으로 손을 펼치는 것을 포함한다. 찬양의 제사를 드리는 것이다(시 50:23).

이처럼 찬양에는 다양한 무기가 있다.

행진

내가 모세에게 말한 바와 같이 너희 발바닥으로 밟는 곳은 모두 내가 너희에게 주었노니 _수 1:3

여호수아와 그의 군대가 여리고 주변을 행진한 것은 일종의 중보였다. 또한 중보할 때 필요한 인내의 본보기다. 여리고 주변을 한 바퀴만 더 돌면 우리가 처한 상황에 돌파가 일어날 텐데, 얼마나 많은 사람이 바로 그 앞에서 기도를 멈추었을까?

이런 행진은 이스라엘 백성에게 그랬던 것처럼 오늘 우리에게도 자유를 준다. 릭 형제는 조이 토가 댈러스에서 개최한 기도 모임에 참석했다. 조이는 찬양 전투 분야의 선두주자로, 이러한 중보로 최전방에서 사역하고 있었다. TV 프로듀서인 릭에게는 큰 문제가 있었다. 해야 할 일은 많지만, 필요한 TV 장비가 없었던 것이다. 심지어 빌릴 수도 없었다.

조이는 원 중앙에 릭을 세우고, 참석한 사람들은 기도하면서 그 주위를 행진했다. "우리는 싸우며 저돌적으로 구했습니다. 우리는 아주 공격적이었습니다"라고 릭은 말했다.

집회를 마친 후 릭은 매니저를 구하는 TV 프로그램 제작사 담당자를 우연히 만났다. 그 회사는 사무실뿐만 아니라 그에게 절실히 필요한 장비도 가지고 있었다. 그 만남을 통해 릭은 필요한 재정을 얻었고, 그 회사도 부를 창출하게 되었다.

행진과 관련된 또 다른 구절은 시편 48편 12절이다. "너희는 시온을 돌면서 그 곳을 둘러보고 그 망대들을 세어 보라."

밟기

우리가 하나님을 의지하고 용감히 행하리니 그는 우리의 대적들을 밟으실 자이심이로다 _시 108:13

내가 너희에게 뱀과 전갈을 밟으며 원수의 모든 능력을 제어할 권능을 주었으니 너희를 해칠 자가 결코 없으리라 _눅 10:19

밟기는 행진과 비슷하지만 더 공격적이다. 행진이 기도로 경계를 세우는 것이라면, 밟기는 실제로 원수의 능력을 막는 것이다. 조이 토의 기도 집회에서는 행진과 더불어 밟기도 했다.

시편 44편 5절은 말한다. "우리가 주를 의지하여 우리 대적을 누르고 우리를 치러 일어나는 자를 주의 이름으로 밟으리이다."

노래하기

> 너희가 거룩한 절기를 지키는 밤에 하듯이 노래할 것이며 피리를 불며 여호와의 산으로 가서 이스라엘의 반석에게로 나아가는 자 같이 마음에 즐거워할 것이라 여호와께서 그의 장엄한 목소리를 듣게 하시며 혁혁한 진노로 그의 팔의 치심을 보이시되 맹렬한 화염과 폭풍과 폭우와 우박으로 하시리니
> _사 30:29-30

내 아들 다니엘은 내반족(발목 관절의 이상으로 발목 밑이 굽어 발바닥이 안쪽으로 향하게 된 발로, 섰을 때 발바닥의 바깥쪽만 지면에 닿는다)으로 태어나 발을 구부릴 수 없었다. 의사는 발을 앞으로 구부릴 수 없기 때문에 다니엘이 걸을 수 없다고 말했다. 어느 날 밤 다니엘을 안고 있을 때, 내 마음속에 어떤 찬양의 후렴구가 떠올랐다.

마귀는 나를 묶어도 예수님은 나를 자유롭게 하셨네
마귀는 나를 묶어도 예수님은 나를 자유롭게 하셨네
마귀는 나를 묶어도 예수님은 나를 자유롭게 하셨네
영광 할렐루야 노래해 예수님은 나를 자유롭게 하셨네

나는 이 찬송을 한 시간 동안 반복해서 불렀다. 그리고 다니엘을 침대에 재웠다. 다음날 아침 기저귀를 갈다가 아들의 발이 펴진 것을 발견했다. 아이의 발은 작고 앙증맞은 신발에 쉽게 들어갔다. 내가 찬양했을 때, 다니엘의 발에 뭔가 놀라운 일이 일어난 것이다. 원수의 권세는 깨졌다. 하나님께서 아이의 발을 만지신 것이다.

손뼉 치기

너희 만민들아 손바닥을 치고 즐거운 소리로 하나님께 외칠지어다 _시 47:1

스트롱 사전에 의하면, 위 말씀의 '손바닥을 치다'에서 '땡그렁 울리다, 세게 때리다, 치다'라는 뜻의 '테케'(teqae)라는 단어가 사용되었다. 따라서 주 하나님은 말씀하신다. "너의 주먹으로 치고 발로 밟으라." 성경에서 박수는 찬양뿐만 아니라 전쟁과 관련이 있다. 손뼉을 치는 것은 멍에를 부수는 하나의 도구다.

소리치기

그 주위(바벨론)에서 고함을 지르리로다 그가 항복하였고 그 요새는 무너졌고 그 성벽은 허물어졌으니 이는 여호와께서 그가 행한 대로 그에게 내리시는 보복이라 그가 행한 대로 그에게 갚으시도다 _렘 50:15

유다 사람이 소리 지르매 유다 사람이 소리 지를 때에 하나님이 여로보암과 온 이스라엘을 아비야와 유다 앞에서 치시니 _대하 13:15

뉴욕 할렘가에서 '영광의 불' 콘퍼런스 중 주님께서 우리가 교회의 문을 활짝 열고 할렘가로 나가 열정 가득한 기쁨의 찬양을 쏟아내길 원하신다는 감동을 받았다. 나이 지긋한 아프리카 출신 미국인 중보자가 할렘 초창기 때 불렀던 오래된 찬양을 부르기 시작했다.

우리는 악기도 없이 노래하고 손뼉 치고 외치며 행진했다. 영혼 구원을 향해 부르짖는 소리가 거리마다 스며들었다. 할렘은 음악의 도시다. 우리는 음악적으로 탁월하지는 않았지만, 부족한 부분을 열정으로 채웠다. 할렘에 있는 스페인계 사람들은 흑인들과 춤을 추었고, 우리 중 몇몇 백인은 덤으로 끼었다. 우리는 도시를 향해 노래를 불렀고, 하나님께서 그 도시에 다시 한 번 생기를 불어주시도록 부르짖었다.

나는 오늘 그곳에서 정확히 무슨 일이 일어났는지 보고할 수 있어서 매우 행복하다. 하나님은 사람이 많든 적든 치유하길 원하시는 도시를 황인, 흑인, 백인이 만들어낸 기쁨의 소리를 통해 구원하실 수 있다.

우리가 할렘에 도착했을 때, 할렘의 여러 도시에 변화를 주시는 하나님의 역사를 보고 있다는 증거를 얻었다. 우리는 하나님의 능력이 도시를 바꿀 수 있다는 것을 알았다. 9장에서 아르헨티나 레지스텐시아에서 귀국행 비행기에 탔을 때 있었던 일을 간증했다. 추수전도단에 소속된 우리 팀은 레지스텐시아 플랜을 도와 영적 전쟁의 임무에 착수했다. 우리가 그 도시를 연구했을 때 강한 자, 즉 죽음의 영 '산 라 무에르떼'가 음악을 통해 숭배받기 원한다는 것을 확실히 알아냈다. 마을 광장에는 악기를 연주하는 그의 그림이 있었다. 그 도시를 위해 준비기도를 할 때, 시편 32편 7절을 주셨다. "주는 나의 은신처이오니 환난에서 나를 보호하시고 구원의 노래로 나를 두르시리이다."

그 도시를 점령할 주님의 전략을 구할 때, 찬양 전투를 해야 한다는 강한 확신이 들었다. 왜냐하면 그 도시의 영들은 음악을 통해 숭배받고 있었기 때문이다. 하나님의 빛은 찬양을 통해 어둠을 이긴다. 우리는 이번 장에서 다른 다양한 전쟁 무기를 사용했다. 우리는 노래하고 손뼉 치며 행진하고 소리쳤다. 다섯 시간의 기도 후 우리는 큰 소리로 외쳤다.

우리가 승리의 큰 함성을 외쳤을 때, 엄청난 돌파의 기쁨을 느꼈다. 우리가 육의 눈으로 어떤 변화가 일어났는지 보지 못했지만, 레지스텐시아에 있는 산 라 무에르떼 숭배의 뿌리가 잘렸다는 것을 영으로 알았다.

"일곱 번째에 제사장들이 나팔을 불 때에 여호수아가 백성에게 이르되 외치라 여호와께서 너희에게 이 성을 주셨느니라"(수 6:16). 그때 만일 백성이 외치지 않았다면 어떻게 되었을까? 어쩌면 여리고 성벽은 무너지지 않고 승리도 누리지 못했을 것이다.

웃음

웃음의 무기는 매우 강력하며, 중보에 있어서 필수적이다. 중보자는 매일 수많은 심각한 문제와 기도 요청을 받기 때문에 쉽게 탈진할 수 있다. 중보 찬양에서 웃음에는 기본적으로 두 가지 용도가 있다. 첫째는 개인 보호와 감정의 건강을 지켜주고, 둘째는 사탄과 그의 세력을 향한 직격탄이다. 이 부분은 앞에서 이미 언급했지만, 여기서 조금 더 살펴보자.

1) 개인 보호와 감정의 건강

중보자는 기도 요청 때문에 때때로 큰 부담감에 휩싸인다. 웃음은 이러한 중보의 중압감에서 중보자를 지켜줄 수 있는 중요한 안전장치다.

조금 이상하게 들릴 수 있지만, 주님은 직면한 상황이 나를 삼키지 못하도록 심각한 위기 가운데 웃을 수 있는 능력을 선물로 주셨다. 남편과 나는 〈리더스 다이제스트〉에 나오는 농담을 읽거나 서점에 가서 웃긴 엽서를 산다. 그렇게 하는 아주 단순한 이유는 잠언 15장 13절의 말씀처럼 "마음의 즐거움은 얼굴을 빛나게 하여도 마음의 근심은 심령을 상하게" 하기 때문이다.

웃음과 중보 찬양은 어떤 관계가 있을까? 당신이 치열한 영적 전쟁을 치르고 있을 때, 이 두 가지가 당신을 누르고 우울하게 만드는 원수의 힘을 꺾는다. 우울함은 당신의 영적 근력을 약하게 만든다. 일반적인 연구 자료만 봐도 웃음이 좋은 양약이라는 것을 알 수 있다. 마음껏 웃으면 혈관에 산소가 공급되어 몸에 긍정적인 변화가 일어난다.

2) 사탄과 그의 세력을 향한 직격탄

전쟁 중 웃는 것은 적을 조롱하는 것이다. 시편 37편 12-13절은 말한다. "악인이 의인 치기를 꾀하고 그를 향하여 그의 이를 가는도다 그러나 주께서 그를 비웃으시리니 그의 날이 다가옴을 보심이로다."

이 책을 집필하는 동안 이와 관련된 소소한 경험을 했다. 1990년 이 책을 처음 썼을 때, 나는 컴퓨터가 없어서 다른 사람의 기계를 빌려야 했다. 글을 복사해서 붙이는 방법도 모를 정도의 컴맹이었으니 얼마나 당혹스러웠겠는가?

당시 글을 쓰려고 할 때마다 기계에 많은 문제가 생겼다. 하나를 고치면 또 다른 문제가 계속 터졌다. 타자기는 여섯 번 고장이 났고, 친구에게 빌린 두 대의 컴퓨터가 고장 났으며, 두 대의 팩스 역시 작동하지 않았다. 어느 날 타이핑하려고 책상에 앉았을 때, 모든 것이 잘 되는가 싶더니 타자기가 먹통이 되었다. 더는 아무것도 할 수 없게 되었을 때, 나도 모르게 웃음이 나왔다. 너무 심하게 웃어서 고개조차 들 수 없었다. 그러자 타자기가 작동하기 시작했다.

이것이 우연일까? 그럴 수도 있다. 하지만 한 가지 꼭 말해 주고 싶은 것이 있다. 그 타자기는 그 이후로 전혀 문제가 없었고, 오히려 성능이 훨씬 더 좋아졌다는 것이다.

기쁨

중보에 있어서 웃음과 기쁨은 연관성이 있다. 앞서 언급한 것처럼 기쁨은 중보의 중요한 부분이다. 기쁨이 우리에게 힘을 주기 때문이다.

시편 149편 2절은 말한다. "이스라엘은 자기를 지으신 이로 말미암아 즐거워하며 시온의 주민은 그들의 왕으로 말미암아 즐거워할지어다."

조이 도의 책 《찬양이란》(Praise Is)에 소개된 '즐거운'의 히브리적 의미는 다음과 같다.

> 이 본문에 등장한 즐거운의 히브리어 '구울'(guwl)은 (아주 격하게 기쁜 감정의 영향으로) 빙글빙글 돈다는 뜻이다. 구울은 스바냐 3장 17절에도 나타난다. "너의 하나님 여호와가 너의 가운데에 계시니 그는 구원을 베푸실 전능자이시라 그가 너로 말미암아 기쁨을 이기지 못하시며 너를 잠잠히 사랑하시며 너로 말미암아 즐거이 부르며 기뻐하시리라."

"너로 말미암아 즐거이 부르며(singing) 기뻐(구울)하시리라"는 것은 하나님이 격한 기쁨 때문에 빙글빙글 도신다는 뜻이다.

기쁨에 대한 우리의 개념은 본문에 나타난 것과 같지 않을 수 있다. 날마다 주님과 동행할 때, 우리는 내면에 일어나는 잠잠한 기쁨과 더욱 친근하다. 하지만 중보할 때 오는 기쁨은 격한 감정부터 잔잔한 평강에 이르기까지 모든 영역을 포함한다.

제자들이 마귀를 이기고 돌파했을 때, 예수님은 성령으로 기뻐하셨다. "그 때에 예수께서 성령으로 기뻐하시며"(눅 10:21). 이 기쁨은 즐거움으로 뛰며 미친 듯이 기뻐한다는 뜻이다. 기쁨은 중압감을 깨고 눌림을 풀어준다.

기쁨이 영전 전쟁에 사용된 한 가지 예를 들고 싶다. 1989년 주님은 예언의 말씀을 통해 텍사스 산 안토니오에 있는 국제 어글로우 성회(International Aglow Convention)에 가길 원하셨다. 이 말씀은 엘리자베스 알베스 팀과 내가 성회 전에 서로 예언했을 때 받았다. 예언의 마지막 말씀은 영적 전쟁과 어글로우 안에 있는 새로운 기도 운동에 관한 것이었다. 나는 이렇게 선포했다. "일어나라 하나님의 여인들이여, 전쟁의 때가 왔다!" 내 입에서 예언이 나가자, 여성들의 기쁨과 환희의 소리가 쟁쟁하게 울렸다. 60개국에서 온 8,000명의 참가자들은 예언의 말씀을 듣고 하나님을 찬양하며 큰소리로 외쳤다. 마치 거대한 사자가 포효하는 것 같았다.

그 기쁨은 현재 172개국에 영향을 주는 국제 어글로우 기도 운동을 탄생시켰다. 중보할 때, 종종 우리가 인식하지 못한 일들이 벌어진다. 중보가 실제로 하늘의 견고한 요새들을 무너뜨리기 때문이다. 어글로우 기도 운동은 예언과 환성, 환희와 박수와 기쁨을 통해 태동했다.

중보 가운데 경험하는 기쁨은 스바냐 3장 17절에 나타난 하나님처럼 기뻐 뛰는 것을 포함한다. 그 기쁨은 때때로 춤으로 표현되기도 한다. 이것이 서양 문화에서는 조금 낯설게 느껴질 수 있지만, 기쁨으로 뛰며 돌고 춤추는 것이 자연스러운 유대 문화에서는 전혀 이상하지 않다.

최근 영적 전쟁 네트워크 기도실에서 이런 일이 일었다. 중보자들은 우리가 직면한 시련 때문에 마이크와 나를 위해 기도하고 있었다. 그런데 기도의 용사인 제인이 갑자기 벌떡 뛰어올라 기쁨의 춤을 추기 시작했다. 제인은 이 부분에 탁월한 은사가 있다. 그녀의 춤이 기쁨으로 충만했기 때문에 다른 중보자들은 그것을 보며 한껏 기뻐했다. 마이크와 나는 기쁨의 춤이 중보라는 것과 이런 형태의 중보의 능력이 시련의 때를 은혜로 통과할 수 있도록 도와준다는 것을 깨달았다.

실제적 적용

기도 모임에 중보 찬양을 적용할 수 있는 방법은 무엇일까? 가장 먼저 기억해야 할 것은 성령님은 다채로운 감정을 가지고 계시며, 다양한 방법으로 자신을 나타내신다는 것이다. 중보의 방법에 관한 한 우리는 늘 성령님의 뜻에 민감해야 한다.

또 하나 염두에 둘 것은 종종 주님이 우리의 문화나 신앙 체계 안에서 역사하신다는 것이다. 특정한 중보 방법을 고집하지 마라. 하나님께서 당신의 기도 모임에 친히 임하시도록 맡겨 드려라. 이 교회에 아주 적합한 방법이 저 교회에서는 엄청난 혼란을 일으킬 수 있다.

다양한 형태의 중보 찬양이 어떻게 조화를 이루게 할 것인가? 중보 모임에서 찬양을 중심으로 할 수 있는 한 가지 틀을 소개하겠다.

많은 사람이 기도 모임에 무거운 마음으로 오기 때문에 먼저 찬양으로 시작하는 것이 좋다.

수고하고 무거운 짐 진 자들아 다 내게로 오라 내가 너희를 쉬게 하리라 나는 마음이 온유하고 겸손하니 나의 멍에를 메고 내게 배우라 그리하면 너희 마

음이 쉼을 얻으리니 이는 내 멍에는 쉽고 내 짐은 가벼움이라 하시니라 _마 11:28-30

주님을 찬양하면, 그분은 우리의 짐이 아닌 주님의 멍에나 짐을 우리의 기도 제목으로 주신다. 대부분 너무 사적인 문제에 사로잡혀 기도하기 때문에 하나님의 계획에 맞는 기도 제목으로 진정한 중보를 하지 못하고 있다. 그러면 성령의 감동이 아닌 인간적 감정으로 기도를 마치게 된다.

마태복음 6장 33절은 이렇게 촉구한다. "그런즉 너희는 먼저 그의 나라와 그의 의를 구하라 그리하면 이 모든 것을 너희에게 더하시리라."

경배는 찬양으로 시작하는 것이 좋다. 어떤 사람은 찬송가를 사용하고, 또 어떤 사람은 최신 찬양을 더 선호할 것이다. 어느 쪽이든 찬양으로 기도 모임을 시작하면 좋다. "감사함으로 그의 문에 들어가며 찬송함으로 그의 궁정에 들어가서 그에게 감사하며 그의 이름을 송축할지어다"(시 100:4).

구약시대에 성문은 중요한 장소였다. 장로들은 성문에 앉아서 법적인 문제를 판결했다. 주님의 성문은 그분의 전략이 풀어지는 곳이다. 감사와 찬양으로 중보기도 모임을 시작하면, 우리는 하나님의 뜻을 알 수 있는 계시의 세계로 들어가게 된다.

이렇게 예배하는 동안 찬양의 일곱 가지 히브리어 단어를 생각해 보라. 하나님께서 우리의 중보를 지휘하시면, 모든 사람이 성령의 감동을 따라 조화를 이루며 움직이게 될 것이다. 만일 당신이 주님을 조용히 경배하면, 그것은 '바락'(barah)의 때다. 어떤 때는 손을 들거나 손뼉을 칠 수도 있다.

선포의 시간을 가질 수도 있다. "다시는 강포한 일이 네 땅에 들리지 않을 것이요 황폐와 파멸이 네 국경 안에 다시 없을 것이며 네가 네 성벽을 구원이라, 네 성문을 찬송이라 부를 것이라"(사 60:18). 선포는 하나님의 속성, 즉 그분의 이름, 성품, 본질을 외치는 것이다.

어느 날 기도 중에 우리가 왜 하나님을 참으로 선하신 분이라고 말하는지 곰곰이 생각했다. 주님은 우리의 찬양을 받기에 합당한 분이시고, 또 우리에게 그분을 찬양하라고 명령하시기 때문에 찬양한다.

한참 생각하고 있을 때 이런 말씀이 임했다.

"내가 이기적이라고 생각하느냐?"

"아니요, 주님. 주님은 전혀 이기적이지 않으십니다. 주님이 이기적이신 것은 불가능한 일이잖아요."

"그러면 너는 내가 왜 찬양받기 원한다고 생각하느냐?"

나는 이 질문을 잠시 생각해 보았다. 내가 대답하기 전에 주님은 계속 말씀하셨다.

"신디, 네가 나를 찬양하기를 원하는 이유는 찬양할 때 내가 찬양하는 그대로 되기 때문이란다. 재정이 필요할 때 나를 여호와 이레로 찬양하면, 네가 처한 재정의 상황에 들어가 너의 필요를 채운단다. 나의 유익이 아닌 너의 유익을 위해 나를 찬양하기 원한단다."

이것은 엄청난 계시였다. 나는 측량할 수 없는 주의 선하심으로 주님을 더욱 존경하게 되었다.

핵심은 이것이다. 우리가 구체적으로 기도하듯이 구체적으로 찬양하는 법을 배워야 한다. 만일 하나님께서 열방을 변화시키시길 원한다면, 열방을 변화시키는 것에 관해 하나님을 찬양하라. 주님의 위로의 임재가 풀어지길 원한다면, 주님께 그것에 대해 찬양하라. 그것이 바로 하나님의 임재가 그분의 백성에게 나타나게 하는 방법이다.

우리는 어떻게 하면 실제로 그렇게 할 수 있을까? 중보 찬양 시간에 주님을 구할 때 무엇을 노래할 것인지, 다양한 예배 속에서 어떻게 노래할지를 주님께 물어보라. 우리가 노래하고 손뼉 치며 찬양할 때, 우리의 겸손의 무릎이 멍에를 파쇄할 것이다.

이런 준비 외에 성령께서 특정한 방식으로 중보 예배의 한 부분에 특별한 기름을 부으실 때, 우리는 성령의 인도하심에 마음을 열어 두어야 한다. 우리가 성령께서 찬양 가운데 행하실 일들에 관해 주님께 묻는 것을 게을리하고, '여느 때와 다름없이' 예배 순서를 진행하기 때문에 예배 시간에 임하는 강력한 중보의 순간들을 놓치는 것이다. '판에 박힌' 예배를 드리지 않도록 주의해야 한다. 모든 예배는 어떤 면에서 예언적 중보다.

몇 년 전, 나는 유명한 음악 그룹의 리더인 아나 파울라 발라다오 베사가 주관하는 예배 콘퍼런스에서 말씀을 전하고 있었다. 콘퍼런스에는 약 18,000명의 예배자가 참석했다. 예배 중 나는 브라질의 부패를 대적하는 예언을 선포하기 시작했다. 그때 나는 브라질 가운데 역사하는 부패의 정사를 묶으라는 감동을 받았다. 그래서 우리는 오랜 시간 찬양으로 강력한 영적 전쟁을 하였다.

그 결과는 무엇일까? 엄청난 부패가 폭로되기 시작했고, 대통령은 탄핵되었다. 물론 최고 경영자들과 고위 공직자들의 잘못도 드러났다. 부패와 공금 남용을 규탄하는 시가행진이 이어졌다. 하나님을 높이 찬양할 때, 브라질의 부패한 어둠의 일들을 숨기고 있던 강한 자가 결박되었다.

우리가 모여 찬양할 때, 누군가의 마음에 어떤 노래가 떠오르는 일이 빈번하게 일어난다. 인도자는 그 노래가 적합한지 결정할 수 있다. 그것은 누군가에게 축복과 위로를 주고, 주님께 감사하며, 함께 간청하는 상황에 대한 원수의 권세를 깨뜨리는 찬양일 수도 있다.

중보기도를 진행하면서 다양한 중보 찬양을 사용할 수 있다. 예를 들어, 중보자들 모두 손뼉을 치는 것이다. 이것은 강하게 내리치는 박수의 한 형태다. 당신이 싸우고 있는 상황 가운데 역사하는 사탄의 궤계를 멈추도록 손뼉을 강하게 치는 것이다. 모든 사람이 손뼉 치는 것을 멈추면, 그 일이 마무리되었다는 것을 알게 될 것이다. 성령님은 거룩한 지휘자이시다. 어떻게 이런 일이 일어나는지를 생각하면 놀라울 뿐이다.

어떤 경우에 당신은 힘겨운 문제를 놓고 행진할 수도 있는데, 이는 그 문제를 발로 세게 누르거나 밟는 것이다. 만일 당신이 기도 응답의 돌파를 경험하지 못하고 있다면, 예언적 행진을 통해 하나님의 능력을 강력하게 풀어놓을 수 있다.

1990년 8월 인디애나폴리스에서 열린 북미 갱신 대회(North Amercan Renewal Congress) 때, 우리는 기도실에서 영적 전쟁을 치렀다. 우리가 기도하고 있을 때, 새벽 1시쯤 성회 지도자 한 사람이 기도실에 왔다. 우리는 잠시 기도를 멈추고 무슨 도움이 필요한지 물었다. 그는 대회의 심각한 재정 위기에 대해 설명했다. 다음날까지 30만 달러의 기적이 필요했다. 그는 참으로 적절한 때에 왔다. 왜냐하면 우리가 하나님께 불가능은 전혀 없다고 열심히 기도하고 있었기 때문이다.

한 중보자가 주머니에서 얼마의 돈을 꺼냈다. 돈이 없는 사람들도 헌신적으로 헌금했다. 나병 환자를 돌보며 믿음으로 사는 가톨릭 수녀는 자신의 전부를 바쳤다. 그 돈이 바닥에 쌓였을 때, 우리는 중보 찬양으로 기도하기 시작했다. 우리는 '바락'(barak)했고, 무릎 꿇고, 주님을 송축하며 그분의 공급하심에 감사드렸다. 우리는 선포했다. "주님, 단 한 마리의 생선만 있으면 이 필요가 채워질 것입니다"(마 17:27). 우리는 말했다. "자,

이제 가서 한 마리의 물고기를 기도로 잡읍시다." 우리는 사탄을 향한 메시지를 신발 바닥에 붙였다. 사탄에게 대회를 주관하는 단체가 극심한 어려움을 당하도록 내버려 두지 않겠다고 알렸다. 그리고 원수를 밟았다. 우리는 주님의 공급하심에 감사하며 기쁨으로 행진했다. 결국 우리는 강력한 돌파를 이루었고, 주님의 기쁨이 우리의 마음에 충만했다. 우리는 응답이 오고 있음을 알았다.

다음날 저녁, 마지막 집회를 마치자 사람들이 떠나기 시작했다. 그날 밤 모인 헌금은 총 15만 달러였다. 큰 액수였지만 여전히 15만 달러가 부족했다. 하지만 아직 저녁이 다 지나간 것은 아니었다. 우리 중 일부가 단상 주변에 서 있을 때, 작고 겸손한 여인이 빈슨 사이난 박사에게 다가왔다.

"실례지만 재정이 얼마나 부족한지 알 수 있을까요?"

사이난 박사는 15만 달러라고 알려 주었다.

"내가 그 적자를 감당하겠습니다. 다음 주까지 우리 재단에서 수표를 보내겠습니다."

우리는 모두 하나님의 공급하심으로 인해 뛸 듯이 기뻤다. 하나님은 우리를 위해 치유, 확신, 보호, 재정적 필요를 끊임없이 공급하실 것이다. 우리를 향한 하나님의 갈망을 알고 중보 찬양으로 그분 앞에 나아가면, 한 번도 보지 못한 놀라운 돌파를 경험할 것이다. 우리 손에 강력한 도구가 있다. 우리는 이것을 사용하는 법을 주님께 배우기만 하면 된다.

더 깊은 중보기도를 위한
소그룹 스터디 POSSESSING THE GATES OF THE ENEMY

■ **핵심 성경 구절**

이사야 14:12, 마태복음 16:18, 에베소서 1:21, 예레미야 1:10, 누가복음 11:17-22, 에베소서 3:10, 에스겔 28:11-19, 고린도후서 2:11, 에베소서 6:11-12, 다니엘 10:12-13, 고린도후서 10:4, 골로새서 2:15, 마태복음 11:12

01 영적 전쟁에서 찬양과 기쁨이 중요한 이유는 무엇인가?

02 찬양과 노래를 그리스도의 몸을 '기쁘게 하는 것'으로 간주하는가? 마귀가 하나님 찬양하는 것을 얼마나 증오하는지 아는가?

03 찬양은 중보에 어떻게 기여하는가? 찬양은 기도의 초점에 어떤 영향을 주는가?

04 당신의 교회는 중보 찬양을 통한 영적 전쟁을 포함한 길거리 전도 축제를 하는가?

05 당신은 걷고, 행진하고, 밟고, 노래하고, 손뼉 치고, 외치고, 웃는 기도팀을 보거나 거기에 참여한 적이 있는가? 이런 것들은 중보에 적절하고 효과적인가?

06 어떤 형태의 중보 찬양이 당신의 모임에 적합한가? 전 교회가 모이는 집회에는 어떤 것이 좋겠는가?

07 우리의 필요와 관련된 하나님의 속성을 찬양하기 전까지 하나님의 응답을 받을 수 없는 이유는 무엇인가?

CHAPTER 14

연합 중보

THE CALL TO INTERCEDE

연합 중보는 많은 사람이 함께 기도하는 것이다. 이것은 하나님의 위대한 역사를 일으키는 중보에 더욱 강력한 힘을 실어 준다. 또한 전도와 부흥 가운데 하나님의 초자연적인 임재에 대한 큰 확신을 뜻한다. 도널드 블로쉬의 《기도의 투쟁》(The Struggle of Prayer)은 복음 전파에 있어서 다른 사람들과 연합된 합심기도의 중요성을 다음과 같이 기술한다.

중보기도는 초창기 중국 내지 선교의 확실한 성공의 열쇠로 알려졌다. 1886년 중국에서 열린 콘퍼런스에서 선교사들은 최소 100명의 새로운 선교사가 필요하다는 데 동의했다. 불가능한 도전에 대해 토의하던 중 한 사람이 이렇게 물었다. "하나님께 너무 힘들어서 못하실 일이 있을까요?" 모인 이들은 한마음으로 간절하게 열정적인 중보를 시작했다. 계속 기도할수록 그들의 기도가 분명하게 응답될 거라는 확신이 그들을 사로잡았다. 그들은 100명의 선교사를 보내주신다는 하나님의 약속에 감사와 찬양으로 모임을 마쳤다. 바로 그해 중국 내지 선교에 자원하는 사람들의 수가 급격히 늘었고, 그해가 끝나기 전에 100명의 새로운 선교사들이 파송되었다.

"하나님께 너무 힘들어서 못하실 일이 있을까요?"라는 질문은 연합 중보에 경종을 울렸다. 진실로 우리는 두세 사람이 합심해서 어떤 일을 진행하면, 하늘에 계신 우리 아버지께서 이루어 주신다는 하나님의 약속을 받았다(마 18:19). 이 말씀에 "또 너희 다섯이 백을 쫓고 너희 백이 만을 쫓으리라"는 레위기 26장 8절의 말씀을 더하면, 전혀 의심하지 않고 구할 수 있는 담대함이 당신의 마음과 생각에 솟아오를 것이다.

우리는 세상 나라들의 역겨운 죄와 사악함에 대해 하나님께 부르짖도록 세계적인 연합기도로 부르시는 하나님의 나팔소리를 듣고 있다. 세상의 타락을 슬퍼하는 신자들의 눈을 가리는 덮개가 떨어져 나가고 있다. 그리고 그들은 열방을 위한 연합기도에 합류하고 있다.

역대하 7장 14절은 이런 기도 모임을 관통하는 중심 주제다. "내 이름으로 일컫는 내 백성이 그들의 악한 길에서 떠나 스스로 낮추고 기도하여 내 얼굴을 찾으면 내가 하늘에서 듣고 그들의 죄를 사하고 그들의 땅을 고칠지라."

교단의 경계를 뛰어넘는 많은 그리스도인이 그들의 도시와 나라를 위해 기도하기 위해 모이고 있다. 이런 연합적 중보의 때에 나타나는 공통된 특징이 있다.

• 하나님 앞에 스스로 깊이 겸비함

- 개인과 공동체의 죄를 회개함
- 도시와 나라를 위해 하나님께 기도함
- 지역을 장악한 정사들을 대적하기 위해 영적 전쟁에 동참함

이런 사람들은 어떤 결과를 만들어 낼까? 다음 이야기를 깊이 생각해 보자.

국제 예수전도단의 젊은 사역자 제이슨 허쉬는 워싱턴 D.C.의 국회의사당 근처 상가에 24시간 예배하는 천막을 치는 환상을 보았다. 그래서 그들은 2012년부터 밤낮으로 중보 예배와 기도를 해왔다. 수백 명의 예배팀과 중보자들은 상가에 있는 천막에 모였고, 때때로 천막을 이곳저곳으로 옮겨야 했다. 나는 그들의 24시간 예배의 부르심이 하나님의 긍휼을 미국에 쏟아붓는 일에 일조한다고 믿는다.

이것이 지정학적 지역에 영향을 준 유일한 기도 운동은 아니다. 여러 해 전 우리는 CFNI(Christ for the Nations)와 함께 '40일간의 기도'를 후원했다. 이 기도 운동을 일으킨 촉매제는 샘 브라스필드가 우리에게 전한 예언의 말씀이었다. 그는 하나님께서 텍사스주 댈러스에 부흥의 우물을 '다시 파실 것'이며, 치유 운동이 일어나 그 지역에 있는 수백 개의 교회와 세계에 영향을 줄 것이라고 말했다.

역사적으로 댈러스에서 '치유의 목소리'라는 위대한 부흥이 CFNI의 창시자인 고든 린드세이를 통해 일어났다는 것을 우리는 잘 알고 있었다. 사실 CFNI는 이 부흥사의 기름 부음을 받은 학생들을 가르치기 위해 시작되었다. 오랄 로버츠와 윌리엄 브르햄 같은 치유 복음 전도자들은 그 당시 역사한 하나님의 운동에 동참했다. 이를 통해 전 세계의 수

많은 사람의 병이 나았다.

우리는 그 예언이 우리의 순종 여부에 따라 달라지는 조건적인 예언이라는 것을 알았다. 그래서 기도를 소집했고, 우리 세대에 하나님의 운동이 풀어지도록 구했다.

'40일간의 기도'의 결과로 수백 명의 사람들이 치유와 구원을 받았고, 그 지역에 있는 교회들과 세상에 있는 많은 교회가 기적을 경험했을 뿐만 아니라 현재까지도 계속 진행되고 있다.

내가 이것을 말하는 이유는 그 기도실이 위치한 도시에서 일어난 일 때문이다. 오크 클리프는 폭력과 마약 문제가 심각한 우범 지역이다. 어느 날 밤 24시간 기도 파수를 하던 중보자가 카페에 갔다가 우연히 두 경찰의 대화를 듣게 되었다.

"요즘 어때요?"

"천천히, 아주 천천히, 이 주변에서 아무 일도 터지지 않고 있어요."

이것은 참으로 엄청난 소식이었다. 지난 40일 동안 드린 엄청난 중보로 어둠의 권세가 결박되었다. 만일 우리가 날마다 중보기도로 우리의 도시를 채운다면, 어떤 놀라운 일들이 일어날까?

연합 중보의 효과는 부흥과 교회 성장에서도 확연히 드러난다. 이것은 조용기 목사가 개척한 여의도순복음교회처럼 기도하는 교회에서 볼 수 있다. 그는 그의 책 《기도: 부흥의 열쇠》에서 다음과 같이 말한다.

여의도순복음교회가 경이롭게 성장한 것은 기도 때문입니다. 우리 교회 성도들은 쉼 없이 기도합니다. 주말마다 대략 10,000명의 사람이 기도원에 모여 영혼 구원을 위해 중보하고, 또 교회와 자신을 위해 기도합니다. 기도는 이

거대한 배를 움직이는 원동력입니다.

정말 흥분되는 소식은 오산리 기도원만 매일 24시간 기도하는 유일한 기도원이 아니라는 것이다. 다른 나라도 이렇게 한다면 얼마나 아름다울까? 지난 몇 년 동안 미국은 놀랍게 변화하고 있다. 로버트 서머스와 그의 교회는 우리 집 근처에 기도원을 지었다. 그곳에 가면 댈러스 힐 컨트리로 알려진 조 풀 레이크의 아름다운 모습을 볼 수 있다. 미국 곳곳에 이런 기도원이 있다.

지역 교회 안에서, 그리고 지난 몇 년간 지역의 우편번호를 따라 '기도하며 걷는' 운동을 하는 프레이 뉴욕(Pray New York) 같은 단체처럼 도시적 기도 모임 안에서 이들을 통해 하나님께서 그분의 백성을 연합기도로 부르신다는 것을 확신하는 것은 그리 어렵지 않다. 왜 뉴욕에 테러리스트의 공격이 일어나지 않는지 많은 사람이 궁금해한다. 나는 그 이유가 성별된 기도의 능력 때문이라고 믿는다. 지금까지 놀라운 연합기도의 실례를 살펴보았는데, 꼭 말해 주고 싶은 몇 가지 실제적인 문제가 있다.

연합기도를 효과적으로 촉진하기 위해서는 반드시 체계와 질서를 잡아야 한다. 기도 사역자는 반드시 이 작업을 해야 한다. 그리고 기도가 도시 변혁 운동의 단순한 부산물이 아니라는 것을 확고히 해줄 중심 인물이 꼭 있어야 한다. 기도는 도시 변혁이 일어난 후에 일어난 것이라기보다 변혁을 위한 필수요소다.

앞으로 기도 사역자를 선택하는 법, 기도 사역자의 자료집 작성법, 목회자 또는 단체 사역자와 기도 사역자 사이의 의사소통하는 방법에 대해 다룰 것이다. 이 정보는 많은 문제를 미연에 방지할 수 있는 안전장치가 될 것이다.

기도 사역자 선택

첫 번째 일은 기도 사역자를 알아내는 것이다. 교회나 기관은 어떤 사람이 그 일에 적임자라는 것을 어떻게 알 수 있을까? 기본적으로 그가 주님과 깊이 동행하고 중보 사역에 부르심이 있어야 한다는 것은 말할 필요도 없다. 여기에 몇 가지 고려해야 할 질문이 있다.

1. 신중한 사람인가?
2. 사역과 여러 모임에서 신뢰와 충성을 인정받고 있는가?
3. 섬기는 종의 마음이 있는가? 사역에 대해 열망을 가지고 있는가? 중보 모임을 인도하길 원하는가, 이 사역을 일으키고 싶어 하는가?
4. 조종하고 통제하려는 성향이 있는가? 어떤 기도 모임에는 감정적 장애가 있다. 그들은 기도 사역자의 의견에 극도로 의존한다. 때때로 기도 사역자는 반드시 자기가 정한 방식을 따라 행동해야 한다고 위협하거나 거짓 예언으로 무언가를 강요하고, 그렇게 하지 않으면 하나님이 기뻐하지 않으실 것이라고 몰아붙인다. 또 어떤 경우에는 사역자가 기도를 강요하고, 사람들이 기도하지 않으면 정죄감을 갖게 한다. 그들은 기도하도록 찔림을 주는 일이 성령님의 몫이라는 것을 모른다.
5. 배우려는 마음이 있는가? 대부분의 중보자는 그렇지 않지만, 어떤 사람들은 거만한 영을 드러낸다.
6. 감정적 안정감이 있는가? 기도 사역자의 가정은 질서가 잡혀 있어야 한다. 이것은 거듭나지 않은 배우자를 둔 사람은 기도회를 인도할 자격이 없다는 뜻이 아니다. 쓴 뿌리나 분노의 문제가 있거

나, 특히 다른 교회와 사역자에 관해 어떤 말을 하는지 유심히 지켜보라. 과거의 상처는 지도력에 스며들어 목회자나 다른 사역자와의 관계에 악영향을 미친다.
7. 매일 기도와 성경 공부를 하고 있는가?
8. 사랑과 온유함으로 교정해 줄 자질이 있는가? 독재적이고 냉혹한 방법으로 지도력을 표출하고 있는가?
9. 십일조 생활을 하고 있는가? 어떤 모임은 이것을 선택사항으로 여기지만, 나는 이것이 매우 중요하다고 생각한다. 간혹 기도 사역자의 배우자가 십일조를 하지 못하도록 막을 때도 있다. 하지만 그런 상황일지라도 시간의 십일조는 가능할 것이다.
10. 리더십이 있는가?

기도 사역자 자료집

기도 사역자는 반드시 교회나 소속 단체의 비전을 명확히 이해하고 지지해야 한다. 하박국 2장 2절은 말한다. "너는 이 묵시를 기록하여 판에 명백히 새기되 달려가면서도 읽을 수 있게 하라."

어떤 목회자는 교회의 필요를 따라 기도할 능력이 없거나 교회의 기도 생활을 발전시킬 생각이 없는 사람을 기도 사역자로 세운다. 더욱 좋지 않은 것은, 중보 담당자는 목회자가 원하는 방식으로 인도해야 한다는 목회자의 생각이다. 기도 사역자는 지도자의 스타일을 모방할 것이 아니라, 목회자의 가르침과 궁극적인 목표에 합심하는 것이 중요하다.

다음은 기도 사역자 자료집과 관련해서 점검해야 할 내용이다. 교회나 사역단체의 목회자들은 기도 사역자 자료집을 만들고 발전시켜 나가야 한다.

1. **교회의 교리와 사명 선언문**
2. **헌신 서약서** 교회나 기관의 교리뿐만 아니라 목회자나 사역자들과 맺는 헌신 서약이다.
3. **권위 선언문** 기도 사역자의 권위 범위를 상세히 설명해야 한다. 기도 사역자는 기도 사역 전체를 발전시킬 임무를 감당해야 하는가, 아니면 하나의 기도 모임만 책임지는가? 기도 사역자가 그 모임에서 가르쳐야 하는가? 외부 강사를 초대할 것인가? 한 주에 몇 차례 모일 것인가? 모임을 얼마 동안 진행할 것인가?
4. **면담 시간** 목회자나 사역자와의 회의 시간
5. **기도 사역자의 피드백** 어떤 단체는 기도 모임에 대한 피드백을 문서로 작성하거나 기도 저널을 기록하도록 요청한다. 어떤 단체들은 정해진 형식이 없다.
6. **문서로 된 기도 사역자의 간증문과 기도 철학** 기도 사역자가 지도력을 키워 나가는 데 도움이 되는 서적들과 개인적인 멘토 같은 내용을 포함한다.

셰릴 싹스의 책은 지역 교회의 기도를 발전시키는 방법에 대해 가장 이해하기 쉬운 책이다. 셰릴과 그녀의 남편 헨리는 국제 브릿지 빌더 사역을 공동으로 설립하며, 오랫동안 초교파적인 기도 네트워크 사역을 성공적으로 이끌고 있다. 그녀의 책 《교회를 적시는 기도》는 기도 방법과 교회를 기도의 집으로 만드는 데 유용한 지혜들을 담고 있다. 심지어 재정 관리법 같은 실제적인 정보들을 포함하고 있다.

기도 사역자를 세울 때, 그에게 요구하거나 기대하는 바를 문서로 작성해 두는 것이 좋다. 만일 기도 사역자가 약속을 어기고 곁길로 빠지려 한다면, 그 문서 파일을 꺼내 적절한 교정을 해주면 된다. 또한 문서는 오해가 없도록 기도 사역자를 보호해 준다.

의사소통

단체의 권위자와 중보자 사이의 분명한 의사소통은 아무리 강조해도 지나치지 않다. 특히 소통에 문제가 생길 경우, 중보자들에게 깊은 절망의 뿌리가 되기 때문에 꼼꼼히 점검할 필요가 있다. 말하지 않아도 하나님께서 중보자들에게 교회와 사역의 필요를 말씀해 주시기 때문에 알아서 기도하면 된다고 구태의연하게 생각하는 사역자들이 있다. 어쩌면 이것은 중보자가 응답받은 내용을 권위자가 두려워하기 때문일지도 모른다. 혹은 신뢰할 수 있을지 없을지도 모르는 누군가에게 자신의 연약함을 드러내는 것을 힘들어할 수도 있다. 이것이 바로 기도 사역자가 반드시 권위자의 신뢰를 받아야만 하는 이유다.

나는 사역 지도자와 기도 사역자가 모호한 말이나 몸짓으로 소통을 하면서 상대가 자신을 이해해 주길 바라는 경우를 종종 보았다. 간접 소통은 무용지물이며, 오히려 역기능을 초래할 수 있다.

기도 모임 후 종종 중보자가 울면서 이렇게 말하는 경우가 있다. "신디, 우리 교회와 목사님을 향한 경고의 말씀을 들었어요. 어떻게 하면 좋을까요?"

중보자들은 균형을 잡기 위해 그들이 기도 가운데 들은 것을 나눌 대상이 필요하다. 그들은 어떤 위협적인 분위기나 두려움 없이 교회를 향한 그들의 염려를 편히 나눌 수 있어야 한다. 반대로 중보자들은 권위자에게 손가락질하며, "하나님께서 말씀하시기를"과 같은 식으로 접근해서는 안 된다. 중보자가 들은 내용은 내부 정보를 통해 조정을 받아야 한다.

양자 모두 마음을 열고 함께 기도하면서 정기적인 의사소통을 하는 것은 매우 중요하다. 바쁜 일과 가운데 이런 시간을 내는 것이 어려울 수 있지만, 분명한 소통은 끝없는 좌절과 상한 마음에서 서로를 지켜줄 것이다. 중보자들이 그들의 권위자와 의사소통을 잘 했다면, 그렇게 많은 중보자가 압살롬의 길로 가지 않았을 것이다.

어느 날 한 지혜로운 자매가 "헌신은 관계에서 옵니다"라고 했다. 위대한 사역자들은 잠언의 원리를 실천한다.

중보 사역이 막대한 희생을 요구한다는 것은 의심의 여지가 없다. 그런데도 사역자들을 위해 오랜 시간 금식하고 기도하는 중보자들은 사역팀의 일원이 아닌 것처럼 느낄 때가 많다. 로마서 13장 7절은 "모든 자에게 줄 것을 주되 … 존경할 자를 존경하라"고 한다.

마이크와 나는 우리 지역의 기도 동역자들을 존경하는 의미로 만찬을 열었다. 국제본부 안에 그들이 정기적으로 기도할 수 있는 기도실도 마련했다. 또한 개혁기도 네트워크 사역자들과 정기적으로 소통하기 위해 화상 통화를 한다.

사역단체와 사역자들은 기도 동역자들을 귀하게 대우하기 위해 최선을 다하고 있다. 내가 24시간 중보팀으로 섬겼던 어바나 '90 선교대회 집행부는 중보자들을 귀빈처럼 예우했다. 그들은 단상에서 반복적으로 우리에게 감사를 표했고, 중보의 능력을 실감했다고 사람들에게 알렸다. 이는 콘퍼런스에 참석한 약 20,000여 명의 학생에게 감동을 주었다. 단상에 선 사역자들의 언행을 보고 그들은 자주 우리에게 찾아와 감사한 마음을 표현해 주었다. 감사 인사를 받으면 우리는 목숨까지도 내어놓는 것을 주저하지 않는다. 이것은 다른 교회와 사역기관에서도 마찬가지다.

사역자가 개인적으로 중보자들의 수고에 감사하고 칭찬하면, 더욱 큰 성과를 낼 것이다. 서신서에서 바울은 제자들에게 그들을 위해 기도하고 있고, 큰 사랑으로 안부를 전한다는 말을 끊임없이 한다.

피터 와그너는 개인기도 동역자들에게 감사를 표현하는 특별한 방법을 고안했다. 그는 그들의 사진을 성경에 보관하며 매일 아침 경건의 시간에 꺼내서 한 사람 한 사람을 위해 기도했다. 당신을 위해 중보하는 사람들을 위해 당신이 기도로 갚아 주는 것은 참으로 특별하다.

중보기도회를 위한 지침

기도 모임에 질서를 세우는 일에 도움이 될 만한 몇 가지 지침을 소개한다. 당신이 기도 모임을 만들 때, 이것을 사용하거나 상황별로 변형해서 적용하기 바란다.

1. 인도자를 따르라. 중보기도 인도는 영적 권위를 위임받은 사람이 해야 한다. 비록 당신이 더 잘 알더라도 스스로 인도자가 되려고 하지 마라.
2. 인도자를 따를 수 없거나 기도 사역자가 하나님의 인도하심을 놓

치고 있다는 강한 확신이 들어도 절대로 당신이 기도회를 인도하려고 해서는 안 된다. 대신 인도자가 주님의 마음을 받도록 잠잠히 기도하라. 혼돈을 유발한 원수를 묶어라. 기도 시간을 통해 하나님의 뜻이 성취되도록 선포하라.

3. 중보 모임의 흐름을 따라 기도하라. 성령님은 기쁨, 잠잠함, 눈물 등 다양한 느낌이나 특별한 강조점을 따라 운행하실 것이다. 모두가 기뻐하고 있을 때 누군가 울며 산고기도를 한다면, 이것은 기도회를 무질서하게 만들 것이다. 만일 하나님께서 당신을 다른 영적 흐름으로 인도하신다고 느낀다면, 양해를 구하고 조용히 그 문제를 위해 기도할 수 있는 곳을 찾으라.

4. 축사 사역을 위해 기도의 흐름을 깨지 마라. 모인 목적을 명심하라. 목적은 틈 사이에 서서 기도하는 것이다. 때때로 기도회에 참석한 사람 안에 있는 악한 영이 드러나면, 사탄은 이 틈을 이용해 기도회를 산만하게 만들려고 할 것이다. 만일 누군가 기도회를 분산시키려 한다면, 그를 분리해서 사역하라. 그렇게 하면 기도회를 계속 진행할 수 있다. 만일 그 사람을 위한 기도가 더 필요하다면, 정해 놓은 중보 시간이 아닌 다른 시간에 약속을 잡는 것이 좋다. 그러면 당신이 그 자리에 있는 목적을 계속 유지할 수 있다.

5. 긍정적으로 기도하라. 이는 하나님의 말씀으로 기도할 때 이룰 수 있다. 다른 사람의 허물을 공개적으로 들춰내거나 험담하지 말고 꼭 필요한 부분만 나누라.

6. 중보기도 시간을 서로를 위한 예언 시간으로 사용하지 마라. 만일 누군가에 대한 개인적인 말씀을 받는다면, 기도회 후에 그 사람과 나누라. 만일 공개적으로 나누는 것이 중보팀에 덕이 된다면,

먼저 인도자에게 말하고 분별을 받으라. 간혹 중보팀의 영적 분위기를 위해 기도 사역자가 중보팀원들에게 사역하도록 주님께서 인도하실 경우도 있지만, 이것이 중보기도회의 주된 목적은 아니다.

7. 중보 모임 전체의 필요에 민감하라. 이것은 다양한 방법으로 실천할 수 있다. 긴 기도로 기도회를 혼자 독차지하지 마라. 개인기도는 간결하게 핵심적으로 하라. 당신이 필요하다고 다른 주제로 기도하지 마라. 팀원들의 기도를 경청하고, 그 기도 제목에 마음을 합하라. 기도하는 사람들의 목소리 톤을 잘 들어보라. 그들이 조용히 기도하고 있으면, 소리 높여 외치거나 손뼉 치며 기도하지 마라.

당신의 목소리 강도는 인도자를 따라야 한다. 만일 인도자가 목소리를 높이기 시작하거나 중보자 전체가 큰 소리로 기도한다면, 당신도 그 흐름을 따르라. 기도회에 참석한 사람들이 누구인지 살펴보라. 당신이 하는 말 가운데 다른 중보자의 마음을 불쾌하게 만드는 것이 있는가? 예를 들어, 다른 교단의 교칙을 비하하거나 비판하고 있지는 않은가? 이런 말은 기도회를 분열시키고 연합을 깨뜨린다.

8. 당신의 기도 제목보다 다른 사람의 기도 제목을 우선순위에 두라. 중보는 당신뿐만 아니라 다른 사람의 필요를 위해 틈 사이에 서는 것이다. 타인을 위해 헌신하라. 사랑으로 그들을 우선순위에 두라.

9. 전력을 다해 당신의 마음을 지키라. 기도할 때 마음의 동기를 주의 깊게 살피라. 비판의 영이나 복수심으로 기도하고 있지는 않은가? 쓴 뿌리나 거절감으로 기도하고 있는가? 당신이 왜 그런 내용으로 기도하고 있는지 그 이유를 살펴보라.

10. 사역자를 험담하지 마라. 어떤 사역자와 문제가 있다면, 기도회

시간이 아닌 적절한 시간과 장소를 정해서 그와 직접 상의하라. 만일 당신이 이 일에 부주의하면, 갈등과 분열을 일으켜 압살롬처럼 될 것이다.

나는 종종 우리 사역의 기도 모임에 합류하고 싶어 하는 사람들이 나누는 대화를 듣는다. 만일 이전에 사역했거나 중보하던 단체의 내부 문제를 공공연하게 말하고 다닌다면, 나는 그들을 기도팀에 들이는 것을 조심할 것이다. 너무 쉽게 타인의 허물을 말하는 사람을 주의할 필요가 있다.

사역자를 위한 지침

연합 중보를 이끌어 갈 수 있는 방법은 많지만, 여기에는 특별히 주의가 필요하다. 지도력과 관련해서 지난 수년 동안 개인적으로 습득한 것 가운데 도움이 될 만한 핵심을 소개하겠다.

준비

1. 중보 시간에 기도해야 할 주님의 초점을 구하라.
2. 주님은 초점을 어떻게 실행하기 원하시는지 주님의 뜻을 구하라. 이는 다음의 내용을 포함한다.

- 간청기도(하나님께 필요를 간청하는 것)
- 선포기도(필요와 관련된 주님의 속성을 선포하는 것)
- 중보 찬양

- 예언적 중보
- 말씀기도(하나님께서 중보자 개개인에게 성경 말씀을 주시도록 구하거나 스스로 어떤 말씀을 선택한 뒤 중보자들이 그 본문을 기도의 근거로 삼아 구하게 하는 것)
3. 개인적으로 주님 앞에 머물면서 기도팀이나 교회 안에 있는 사람들이 용서하는 삶을 살고 있는지 확인하라. 주님께 당신 안에 감춰진 쓴 뿌리를 보여 달라고 구하라.
4. 목회자나 사역자를 찾아가 어떤 기도 제목과 요청이 있는지 물으라.

기도 모임을 위한 조언

연합 기도 모임을 진행할 때, 사역자의 책임은 무엇일까? 훌륭한 자질을 갖춘 사역자는 자연스럽게 많은 것을 실행한다. 책임을 잘 완수하도록 두 가지를 제안하고 싶다.

첫째, 각각의 기도 제목은 주님께서 부담을 풀어주실 때까지 '끝까지 기도'하기로 다짐하라. 그 문제가 해결되었다는 마음의 평강이 있으면 중보자들에게 더 기도할 것이 있는지, 그 문제와 관련된 성경 말씀을 주님께 받았는지 물어보는 것도 좋다.

둘째, 기도 모임의 가속도를 유지하라. 이를 위한 몇 가지 열쇠를 소개한다.

1. 특정한 사람이 기도를 독차지하거나 기도 시간 내내 혼자만 말하지 않도록 하라. 이와 관련하여 기도의 거장들의 관점을 살펴보자.

토마스 아퀴나스는 기도 시간이 아닌 빈도수가 중요하다고 주장했다. 그는 수시로 하는 짧은 기도가 한두 번의 긴 기도보다 더 가치 있다고 했다. D. L. 무디는 은밀하게 오래 기도하는 것의 필요성을 인정했지만, 회중기도는 짧게 하는 것이라고 옹호했다. '개인기도를 많이 하는 사람은 공적으로는 짧게 기도할 것이다.' 무디는 장황하게 긴 회중기도를 종교적 허세로 간주했다.

짧게 기도해야 할 또 다른 이유는 간혹 길게 기도하는 사람을 인내하며 기다리는 것을 힘들어 하는 젊은이들이 있기 때문이다. 장황한 기도는 집중력을 분산시킨다. 젊은이들은 길고 장황한 기도에 질려 기도 자체를 하지 않을 수도 있다. 훌륭한 지도자는 모든 사람을 기도로 이끈다.

2. 당신의 중보자들이 한쪽 귀로는 하나님의 인도하심을 듣고, 다른 쪽 귀로는 다른 사람의 기도 소리를 듣도록 가르치라. 이 두 가지 소리에 민감하면, 개개인이 성령의 인도하심에 역행하지 않도록 보호받을 것이다. 나는 이 열쇠를 어바나 '90 선교대회에서 기도의 파수꾼으로 함께 섬겼던 조이 도우슨에게 배웠다.
3. 중보자들 가운데 난청이 있는 사람이 있는지 확인하라. 만일 있다면 인도자 옆에 앉게 해서 설명을 잘 들을 수 있도록 배려하고, 다른 사람이 기도하지 않을 때 그도 기도하지 않도록 주위를 살필 수 있게 하라. 그들의 치유를 위해 기도하는 것은 언제나 좋은 일이다.

얼마 전 우리가 24시간 기도 파수를 할 때, 기도의 용사 중 난청을 앓고 있는 선교사 때문에 문제가 생겼다. 그는 중보자들의 기도 내용에 전혀 초점을 맞추지 못했다. 그는 우리의 기도 제목과 상관없이 계속 자신의 국가만을 위해 기도했다. 우리는 나중에 그가 난청을 앓고 있다는 사실을 알았고, 그 문제를 위해 집중해서 함께 기도하였다.

목소리가 작은 사람들이 머리를 숙이고 기도하지 않도록 하는 것도 중요하다. 청각에 문제가 있는 사람은 그들의 작은 기도 소리를 듣기 위해 귀를 곤두세워야 하고, 때때로 소외감을 느끼기도 한다. 따라서 공개적으로 난청이 있는 사람이 있는지 물어보고 이러한 점을 배려하는 것이 좋다.

4. 기도의 초점을 유지하라. 기도 제목은 인도자가 바꿀 때까지 계속 유지해야 한다. 만일 누군가 긴급 기도 요청을 하면, 먼저 인도자에게 허락을 받아야 한다. 만일 인도자가 적합한 때가 아니라고 하면, 요청한 사람은 그 문제를 위해 조용히 기도하면 된다.

인도자는 기도팀 전체에 초점을 맞춰 기도하도록 상기시켜야 한다. 종종 그들이 부탁받은 기도 제목대로 기도하기를 거부하고, 특정 국가나 여러 상황과 가족 등 자신이 더 중요하다고 생각하는 문제를 위해 기도하려는 사람들이 있다.

5. 필요할 때는 교정을 하라. 사람들 앞에서 공개적으로 교정하는 것은 당사자가 굴욕감을 느낄 수 있으므로 되도록 피하고, 나중에 따로 만나는 것이 좋다. 당신의 지도를 노골적으로 거부하는 사람이 있다면 대면해서 이야기하고, 만일 듣지 않으면 목회자나 당신의 권위자와 상담하라.

당신이 교정하기 전에 그 문제가 중보팀 전체에 영향을 주는 것이 아니라면, 그 사람이 하나님께 직접 듣고 교정받을 수 있도록 먼저 기도해야 한다는 것을 기억하라. 이 방법은 당신의 일을 보다 편리하게 만들어 줄 것이다.

6. 중보팀의 영적 성숙도를 평가하라. 중보팀 전체에게 현재 참석하는 사람들의 특별한 필요에 대한 단서들을 제공하라. 당신은 중보자들에게 이렇게 말할 수 있다. "오늘 처음으로 참석해 주신 ○○○ 자매(형제)를 환영합니다." 이렇게 소개하면 기존 중보자들은 새로 온 사람에게 좀 더 주의하고 세심하게 배려할 것이다.

어떤 교회는 중보팀을 두 단계로 구분하기도 한다. 한 단계는 가르침과 훈련이 필요한 초보 중보자를 환영하는 모임이다. 다른 단계는 눈물과 산고기도 같은 중보의 현상들이 빈번히 일어나는 훈련된 중보자들의 모임이다. 나는 사역자가 모임에 참석한 사람들의 영적 성숙도를 분별하지 못하고 산고기도를 드리다가 그 모습에 기겁해서 기도 모임을 뛰쳐나가는 새 신자를 본 적이 있다. 만일 하나님에게서 온 산고기도가 시작된다면, 이에 대해 설명해 주는 시간을 가지라. 눈물, 산고, 웃음 등 중보의 현상들을 설명하는 인쇄물을 나눠주는 것도 도움이 된다.

당신이 중보팀의 일원으로 들어가든, 인도자로 들어가든 당신은 역사하는 연합기도의 힘을 보고 기뻐하게 될 것이다. 중보팀이 원활하게 돌아가기까지 어느 정도 시간이 필요하겠지만, 인내와 기도의 열정을 품고 계속 나아가면 하나님 나라에 엄청난 파장을 일으킬 것이다.

더 깊은 중보기도를 위한
소그룹 스터디 POSSESSING THE GATES OF THE ENEMY

■ 핵심 성경 구절

이사야 14:12, 마태복음 16:18, 에베소서 1:21, 예레미야 1:10, 누가복음 11:17-22, 에베소서 3:10, 에스겔 28:11-19, 고린도후서 2:11, 에베소서 6:11-12, 다니엘 10:12-13, 고린도후서 10:4, 골로새서 2:15, 마태복음 11:12

01 연합 중보를 위한 모임의 규모와 인원에 제한이 있는가? 큰 모임에서 꼭 필요한 다양한 제안에는 무엇이 있는가?(예를 들어, 사람이 너무 많아 개인의 기도 소리를 들을 수 없을 때)

02 연합기도가 기도하는 사람의 믿음을 어떻게 높여 줄 수 있는지 설명해 보라.

03 당신의 교회가 다른 교회와 연합해서 지역을 위해 기도한 적이 있는가? 이런 연합은 어떤 유익이 있는가?

04 당신의 교회나 사역단체는 기도 사역자와 지도자들이 훌륭한 책임감을 가지고 있으며 상호 소통이 원활하게 이루어지고 있는가?

05 중보팀원들 가운데 인도자를 따르기 힘들어하거나 모임의 흐름을 방해하는 사람들이 있는가? 그들을 도울 방법은 무엇인가?

06 중보기도 모임에 복합 은사를 받은 사람들이 중요한 이유는 무엇인가? 모임에서 사용하면 유익한 은사들을 써 보라.

07 당신의 기도팀은 얼마나 자주 다양한 형태의 중보(간청기도, 선포기도, 중보 찬양, 예언적 중보, 성경으로 기도하기 등)를 하고 있는가? 당신에게는 다양함이 필요한가, 아니면 균형이 필요한가?

CHAPTER 15
파수기도와 땅밟기 기도
THE CALL TO INTERCEDE

파수꾼이여 밤이 어떻게 되었느냐

_사 21:11

특별한 때에 어떤 목적을 위해 집중적으로 강력하게 기도하는 파수기도가 부흥의 역사 속에 있었다. 리즈 하월즈는 2차 세계대전 때 파수기도를 이끌었고, 모라비안 교도는 독일 작센 지방에서 백 년 동안 지속적으로 기도했다. 가장 위대한 이 파수기도에서 매일 24명의 남성과 24명의 여성이 한 시간 단위로 24시간 중보했다.

더글러스 토슨은 그의 책 《기도와 부흥》(Prayer and Revival)에서 '기도하는 인디언들'이 1600년대에 일으킨 흥미로운 파수에 대해 알려 준다. 존 엘리엇은 14개 마을에 살고 있는 3,000여 명의 그리스도인을 훈련했다. 토슨은 다음과 같이 기록한다. "엘리엇은 그들에게 특정한 하루를(혹은 여러 날을) 구별한 다음, 감사와 찬양 또는 아주 깊은 경건과 뜨거운 열정으로 금식과 기도를 하도록 가르쳤다."

파수기도는 길이와 형식에 있어서 아주 다양하다. 어떤 교회는 기도자들이 교회 안에서 밤을 지새우며 기도한다. 또 어떤 교회는 24시간 당번을 정해 돌아가면서 기도한다.

파수기도 가운데 행하는 연합 중보의 가치는 하나님께서 그분의 필요를 표현하기 위해 다양한 복합 은사와 부르짖음을 사용하실 수 있다는 것이다. 파수기도 소리는 언제나 큰 즐거움이다. 그들은 개인의 관심과 소명에 따라 기도한다. 나에게는 정부에서 일하는 친구가 있는데, 그녀는 항상 훌륭한 정부 지도자들이 세워지기를 기도한다. 목회자들은 교회의 끊임없는 생명력에 초점을 맞춰 기도한다. 복음 전도자는 잃어버린 영혼을 위해 기도한다.

연합 중보는 데살로니가전서 5장 17절의 "쉬지 말고 기도하라"는 명령의 성취다. 혼자서는 24시간 동안 기도할 수 없지만, 팀은 할 수 있다. 주님께서 촉구하시는 대로 쉼 없이 기도하는 중보팀의 능력과 권세를 상상해 보라. 쉬지 않고 드리는 중보의 합심기도에는 엄청난 능력이 있지 않겠는가?

앞서 나는 마닐라에서 있었던 세계복음화를 위한 2차 로잔대회에서 24시간 파수기도를 했던 간증을 나누었다. 팀의 일원으로 섬길 수 있었던 것은 큰 특권이자 인생을 송두리째 바꾼 귀한 경험이었다. 우리를 독려한 피터 와그너는 파수기도를 '영적 핵발전소'라고 말했다. 교단과 사역 철학이 다르고 다양한 배경을 가진 사람들이 팀을 이루었지만, 기도할 때는 하나가 되었다. 비록 우리가 각기 다른 신념을 가졌을지라도, 일단 기도를 시작하면 차이점이 거의 없다는 것을 발견했다. 사실 우리가 느끼는 차이점은 고작 사용하는 용어의 의미적 문제일 뿐이었다. 열흘의 일정이 끝나갈 무렵, 하나님은 우리 모두에게 깊은 유대감을 주셨다.

로잔대회에서 드린 파수기도의 열매 한 가지를 말해 주고 싶다.

우리의 첫 임무는 70명의 러시아 팀이 대회에 참가할 수 있도록 기도하는 것이었다. 러시아 정부는 그들의 출국을 허락했지만, 필리핀 정부가 비자 발급을 거부했기 때문이다. 러시아 팀은 공항에서 비자 발급을 기다리고 있었다.

우리는 기도실에서 기도로 씨름했다. 마침내 폴이라는 중보자가 필리핀 정부가 비자 발급을 거부하는 이유는 러시아에 대한 두려움과 쓴 마음 때문이라고 말했다. 그들은 어떤 러시아인도 필리핀의 땅을 밟는 것을 원하지 않았다. 폴의 말을 듣고 우리는 서로를 쳐다보며 고개를 끄덕였다. 바로 그것이었다. 공산주의자들은 필리핀에서 많은 문제를 일으켰다. 사탄은 러시아의 목회자와 지도자들을 막기 위해 필리핀 사람들의 슬픔을 충동질했다.

주님은 러시아인들이 대회에 참석하는 것을 막으려는 사탄의 계획을 깨뜨릴 전략을 계시해 주셨다. 중보자들 가운데 러시아 사람이 있었다. 그녀는 하나님과 필리핀 사람들에게 공산주의자들이 범한 죄에 대해 용서를 구했고, 그들이 저지른 만행을 회개했다. 그러자 필리핀 중보자가 일어나 필리핀 사람을 대표해서 용서를 선포했다. 그 순간 짜릿한 감동이 일어났고, 그들은 부둥켜안고 눈물로 기도했다. 중보팀 전체는 필리핀 공무원들을 공격하는 두려움의 영을 하늘의 권세로 다스렸고, 주님께서 러시아 사람들을 위한 복음의 문을 효과적으로 열어 주시도록 선포했다.

다음날 우리는 그들이 비자를 발급받았다는 소식을 들었다. 그들이 기도실에 찾아와서 우리의 기도에 응답하신 하나님의 선하심을 간증했을 때, 우리는 말로 표현할 수 없을 정도로 기뻤다. 로잔대회를 마친 후 러시아 사람들은 60개의 〈예수〉 영화 필름과 영사기를 가지고 고국으로 돌아갔다. 이 영화는 오늘날 엄청난 복음의 파장을 일으키고 있다.

만일 우리가 24시간 파수기도를 하지 않았다면 어떻게 되었을까? 우리는 러시아 사람들의 입국을 위해 3일간 기도했다. 만일 우리가 기도하지 않았다면, 그들은 결코 비자를 발급받지 못했을 것이다. 파수기도는 하나님의 뜻이 하늘에서 이루어진 그대로 이 땅에 이루어지는 것을 볼 수 있게 만드는 방법이다.

한번은 24시간 기도의 필요성에 대한 보다 깊은 계시를 달라고 주님께 기도하고 있었다. 그때 성령님께서 마음 가운데 큰소리로 이 말씀을 주셨다. "마귀는 사악한 만행을 저지르기 위해 밤을 사용하고 있다. 그러나 내가 밤을 창조했고, 그것이 보기에 좋았다고 말했다. 이제 나는 나의 밤을 되찾기를 원한다."

당신이 사는 동네가 도시 가운데 가장 안전한 곳이라면 얼마나 좋겠는가? 왜 도시들 가운데 어떤 지역은 다른 지역보다 악이 만연할까? 하나님은 그곳에 사는 사람들도 사랑하신다. 그런 지역에 기도실을 개척하는 것은 그들의 영적·육체적 개혁의 중요한 열쇠가 된다.

이제 시간 분배와 팀원 구성을 언급한 후 24시간 파수기도를 세울 수 있는 몇 가지 방편을 알려 주겠다. 이것은 지난 30년간 24시간 파수기도에 동참해서 얻은 결과물이다.

시간 분배와 팀원 구성

내가 처음 참석했던 네 번의 파수기도에는 중보자들에게 각기 할당된 시간이 있었다. 나는 24시간 파수기도를 두 시간, 세 시간, 네 시간 단위로 진행하는 것을 보았다. 두 시간은 너무 짧은 감이 있다. 함께 모여 집중적으로 기도하다 보면, 어느새 끝날 시간이 되었다. 네 시간은 너무 긴 듯하다. 네 시간의 파수 시간을 채우는 것은 부담스러웠다. 유대인이 매일 세 시간(아침 9시, 정오, 오후 3시)마다 기도했던 것처럼 세 시간이 성경적인 모델이다. 그들은 아브라함이 첫 번째 파수를, 이삭은 두 번째, 야곱은 마지막 파수를 담당했다고 가르쳤다. 제구시(오후 3시)는 그리스도께서 십자가에서 죽으신 시간이자 성전 휘장이 위로부터 아래로 찢어진 시간이다(마 27:45-51).

팀의 규모는 다양하다. 피터 와그너는 팀원 구성에 대해 흥미로운 말을 해주었다.

하루에 세 시간씩 여덟 번 기도하려면, 8명 혹은 그 이상의 중보자들이 필요하다. 24시간 파수를 원만하게 하기 위해서는 32명에서 50명의 팀원이 있어야 한다. 이것은 개인적인 사정으로 파수하지 못하는 사람들의 빈자리를 대체할 사람들을 포함한 숫자다. 각 중보자는 하루 24시간 중 세 시간씩 두 차례 기도하면 된다.

한 번은 24명의 중보자가 파수기도를 한 적이 있었다. 팀의 역동성은 대단했지만, 많은 팀원이 하루에 세 번 파수했기 때문에 집으로 돌아갈 때면 완전히 탈진해 버렸다. 중보자들은 밤낮으로 깨어 강력하게 기도했다. 그 가운데 일부는 그들이 맡은 파수 시간을 지켰지만, 종종 잠을 못 자는 사람도 있었다.

2차 로잔대회에서 기도 가운데 일어난 놀라운 일들로 인해 너무 흥분한 나머지 나는 미련하게도 24시간 내내 잠을 자지 않아 결국 병이 나고 말았다. 한번은 아주 현명한 자매가 내게 조언했다. "신디, 하나님께서 우주를 위해 만드신 물리의 법칙을 깨뜨리면 당신의 육체는 망가집니다. 때때로 당신이 할 수 있는 가장 영적인 일은 그냥 쉬는 거예요."

시간 분배와 팀 구성 외에, 사역자의 다양한 책임과 성공적인 파수기도를 위한 일반적인 지침에 관한 지혜도 필요하다. 여기에 몇 가지를 제안한다.

지도력

훌륭한 지도력은 필수다. 파수기도를 위한 지도 체계는 일반적으로 총괄 책임자, 행정 책임자, 연락 책임자, 기도 조장으로 구성된다.

총괄 책임자

총괄 책임자는 파수기도를 세우는 책임을 담당하며, 다음과 같은 역할을 맡는다.

- 기도팀 선택
- 팀별 조장 선발
- 필요한 자료 선별
- 기도 배정표 작성
- 문제 발생 시 상담 준비
- 각 기도팀에 긴급한 기도 제목 공지

- 기도 당번 조장 부재 시 빈자리를 채우거나 다른 사람 지정
- 기도 정보 제공: 만일 콘퍼런스를 위한 파수기도라면, 기도 사역자는 콘퍼런스 전에 관련 기도 정보를 제공해야 한다.

행정 책임자

행정 책임자는 총괄 책임자가 파수기도를 세울 때 실제로 돕는 사람으로, 다음의 역할을 맡는다.

- 초청 편지 발송
- 총괄 책임자의 요청에 의한 자료 제공
- 기도 당번을 위한 신청서 배부(하루 두 번 3시간 기도 신청서)
- 팀의 여행 및 이동 계획 준비
- 팀의 조장 선택: 파수기도 전에 미리 연락하고, 응급 상황에 대처할 부조장을 선정하는 것도 좋다.
- 물과 주스 같은 기도실에 필요한 물품 마련: 장시간 기도 시 탈수는 심각한 위험을 초래할 수 있다. 말을 많이 하면 몸에서 수분이 빠져나가기 때문이다.

만일 파수기도가 콘퍼런스의 일부라면, 행정 책임자는 다음의 두 가지 역할을 수행해야 한다.

- 콘퍼런스 책임자와 기도팀 책임자와의 원활한 소통
- 콘퍼런스 진행과 지도를 위해 기도와 찬양 보고서 작성

연락 책임자

연락 책임자는 콘퍼런스와 기도실을 연결한다. 행정 책임자가 이 역할을 병행할 수도 있고, 다른 사람을 지명할 수도 있다. 이 직책의 역할은 다음과 같다.

- 중보자들에게 받은 기도 보고서를 콘퍼런스 담당 사역자에게 전달
- 콘퍼런스 담당 사역자가 부탁한 기도 제목이나 기도 응답을 중보자들에게 전달

대표기도 사역자

기도 사역자는 배정된 기도 시간을 책임진다. 기도 사역자 선발과 의무는 다음과 같다.

- 기도 사역자 선발 방법은 14장을 확인하라. 총괄 책임자는 그것을 기본 지침으로 사용해야 한다.
- 기도 사역 책임자는 대표기도 사역자를 지명해서 파수기도 사역자를 훈련해야 한다. 기도 사역자를 선발했다면, 대표기도 사역자는 기도 당번이 돌아가는 방식과 어디에 초점을 맞춰 기도할 것인지에 대해 교육해야 한다.
- 지명된 파수기도 사역자는 기도를 인도하는 동안 그들을 도울 사람을 세워도 좋다. 만일 사역자가 자기 순서에 인도할 수 없다면, 다른 사역자와 바꿔도 된다.
- 기도 사역자는 영적 유연성과 탄력성을 배워야 한다. 때때로 사람

들이 무책임하거나 정해진 시간에 나타나지 않을 수 있기 때문이다. 담당 사역자는 기도 순서가 오기 전에 미리 팀원들에게 전화로 알려 줄 것을 권한다.

찬양팀

기도의 집 사역처럼 당신이 정기적으로 파수기도를 한다면, 기도팀과 찬양팀을 한 팀으로 구성할 수 있다. 물론 하나 이상의 찬양팀이 있다면 더욱 좋다.

실제적 지침

물리적 측면

다음은 몇 가지 필수 고려 사항이다.

- 만일 콘퍼런스 중 파수기도를 한다면, 중보자들과 기도실은 강사들과 같은 호텔에 있어야 한다. 강사들이 사역 전에 (원한다면) 중보자들의 기도를 쉽게 받을 수 있기 때문이다.
- 기도 요청을 할 수 있는 통화 가능한 휴대전화 번호를 알려 주어야 한다. 이 일을 담당할 책임자를 정하는 것도 좋다. 그러면 방해받지 않고 계속 기도할 수 있다.
- 요청받은 기도 제목과 광고 사항을 적을 화이트보드나 모니터를 준비하라.
- 벽에 세계지도를 붙이라.

- 미전도 종족을 위해 기도하고 있다면, 〈세계기도정보〉와 같은 자료들을 비치하라.
- 견고한 진들에 대한 영적 도해에 필요한 정보 수집을 위해 기도팀에 각 지역의 역사적 사실이나 성경 주석 및 여러 자료를 검색할 수 있게 인터넷 접속이 가능한 컴퓨터가 있으면 유용하다.

파수기도의 중점 사항

초점을 맞춰 집중적으로 기도하는 것이 중요하다. 앞서 언급한 대로 기도 사역자는 반드시 이 부분을 숙지해야 한다. 여기 몇 가지 제안을 한다.

- 기도 시간이 되면 찬양과 경배로 시작하라. 찬양팀이 있다면 더욱 좋다.
- 성경 말씀을 전하고 싶다면 15분 이내로 제한하라. 중보팀이 모인 이유는 기도하기 위해서다. 이때 전하는 모든 가르침은 파수기도에 초점을 맞춰야 한다.
- 새로운 팀원이 들어오면 짧게 인사하는 시간을 가져라.
- 〈세계기도정보〉와 같은 자료를 사용해서 '무릎으로 세계를 돌며' 기도할 수 있다.
- 기도 사이사이에 찬양하는 시간을 가지라.

팀 세우기

중보자들이 하나 되는 것은 성공적인 파수기도의 열쇠다. 팀의 연합에 도움이 되는 몇 가지 방법을 소개한다.

- 팀의 특징을 세우기 위해 오리엔테이션 시간을 갖는 것이 좋다. 오리엔테이션 때 누가 기도실에 들어올 수 있고, 들어올 수 없는지를 알려 주어야 한다.
- 어떤 계획이나 팀의 모임 시간을 적절히 정해야 한다. 콘퍼런스를 위해 기도한다면, 기도의 목표를 정하기 위해 모든 기도팀은 첫 번째 기도 모임에 참석해야 한다. 그리고 하나님께서 기도를 통해 이루신 일들을 함께 나누기 위해 마지막 기도 모임에도 모두 참석해야 한다.
- 오리엔테이션 때 팀원들이 자기를 소개하고, 콘퍼런스에 관해 받은 말씀을 잠시 나누도록 배려하라.
- 가능하면 성찬식을 하라.
- 파수기도가 끝나면 서로에 대한 감사를 표현할 수 있도록 저녁 만찬을 준비하라. 감사의 시간은 팀원들이 함께 중보하는 동안 서로에게 감사했던 내용을 나누는 시간이다.
- 가능하면 회식 자리를 마련하라. 이것은 팀을 세우는 데 아주 유익하다. 강사들과 그들을 위해 기도한 사람들이 함께 식사하며 교제하는 것은 아주 좋다.

파수기도에 관한 유의점

만일 콘퍼런스를 위해 파수기도를 한다면, 첫 번째 기도 모임은 실제로 필요한 세부 사항을 준비하는 데 중점을 둔다. 등록처에 기도할 중보자를 보내는 것도 좋다. 이것을 통해 우리는 놀라운 결과를 맛보았다. 어바나 '90 선교대회에서 2만 명의 학생들이 아무 문제 없이 아주 순조롭게 등록한 것이다. 지금 생각해도 정말 놀라운 기적이 아닐 수 없다. 모든 콘퍼런스는 보통 첫날 '산통'을 겪거나 이런저런 문제를 처리하느라 분주하다. 또한 우리는 참석자들의 응급 사태와 건강을 위해 기도해야 한다는 것도 알았다.

날씨를 위해 기도해야 할 때도 있다. 날씨는 집회 전에 기도해야 할 중요한 기도 제목이다. 우리는 파수기도 하는 동안 두 번의 중요한 싸움을 치러야만 했다. 한 번은 우리가 머무는 마닐라에 태풍이 온다는 소식이었고, 다른 한 번은 어바나에 폭설이 내릴 것이라는 기상청의 예보였다.

폭설에 대해 기도한 내용을 나누고 싶다. 어느 날 밤 순서에 따라 파수기도 하던 나는 날씨에 대한 긴급한 기도 요청을 받았다. 다음날 15-27센티미터의 폭설이 온다는 예보였다. 그렇게 많은 눈이 내린다면 학생들의 집회 참석이 불가능해지고, 많은 항공편이 결항될 것이었다. 그날 밤 파수기도를 인도하던 나는 이 상황을 위해 주님을 간절히 찾아야겠다는 감동을 받았다.

우리가 잠잠히 기다리며 주님의 인도하심을 구하는 가운데 샌디 그래디라는 중보자가 환상을 보았다. 그녀는 따뜻한 공기가 콘퍼런스가 열리는 일리노이 어바나 상공에 있는 모든 눈을 밀어내는 기상도를 분명히 보았다고 말했다. 다음날 폭설은 내리지 않았고, 비만 내렸다. 그날 밤 일기 예보 시간에 샌디가 보았던 환상과 똑같은 기상도를 보았는데, 이미 알고 있었기 때문에 그리 놀랍지 않았다.

나는 집회와 관련된 파수기도를 할 때, 기도실에 온 강사들이 큰 축복을 받는 모습을 보았다. 특히 민감한 주제를 다루어야 하는 강사들은 더욱 그러했다. 로잔대회의 많은 강사들이 평생 처음 예언기도를 받았고, 오직 하나님만 아시는 그들의 염려에 대한 세심한 다루심을 받았다. 강사들이 기도실에서 축복을 받았다는 소문이 퍼지자 중보기도를 통해 새 힘을 얻기 위해 찾아오는 사람들로 인해 우리는 아주 분주했다.

잘 활용하지 않지만, 중요한 파수기도는 교회의 예배를 위해 그리고 예배 시간 동안 드리는 중보다. 아르헨티나에 갔을 때, 중보자들은 단상의 휘장 뒤에서 앞에 작은 수건을 놓고 머리를 숙이고 예배 시간 내내 무릎 꿇고 기도했다. 어떤 목회자는 말씀을 전하는 동안 한층 위에서 중보자들의 중보 지원을 받는데, 그것을 '다락방 기도'라고 불렀다.

중보가 함께하는 예배를 마쳤을 때, 많은 사람이 구원과 치유를 받았다. 한 목회자가 내게 말했다. "나는 중보자들이 기도하고 있는지, 그렇지 않은지 알 수 있어요. 그들이 기도하면 강단 앞에는 하나님께 마음을 드리고 구원받을 사람들로 가득합니다. 반대로 기도하지 않으면, 결과는 미미합니다. 내 설교 때문이 아닙니다. 설교를 듣는 사람들의 영적 어둠과 싸우는 중보자들의 전쟁을 통해 나타나는 하나님의 능력 때문입니다."

일상으로의 복귀

이번에 다룰 내용은 '넘어지지 않고 산에서 내려오는 방법'과 같다. 바로 파수기도 사후 관리에 관한 것이다. 파수기도를 마친 후 도움을 받아야 할 내용은 다음과 같다.

- 파수기도 전과 후, 당신의 모습이 많이 달라진다는 것을 인식하라. 하나님께서 당신을 빚으시고, 확장하시고, 당신에게 새로운 사역을 주실 수도 있다.

- 당신의 경험을 모든 사람이 다 이해하리라고 기대하지 마라. 대부분 이해하지 못한다. 사람들과 나누어도 될 내용이 무엇인지 주님께 기도하라. 마태복음 7장 6절은 다음과 같이 말한다. "거룩한 것을 개에게 주지 말며 너희 진주를 돼지 앞에 던지지 말라 그들이 그것을 발로 밟고 돌이켜 너희를 찢어 상하게 할까 염려하라." 당신이 경험한 것 가운데 거룩한 것이 있는데, 그런 것은 이해할 수 있는 소수의 사람과 나누는 것이 좋다. 파수기도 중 일어나는 일 중에는 설명할 수 없는 것도 많다. 그런 것은 당신 스스로 시간을 두고 풀어나가야 한다.

- 당신의 감정을 관리하라. 아마도 당신은 매우 친밀하고 따뜻한 환경에 있었을 것이다. 그런데 이제 어렵고 쉽지 않은 현실로 돌아가야 한다. 감정을 잘 다스리고 깨어 있으라. 말씀 안에 거하고 모든 생각을 말씀에 복종시키라.

마이크는 아르헨티나 여행 후 굉장한 감정의 기복을 경험했다. 대형 전도 집회에 참석한 그는 수백 명의 사람이 거듭나고, 수많은 기적의 역사와 귀신이 떠나 자유롭게 되는 것을 보았다. 일상으로 돌아와 출근한 그는 슬픈 표정으로 기가 죽은 채 집으로 돌아와 한숨을 쉬며 말했다. "오늘 정말 엉망이었어요. 아무도 구원받지 못했고, 아무도 축사받지 못했고, 아무도 치유되지 않았어요." 감사하게도 그는 자신의 상태를 빨리 인식하고 회복할 수 있었다.

- 사탄의 반격을 주의하라. 당신이 일상으로 돌아왔을 때, 중보자들에게 2주 동안 당신을 위해 기도해 달라고 부탁하라. 어떤 사람들은 너무 빠르고 극심한 공격을 받아서 무슨 공격을 받았는지도 모를 수 있다. 기도의 예방약을 사용하라. 이런 상황에서는 찬양하는 생활을 하고, 하나님께서 행하신 선하신 일들 가운데 머물기를 힘쓰라.

많은 중보자가 그들을 위한 기도 동역자가 있어야 한다는 것을 잘 인식하지 못한다. 특히 치열한 영적 전쟁을 치른 후에는 더욱 그들을 위해 기도해 줄 사람들이 필요하다. 그들이 중보하는 대상이 세상에 드러나거나 유명한 사람이라면, 중보자들은 더욱 강력한 영적 전쟁을 치르게 될 것이다. 기도할 때 당신을 위한 기도 방패를 마련하는 것을 잊지 마라.

24시간 파수기도

《대적의 문을 취하라》 초판이 출간된 이래로 지금까지 밤낮으로 부르짖는 기도 운동이 세계 전역으로 확산된 것은 놀라운 일이 아니다. 나는 이것이 1999년부터 밤낮 쉬지 않고 드리는 예배와 기도 파수를 시작한 캔자스시티의 국제 기도의 집 운동과 1999년 영국 길포드에서 피터 그레이그가 시작한 '24-7 기도' 운동에 큰 영향을 받았기 때문이라고 생각한다.

24시간 기도에 관심 있는 사람들을 위한 새로운 자료들이 많다는 것은 정말 놀라운 일이다. 예를 들어, 피터 그레이그의 '24-7 기도'는 핀터레스트(Pinterest: 미국 소셜 네트워크-역주) 같은 ECP(Encouraging Creative Prayer: 24-7prayer.com)라는 웹사이트가 있다. 이것은 자생적으로 일어난 아주 훌륭한 창조적 운동이다.

캔자스시티 국제 기도의 집은 1999년 20명의 중보 선교사와 나의 좋은 친구 마이크 비클이 설립했다. 그때 이래로 2,000명의 중보자와 헌신된 예배자가 섬기는 기도의 집으로 성장했다. 24시간 파수기도는 지금도 세계의 여러 나라로 확산되고 있다. 나는 국제 기도의 집의 강력한 영향으로 기도 운동이 세계로 번져가고 있다고 생각한다.

마이크와 내가 동참하는 또 다른 기도 운동은 두 곳의 상징적인 장소, 할리우드와 뉴욕 타임 스퀘어에 세운 24시간 기도 운동인 레디언스 인터내셔널 사역과 대학가를 중심으로 한 '무브먼트 133 운동'이다.

조나단과 샤론 가이는 이 운동의 대표다. 전에 그들은 교회를 시작했지만 파수기도는 하지 않았다. 2010년 새크라멘토 더 콜 집회에서 그들은 나에게 말했다. "우리는 새로운 변화를 생각하고 있어요." 사실 그들이 24시간 파수기도에 관해 말했을 때, 그것은 정말 엄청난 도약이었다. 지금은 이 이야기가 그렇게 급진적인 것은 아니지만, 그 당시에는 파격적이었다. 그들은 할리우드에서 하나님의 위대한 운동이 일어나도록 주님께 24시간 부르짖어야 한다는 감동을 받았다.

처음에 그들은 〈아이 러브 루시〉(I Love Lucy)라는 TV 쇼 프로그램 제작사 꼭대기에 방을 구했다. 그곳을 방문했을 때, 기름 부음이 온몸으로 느껴질 만큼 강력했다. 그리고 나는 그들이 "서쪽으로 가야 한다"는 감동을 받았다.

이 말씀은 그들에게 큰 도전이었다. 서쪽은 클럽 구역으로, 거주 비용이 상상하기 어려울 정도로 비싼 곳이었다. 그들은 도전을 받아들여 허슬러 클럽(허슬러 잡지사가 만든 유명한 클럽-역주)과 록시 앤 바이퍼 룸(할리우드 서쪽에 있는 유명한 나이트클럽-역주) 근처 선셋 대로로 이사했다. 하나님께서 그들을 예수 운동(Jesus People Movement) 당시 아서 블레싯이 사역했던 곳으로 인도하셨다는 사실을 그들은 전혀 몰랐다.

그곳에 머무는 동안 그들은 성령께서 주시는 많은 모험을 경험했다. 2011년부터 세 명의 자녀를 돌보며 파수기도를 인도할 예배자와 기도 사역자를 세우는 일뿐만 아니라, 매달 천문학적인 월세를 감당하는 믿음을 발휘해야만 했다.

그들의 사역과 관련하여 조나단이 알려 준 몇 가지 좋은 정보를 나누고 싶다.

1. 먼저 그들은 4시간 파수를 시작했다. 하지만 지금은 한두 시간씩 파수한다. 조나단은 할리우드에 사는 사람들은 대부분 너무 바쁘기 때문에 짧은 파수 시간이 더 효과적이라고 말한다. 기도 사역자들은 매주 그들이 선호하는 주제에 집중해서 기도한다.
2. 그들은 한 시간 파수기도를 위해 한 명의 찬양 인도자와 기도 사역자가 함께하면 좋다는 것을 알게 되었다.
3. 그들에게는 한 시간 이상 인도할 영력이 없었다. 그래서 그들의

영력을 따라 기도를 인도했고, 레디언스 사역은 사람들의 영력을 기반으로 세워나갔다.
4. 모든 기도 파수에 온전한 찬양팀이 함께하지는 않는다. 어떤 사람은 기타만 가지고 찬양한다. 어떤 경우에는 예배 음악을 틀어놓기도 한다. 조나단은 라이브 찬양이 CD 음악보다 훨씬 더 좋다고 말한다.
5. 대부분 한 주에 한 번 혹은 두 번 정도 파수기도를 한다.

조나단은 매달 기도 사역자들과 정기적으로 모여 좋은 관계를 만들기 위해 노력한다.

무브먼트 133은 대학 캠퍼스에서 파수기도를 한다. 캘리포니아주립대, 남부캘리포니아대학, 기타 로스앤젤레스에 소재한 대학의 학생들이 한 달에 한 번씩 모여 철야기도를 시작하여 현재 35개의 대학에서 철야기도가 진행 중이다.

연예인들이 그리스도께 돌아오고, 더 많은 경건한 영화가 제작되며, 경건한 젊은이들이 영화계와 연예계에 일어나는 것을 목도하는 것은 참으로 감동적이다. 이제 교회가 할리우드에 진출하고 있고, 새롭게 그리스도를 따르는 사람들을 제자 삼는 일에 놀라운 성과가 보인다. 기도는 놀랍게 역사한다.

니코 박사는 인도네시아에서 강력한 24시간 기도 운동을 일으켰다. 그의 교회는 아모스 9장 11절의 다윗의 장막 회복과 24시간 경배와 기도에 대한 비전을 가지고 인도네시아 전역에 최소 300개 이상의 기도 탑을 세웠다.

땅밟기 기도

땅밟기 기도는 보통 가정이나 동네 같은 영적 전쟁의 현장에 중보자들과 함께 가서 기도하는 연합 중보의 한 형태다. 존 도우슨은 그의 책《하나님을 위하여 도시를 점령하라》에서 땅밟기 기도를 통해 우리가 사는 지역을 위한 영적 전쟁에 관해 말한다. 존은 갱단의 폭력과 마약이 범람하는 로스앤젤레스의 한 우범지대로 이사했다.

몇 해 전, 한 사역자와 나는 땅밟기 기도를 하러 나갔다. 우리는 모든 집 앞에 서서 예수님의 이름으로 사탄의 궤계를 꾸짖고, 각 가정 가운데 예수님의 계시가 임하도록 기도했다. 우리는 지금도 여전히 기도하고 있다. 가야 할 길은 멀지만 사회적·경제적·영적 변화는 분명하다. 악한 영의 공격으로 내 영혼이 무너질 뻔한 적도 여러 번 있었다. 죽음의 위협도 받았다. 누군가 자동차 타이어를 칼로 찢기도 했다. 판잣집에 사는 가난한 사람들, 젊은 실직자들, 파탄 난 가정을 볼 때 종종 우울했지만, 나는 도망치지 않기로 결단했다. 현재 내가 사는 구역 내에 아홉 가정의 그리스도인이 있으며, 그곳에 주님의 놀라운 평강이 있다. 이웃들 가운데 더 이상 가정 파탄은 없고, 사람들은 집을 수리하고, 그리스도인 가정을 중심으로 좋은 유대관계가 형성되고 있다.

땅밟기 기도는 세계 여러 나라에서 진행되고 있다. 그래함 켄드릭은 영국에서 15만 명을 이 행진에 동참시켰다. 캘리포니아 허맷에 있는 드웰링 플레이스(Dweling Place) 교회는 전도지를 나눠주며 성탄 행진을 한다. 여호수아 1장 3절은 다음과 같이 말한다. "너희 발바닥으로 밟는 곳은 모두 내가 너희에게 주었노니."

땅밟기 기도를 통해 당신은 복음을 위해 '땅을 취하거나' 도시의 경계를 세우는 일을 한다. 걷는 것은 원수에게서 땅을 되찾는 행위이다.

땅밟기 기도는 땅을 걷는 것에 국한하지 않는다. 특정한 지정학적 위치를 예수 그리스도의 주 되심 아래 거하도록 선포함으로 그 땅을 걸을 수 있다. 아르헨티나 산 니콜라스와 로사리오 지방에서 온 목회자와 사역자들은 빌라 콘스티투시온의 추수전도 훈련센터에 모여 이 일을 했다.

영적 전쟁이 주제였다. 훈련센터 반경 100마일 내에 있는 109개의 마을에 복음을 전하지 못한 것을 각성하고 모였다. 지역의 '사탄의 권좌'로 알려진 아로요 세코 마을을 주요 연구 대상으로 삼았다. 몇 년 전 메레길도라는 유명한 마법사가 마을에서 주술을 행했다. 사람들은 엄청난 치유 능력으로 유명한 그를 만나기 위해 심지어 해외에서도 아로요 세코로 모여들었다. 그는 죽기 전 열두 제자에게 그의 능력을 전수해 주었다. 아로요 세코에 세 차례 교회를 세웠지만, 극심한 영적 공격 앞에 세 번 모두 문을 닫고 말았다.

여러 날 동안 함께 성경을 연구하고 기도한 뒤, 목회자와 사역자들은 한마음으로 지역을 향해 영적 권세를 발휘했다. 그중 일부 사역자는 아로요 세코를 방문했다. 그들은 메레길도 추종자들의 본부 맞은편에 서서 악한 세력을 향해 퇴거 명령을 선포했다. 그들은 패배했으며, 예수 그리스도께서 친히 많은 사람을 그분께 인도하시고, 교회가 연합해서 주님을 높이게 될 것이라고 선언했다.

그로부터 3년이 채 못 되어 82개 마을에 복음적인 교회가 세워졌다. 입증되지는 않았지만, 현재 모든 마을에 교회가 세워졌거나 복음이 전파되고 있다는 소식을 들었다.

땅밟기 기도의 몇 가지 실제적인 지침에 집중해 보자. 이 지침을 개인이나 중보팀이 활용하면 좋을 것이다.

땅밟기 기도 전에, 영적 전쟁에 맞는 복장으로 무장하는 것이 중요하다. 집 밖을 나서기 전에 기도하라. 그리고 하나님의 전신갑주를 입으라. 시편 91편을 따라 당신과 집과 가족을 보호하는 기도를 하라. 걸을 때 당신이 주님의 마음을 받은 자임을 선포하라. 당신의 몸에 운동이 필요한 것처럼 영의 운동 역시 매일 필요하다. 땅밟기 기도는 영적으로 당신을 확장해 주고, 자연적으로는 당신의 몸을 건강하게 만든다.

이것은 엄격히 지켜야 할 형식이 아니라 출발점이다. 걸으며 기도할 때, 당신을 인도해 주시는 성령님을 신뢰하라. 다음과 같은 기도로 시작하라.

아버지, 내 이웃이 예수 그리스도께 속하게 될 것을 감사합니다. 오늘 마을 사람들 머리 위로 주님의 깃발을 높이 들고 이들이 하나님 나라에 속하게 될 것을 선포합니다. 여호수아처럼 나의 발이 닿는 곳마다 하나님 나라의 권세 아래 거하게 될 것을 믿습니다. 이스라엘 백성이 문설주에 유월절 어린양의 피를 바른 것처럼 어린양 예수님의 보혈을 마을 사람들 위에 바릅니다.

주 예수님, 이웃들의 죄를 용서해 주소서. 주님께서 말씀하셨습니다. "너희(우리)가 누구의 죄든지 사하면 사하여질 것이요 (우리가) 누구의 죄든지 그대로 두면 그대로 있으리라"(요 20:23, 분쟁, 살인, 탐욕, 돈을 사랑함, 거짓 종교, 마약 등 당신이 알고 있는 죄가 있다면, 하나님께 구체적으로 용서를 구하라). 주님, 이 모든 죄로 인해 발생한 마을 사람들의 거절감, 고통, 상처를 치유해 주소서. 주님을 따르지 않고 이기심과 인종차별적 편견의 죄를 범한 이들을 용서해 주소서(죄 사함을 받은 후, 이웃들에게 주 예수 그리스도의 주 되심을 담대히 선포하라).

만일 마귀가 활동하는 영역을 발견한다면, 혼자 공격하지 말고 다른 사람들과 함께 가서 기도하라. 먼저 당신이 삶 속에서 범한 죄를 반드시 처리한 뒤 기도하러 가라. 마귀에게 견고한 진을 세울 빌미가 되는 죄가 당신에게 있는지 구체적으로 하나님께 물어보라. 만일 당신에게 무당이나 뉴에이지 같은 견고한 진이 있다면, 먼저 금식하는 것이 좋다. **때때로 이런 문제들은 예수님께서 광야에서 하셨던 것처럼 말씀을 선포하고 임재에 젖어 드는 기도(soaking prayer)를 할 필요가 있다.**

무속 물품을 파는 상점을 방문하면, 가게 주인과 손님의 눈을 가리는 베일이 벗겨지도록 기도하는 것을 잊지 마라. 그들 안에서 그들을 통해 역사하는 무당의 영을 묶으라. 그리고 그들이 하나님 나라의 소유임을 선포하라. 우리는 무속 물품을 파는 상점의 주인을 대적하는 것이 아니라, 정사와 권세와 싸우고 있다는 것을 명심하라.

당신이 듣거나 보는 것으로 결과를 평가하지 마라. 당신이 한 모든 기도는 효과가 있다. 그것은 마치 땅에 심은 씨앗과 같다. 기도의 물을 계속 뿌려라. 반드시 열매 맺을 것이다. 그 어떤 무기도 당신의 이웃을 대적할 수 없으며, 그들을 형통하게 하신다는 하나님의 약속을 계속 주장하라. 어린양의 보혈로 당신의 집과 이웃집 주위에 경계를 세우라. 그리고 사탄이 경계를 침범하지 못할 것을 선포하라(주의: 마을에 강력한 원수의 요새를 발견하면, 당신과 가족을 위해 중보로 보호해 줄 기도팀을 세우는 것이 아주 중요하다. 도시를 중보하는 기도팀도 마찬가지다).

당신의 이웃을 위한 하나님의 목적과 구속 계획이 무엇인지 하나님께 꼭 물어보라. 만일 거대한 부라면, 죄인의 재물은 의인을 위해 쌓아둔 것이라고 담대히 선포하라. 사탄에게 사람들의 눈을 멀게 하지 못하도록 명하라. 그들이 거듭나지 못하도록 막는 원수의 모든 활동을 금하라. 어떤 이웃들은 죽어가고 있고, 죽음의 영이 만연해 있는 듯하면 시편 1편 같이 생명을 주는 말씀을 이웃들 위에 심으라. 죽음의 권세를 파쇄하라. 예수 그리스도의 부활의 생명이 이웃들 위에 임하도록 선포하라.

이웃을 향해 선포할 성경 말씀을 달라고 하나님께 구하라. 가정마다 합당한 성경 말씀을 주실 하나님을 신뢰하라. 어느 구역을 맡아 책임지고 기도할지 주님께 물으라. 그곳에 노인들이 있다면, 그들은 대부분 외롭게 살 것이다. 하나님께서 그들에게 평강과 주님의 임재와 사랑으로 축복하시도록 기도하라. 그리고 그들을 방문하라. 만일 당신의 동네가 반역적이라면, 마을에 있는 반역의 영을 금하라. 마약이나 포르노, 매춘업을 통해 역사하는 원수를 묶고, 모든 은밀하고 비밀스러운 일들이 빛 가운데 드러나도록 기도하라. 만일 사람들이 외롭게 산다면, 그들이 서로 사랑하며 살 수 있도록 하나님께 기도하라. 무엇보다 모든 가정의 사람들이 구원받을 수 있도록 간구하라.

땅밟기 기도에 대해 더 깊이 알기 원하는 사람들에게 스티브 호손의 《길을 만드는 사람들》(Way Makers)을 강력히 추천한다.

하나님께서 당신을 파수기도나 땅밟기 기도로 부르실 수 있다. 하나님께서 당신을 아담처럼 당신의 동네나 나라를 기경하고, 물을 주고, 잘 돌보도록 그곳에 심으셨다는 것을 기억하라. 그것은 하나님의 말씀 아래 번성하고 꽃을 피우게 될 것이다.

더 깊은 중보기도를 위한
소그룹 스터디 POSSESSING THE GATES OF THE ENEMY

■ **핵심 성경 구절**

이사야 14:12, 마태복음 16:18, 에베소서 1:21, 예레미야 1:10, 누가복음 11:17-22, 에베소서 3:10, 에스겔 28:11-19, 고린도후서 2:11, 에베소서 6:11-12, 다니엘 10:12-13, 고린도후서 10:4, 골로새서 2:15, 마태복음 11:12

01 당신은 파수기도를 하거나, 파수기도의 보호를 받는 콘퍼런스에 참여한 적 있는가?

02 기도로 파수를 섰을 때, 어땠는가? 파수 기간과 파수 이후에 당신이 겪은 경험과 느낌을 말해 보라. 일상생활로 돌아왔을 때, 어떤 문제가 있었는가?

03 콘퍼런스 외에 파수기도가 필요한 상황과 이유는 무엇인가?

04 끊임없는 중보로 24시간 기도실을 운영하는 교회를 알고 있는가?

05 하나님의 백성이 지역에 나가 기도하면 어떤 유익이 있는가?

06 '예수 행진' 같은 대대적인 공개 찬양 행진과 개인이나 소그룹이 비밀리에 걸으며 기도하는 것을 비교할 때, 각각 어떤 목적과 효과가 있는지 기술하라.

07 땅밟기 기도는 얼마나 자주 해야 하는가? 주목할 만한 변화를 보기까지 어느 정도의 시간이 필요한가?

CHAPTER 16

대적의 문을 취하라
THE CALL TO INTERCEDE

교회는 세상일에 대한 결정권을 가지고 있다.
심지어 고통스러운 순간에도 기도하는 교회는 기도의 능력과
능력을 사용하는 범위에 따라 인류가 직면한 문제를 실제적으로 결정한다.
_폴 빌하이머

역사는 중보자들에게 달려 있다는 말이 있다. 폴 빌하이머의 말은 이것을 아주 명확하게 보여 준다. 하나님은 그분의 백성이 기도할 때, 인류가 직면한 문제들 가운데 역사하신다. 나는 기록해 놓은 수많은 기도 일지를 통해 이 사실을 증명할 수 있다. 가장 기억에 남는 순간 중 하나는 1990년에 있었는데, 그것을 통해 기도가 열방을 바꿀 수 있다는 원리를 발견했다.

그해 7월 열국들 사이에 있던 장벽이 무너졌다. 전례 없는 기도 응답이 성취된 순간이었다. 그리스도의 복음을 이런 나라들에서 공공연하게 선포할 수 있게 되었다는 사실에 강력한 기도의 용사들조차 놀랄 수밖에 없었다. 세계적인 사건의 정점에 편승해서 나를 포함한 국제 어글로우 전략기도자문위 소속 일곱 명의 여성 사역자는 러시아의 여성들을 만

나 그들을 위해 중보하고, 기회가 된다면 개인 사역을 통해 그들을 세워주기 위해 러시아로 향했다.

모스크바 일정 마지막 날에 바바라 벌리, 메리 랜스 시스크와 나는 미국으로 귀국하기 전에 얼마 남지 않은 러시아어 전도지를 나누어주고 있었다. 우리가 러시아에서 기도하면서 전도지를 나누어주고 있다는 사실이 믿어지지 않았다. 우리는 붉은 광장 거리 맞은편으로 걸어가면서 전도하고 있었고, 바바라와 메리는 광장 건너편에 도착해 있었다.

잠시 후 만난 그들은 이렇게 말했다. "신디, 아무도 전도지를 받지 않아요." 다른 지역에서는 사람들이 전도지를 잘 받아주었고, 그 누구도 버리지 않았다. 좀 이상하다는 생각을 하면서 나 역시 전도지를 주려고 했지만, 아무도 받지 않아서 깜짝 놀랐다. 그들은 나를 보지도 않고 앞만 보고 냉담하게 지나갔다.

잠시 전도를 멈추고 서 있는데, 문득 이런 기도가 떠올랐다. "주님, 뭐가 문제인가요?" 즉각 고린도후서 4장 4절이 임했다. "그 중에 이 세상의 신이 믿지 아니하는 자들의 마음을 혼미하게 하여 그리스도의 영광의 복음의 광채가 비치지 못하게 함이니 그리스도는 하나님의 형상이니라."

붉은 광장에서 이런 일이 일어나고 있는 것일까? 우리는 지금 붉은 광장을 다스리는 영의 통치 구역에 들어와 있는 것일까? 그 영이 사람들의 눈을 가리고 있는 것일까? 이런 생각이 들자, 나는 메리와 바바라에게 합심해서 이 광장에서 복음의 영광스러운 광채를 보지 못하도록 사람들의 눈을 가리고 있는 사탄의 활동을 대적하자고 했다. 우리의 작은 기도팀은 곧바로 공중권세를 기습했고, 하나님께서 역사하셔서 복음의 문을 열어 주실 것을 믿었다. 우리는 사람들의 눈을 막고 있는 가림막이 떨어져 나가도록 기도하고 명령했다.

기도를 마친 후, 우리는 다시 흩어졌다. 우리 손에 남아 있던 전도지는 순식간에 사라졌다. 내가 만난 한 무리의 사람들은 전도지를 더 달라고 요청하기까지 했다. 우리가 기도하자 사탄은 사람들의 눈을 가리지 못했다. 사탄이 통치하고 싶어 했던 지역을 우리가 차지했다.

그때의 일을 곰곰이 생각해 보면 많은 궁금증이 생긴다. 우리는 원수에 대해 공격적 자세를 취해야만 하는가? 원수가 찾아와 우리를 발견할 때까지 기다리면 안 될까? 신약은 정사와 권세에 대항해 싸우는 것에 대해 어떻게 말씀하는가? 지역의 영들은 도대체 뭘까? 과연 예수님은 높은 차원의 악의 세력과 싸우셨는가? 세계적으로 확산하고 성장하는 영적 전쟁 운동과 원수의 악한 진을 파쇄하는 것에 관해 우리는 얼마나 많은 성경적 기반을 가지고 있는가? 그렇다면 누가 이 일을 해야 하는가? 우리가 어떻게 하면 안전하고 균형 잡힌 방법으로 영적 전쟁을 수행할 수 있을까?

주님께서 나를 열방을 위한 전략적 영적 전쟁의 사역자로 부르셨을 때, 나 역시 이 같은 질문에 대한 해답을 찾기 위해 수년간 씨름했다. 위의 질문들에 대해 적절하고 명료한 대답이 필요하다. 비록 내가 여러 해 동안 이 주제를 가르쳐 왔고, 사람들이 나라를 위해 기도할 수 있도록 도와주었지만, 영적 전쟁에 관해 모든 것을 다 안다고 할 수는 없다.

하지만 내가 아는 한 가지는 영적 전쟁은 폭발력이 있다는 것이다. 원수는 영적 전쟁에 관해 토의하는 것을 싫어하지만, 사람들은 이것에 대해 열정적으로 배우고 싶어 한다. 사람들이 심각한 문제 속에서 헤어나지 못하고 있을 때, 동네와 마을, 도시, 지방, 나라를 위해 기도하는 사람들은 주님을 위해 위대한 일을 수행하고 있다. 나는 이번 장이 도시와 국가를 위해 기도하도록 하나님의 깊은 부르심을 받은 사람들에게 도움이 되기를 기도한다.

시편 2편 8절은 부르심을 받은 사람들을 위한 공통적 부르짖음이다. "내게 구하라 내가 이방 나라를 네 유업으로 주리니 네 소유가 땅 끝까지 이르리로다."

우리는 지금 영혼 구원을 위한 거룩한 전쟁의 한가운데 있다. 도적질하고 죽이고 멸망시키는 잔인한 원수를 대적하기 위해 하늘의 전쟁을 치르고 있다. 사탄은 열방을 향한 하나님의 계획을 왜곡하려고 애쓰는 최고의 전략가다. 그는 빛의 왕국을 좀먹고 그의 보좌와 통치권을 세웠다. 그의 가장 강력한 무기 중 하나는 신자를 수동적으로 만드는 것이다. 우리가 교회 안에서 분주할 때, 그는 온 세상에 그의 통치권을 조심스럽게 세워왔다.

미전도 종족들을 향해 나아가야 한다는 사실을 인식하는 신자가 늘어날수록 위대한 기도의 군대는 군대 용어를 사용할 것이다. 새로운 세기를 맞이하면서 S. D. 고든은 군대 용어에 대해 다음과 같이 말했다.

> 인간의 손에 있는 가장 위대한 힘은 기도다. 누군가 기도를 정의하려면, 반드시 군대 용어를 사용해야 한다. 평화의 언어는 이 상황에 적합하지 않다. 전시 상황에 있는 지구는 전 방위적으로 포위되어 있다. 따라서 기도에 관해 바로 알려면, 군대 용어를 사용해야 한다.
>
> 하나님 편에서 나오는 기도는 하나님 자신과 적국에 있는 동맹군 사이의 통신 수단이다. 진정한 기도는 원형으로 움직인다. 기도는 하나님의 마음에서

시작해서 인간의 마음으로 휘몰아쳐 내려와 기도의 전장(戰場)인 땅을 원형으로 가로지르며 그 목적을 성취한 다음 출발지로 돌아간다.

이번 장은 복음의 확산을 위해 열방의 견고한 진을 무너뜨리는 방법을 배우려는 하나님의 '군대'에 사기를 불어넣는 것이 목적이다. 영적 전쟁이라는 주제에는 다양한 면이 있고, 이와 관련된 책이 많이 출간되었다. 하지만 나는 하늘에서 벌어지는 고차원적 영적 전쟁에 초점을 맞추고 싶다. 이것은 그리스도를 위해 도시나 국가를 장악하는 일에 공헌할 수 있다.

영적 전쟁은 고린도후서 10장 3-4절에 나와 있다. "우리가 육신으로 행하나 육신에 따라 싸우지 아니하노니 우리의 싸우는 무기는 육신에 속한 것이 아니요 오직 어떤 견고한 진도 무너뜨리는 하나님의 능력이라."

우리가 사는 도시를 점령하면 정치적·물리적·영적 통치권을 얻는다. 그 지역의 통치권은 땅이 아닌 하늘에 기초하기 때문이다. 우리가 도시에 있는 어둠을 뚫고 나가면, 하나님의 빛과 영광이 점점 더 그 도시 위에 부어질 것이다.

에베소서 3장 10절은 말한다. "이는 이제 교회로 말미암아 하늘에 있는 통치자들과 권세들에게 하나님의 각종 지혜를 알게 하려 하심이니."

교회인 우리는 도시를 통치하는 하늘의 정사와 권세들에게 하나님의 다양한 지혜를 알려 주는 존재다. 그런데 교회의 많은 성도, 심지어 중보자들까지도 하늘에 있는 어둠의 권세를 다루는 것을 두려워하는 현실이 참으로 안타깝다. 우리는 이런 권세들과 싸울 수 있는 예수 이름의 권세를 받았다. 예수의 이름은 견고한 진을 무너뜨리는 강력한 힘이다.

만일 강한 자의 전리품을 탈취하기 위해 그를 묶으면, 우리는 반드시 싸우는 대상이 누구인지 명확히 알아야 한다.

1990년대의 교회는 고차원적 영적 전쟁에 대해 배웠다. 그래서 우리는 세계 전역에서 하나님 나라의 거대한 진보가 이루어지는 것을 보았다. 하지만 이런 원리를 알고 있거나 직접 싸움에 동참하는 사람들이 이전처럼 강하지 않은 듯하다. 우리는 공격적(군사적) 중보를 통해 우리나라를 통치하는 강한 자를 다룰 하나님의 군대를 일으켜야 한다.

이런 정사와 권세들은 무엇인가? 성경은 그들이 누구이고, 어떻게 역사하는지 자세하게 설명하지 않는다. 그 이유를 우리가 고차원적 악령들에게 매료되는 것을 막기 위해서라고 보는 이들도 있다. 나 역시 이 말에 동의한다. 우리의 생각이 이런 일에 지나치게 집중하면, 오히려 미혹될 위험이 있다. 우리는 정사와 권세에 지나친 관심을 두거나 그것을 두려워해서는 안 될 것이다. 우리가 하나님 나라를 공격적으로 취하는 것을 막을 자는 아무도 없다(마 11:12).

지금까지 고차원적 영적 전쟁에 관한 다양한 가르침이 있었고, 앞으로도 있을 것이다. 이와 관련해서 서로 다른 점을 비판하기보다 영적 전쟁을 통해 맺은 열매를 살펴볼 것이다. 우리와 같은 시각으로 접근하지 않는 사람들이 있기 때문이다.

마가복음 9장 38절은 말한다. "요한이 예수께 여짜오되 선생님 우리를 따르지 않는 어떤 자가 주의 이름으로 귀신을 내쫓는 것을 우리가 보고 우리를 따르지 아니하므로 금하였나이다."

원수는 방법론의 차이점을 악용해서 그리스도인을 분열시키는 것을 아주 좋아한다.

보이지 않는 통치 체계

성경은 두 나라가 서로 충돌하고 있다고 말한다. 하나는 하나님 나라이고, 다른 하나는 사탄의 사악한 나라, 어둠의 왕국이다. 하나님 나라 안에 있는 그분의 천사들은 온 우주의 통치자이신 하나님의 목적을 위해 구원을 상속받을 사람들에게(히 1:14) 파송된 사자(使者)들이다. 반면 사탄의 밀사인 타락한 천사들은 어둠의 나라를 세우기 위해 파송받는다. 사악한 존재들이 이것을 성취하는 방법은 무엇이며, 그들이 그렇게 할 수 있는 법적 권리는 무엇일까?

사탄의 대리인들은 지정학적 영토 위에 포진해서 권리를 행사한다. 그들은 할당된 지역에 사는 사람들을 불법적으로 통치하고 그들에게 직접적인 영향을 끼친다. 사탄의 책략을 인식하지 못하는 사람들은 지역의 영들의 영향권 아래 희생당하고 있다. 악한 영들은 지역의 주민을 통치할 다양한 수단을 사용하는데, 예를 들어 도덕적 부패와 각종 중독 같은 것이다. 지역의 영들은 시민들이 그리스도의 마음을 갖지 못하도록 '세뇌'해서 하나님 나라의 능력을 경험하지 못하게 한다.

사람들은 자신들이 거주하는 지역의 영적 견고한 진이 그들의 삶에 얼마나 막대한 영향을 주는지 인식하지 못한다. 종교의 영 같은 강한 정사가 있다면, 그 영은 하나님의 초자연적 역사가 가시적으로 나타나는 것을 보지 못하게 하는 큰 장애물이다.

몇 년 전 호주에서 사역할 때, 나는 여자로서의 거절감과 눌림을 느끼기 시작했다. 이런 강한 느낌을 받아야 할 합당한 이유가 전혀 없었다. 그런데도 그날 밤 이런 감정 때문에 잠에서 깨어났다. 나는 이것이 정상이 아니란 것을 깨달았다. 그래서 무엇이 문제인지 주님께 물었다. 주님은 호주의 역사를 살펴보라는 감동을 주셨다. 다음날 호주의 역사를 공부하면서 호주가 범죄자 유배지로 사용될 당시 그곳에 살았던 여성들이 겪은 학대에 관한 역사를 발견하고 무척 놀랐다.

이것을 발견한 직후, 콘퍼런스에서 존 도우슨이 강의하다가 이런 말을 했다. "과거 호주에서 일어난 성차별에 관한 역사적 사건 때문에 오늘 이곳에서 남성과 여성 간의 화해가 필요하다는 주님의 감동을 받았습니다."

존은 남성과 여성 간의 동일시 회개기도를 인도했다. 나는 놀라움을 금할 수 없었다. 여성들은 울고 또 울었다. 그들은 내가 지난밤 씨름했던 그 감정을 마음껏 쏟아 내었다. 그때부터 이 나라의 여성들은 땅을 치유하는 놀라운 일에 괄목할 만한 도약을 이끌었다.

이 사건을 통해 개인적으로 내가 배운 것은 무엇일까? 현재 느끼는 나의 감정이 사역을 위해 방문하는 지역의 영들의 영향을 받을 때가 있는 것이다. 이것을 인식하면, 나는 어떤 식으로든 영향을 주는 영들을 꾸짖는다. 그러면 중압감이 완전히 떠난다. 나는 지역의 영들이 종종 그들의 힘을 너무 과신한 나머지 스스로 무너질 때가 있다고 믿는다. 그러면 그 나라를 치유할 수 있는 것이 무엇인지 연구를 통해 알 수 있다.

사탄 왕국의 주요한 전략 중 하나는 부리는 영들을 통해 정부 지도자들에게 영향을 주는 것이다. 정부 지도자들을 사로잡으면, 그들로 하여금 하나님 나라가 진척되지 못하도록 막는 법안을 제정하도록 조종한다.

이런 고차원적인 지역의 영들의 영향력을 말해 주는 성경적 근거가 있을까? 이런 존재들의 패턴을 이해하기 위해서 이중 언급의 법칙을 알면 도움이 된다. 《다케의 성경 주석》(Dake's Annotated Reference Bible)에 따르면, "이 법칙은 보이는 피조물을 언급할 때 발생한다. 하지만 보이는 피조물을 도구로 사용하는 보이지 않는 존재를 언급하기도 한다."

인간 통치자를 사탄으로 언급한 두 개의 성경 본문이 있다. 에스겔 28장 11-19절과 이사야 14장 3-27절이다. 두 본문은 육체를 가진 통치자들의 이야기로 시작한다. 첫 번째는 두로의 왕이고, 두 번째는 바벨론 왕이다. 하지만 두 본문 중반부에서 인간 통치자의 능력을 월등히 뛰어넘는 어떤 존재에 대해 언급한다.

에스겔 28장 14-15절은 말한다. "너는 기름 부음을 받고 지키는 그룹임이여 내가 너를 세우매 네가 하나님의 성산에 있어서 불타는 돌들 사이에 왕래하였도다 네가 지음을 받던 날로부터 네 모든 길에 완전하더니 마침내 네게서 불의가 드러났도다."

성경에 나타난 다른 통치자들은 그들의 왕국을 다스리는 지역의 악한 영들의 영향을 받았다. 느부갓네살은 페르시아의 정사(한글성경은 바사의 군주로 번역-역주)의 영향을 받아 자신의 형상으로 금신상을 만들고 모든 사람에게 엎드려 경배하도록 명령했다. 페르시아의 정사는 볼모로 잡은 느부갓네살을 이용해 귀신을 숭배하도록 강요했다. 하나님은 불 속에 있는 네 번째 사람을 통해 풀무불 한가운데 그분의 영광을 나타내심으로 지역의 영들의 권세를 깨뜨리셨다. 주님의 영광의 빛은 사탄의 어둠을 몰아냈다.

이 페르시아의 정사는 다니엘을 죽이려고 했다. 이번에 그는 느부갓네살에게 사용했던 간계로 다리우스 왕을 속여 왕국의 총리와 방백과 모사와 관원들을 충동질했다. 모든 것은 다니엘에게 아주 참담해 보였다. 페르시아의 정사는 과업을 잘 달성한 것처럼 보였다. 그러나 하나님은 다니엘을 사자굴에서 건지셨고, 다시 한 번 페르시아의 정사의 권세는 한동안 무너졌다.

지역의 영들은 지금도 각 국가에 영향을 미치고 있을까? 물론이다.

느부갓네살이 통치했던 모든 땅을 다시 한 번 되찾을 야심을 가졌던 사담 후세인의 욕망을 생각해 보라. 페르시아의 정사는 그의 영토를 되찾고 싶어 했다.

오늘날 또 다른 제국의 영들이 있다. 그들은 오스만이 정복하고 통치했던 고대 지역을 되찾고 싶어 한다. 이슬람은 알라의 이름으로 전 세계를 정복하는 것이 그들의 사명이라고 생각한다. 사탄은 지구촌을 테러와 테러리스트로 채우고 싶어 한다. 우리는 반드시 사탄 왕국의 확산을 도모하는 모든 합법적 권리의 문을 닫아야 한다.

지역의 사악한 영들이 하나님의 자녀를 파멸하기 위해 사용한 방법을 알려 주는 성경 말씀이 있다. 에스더를 기억하는가? 또한 신약시대에 새로운 지역들이 복음에 문을 열었을 때를 살펴보라. 사도행전 19장에서는 다이애나(Diana) 지역의 영(한글성경은 아데미의 영으로 번역-역주)들이 은장색들을 충동질했다.

사도행전 19장 27절은 말한다. "우리의 이 영업이 천하여질 위험이 있을 뿐 아니라 큰 여신 아데미(Diana)의 신전도 무시 당하게 되고 온 아시아와 천하가 위하는 그의 위엄도 떨어질까 하노라 하더라."

에베소서 6장 12절은 이런 영들의 계급 체계를 알려 준다. "우리의 씨름은 혈과 육을 상대하는 것이 아니요 통치자들과 권세들과 이 어둠의 세상 주관자들과 하늘에 있는 악의 영들을 상대함이라."

톰 화이트는 그의 책 《영적 전쟁》에서 본문이 지옥의 연합사령부에 대한 묘사이며, 계급 체계에 관한 것이라고 말한다.

바울은 조직화한 계급 권력을 통치자들, 정사들(아르카이, archai), 권세들(엑수시아, exousia) 세상 주관자들(두나미스, dunamis), 악의 영적 세력들(코스모트

라토라스, kosmokratoras)로 설명했다. 여기에 나타난 권위 구조는 하향식 질서라고 보는 것이 타당하다. 다니엘서 10장 13절과 20절은 '아르카이'의 정체가 국가들과 지역들을 다스리는 사탄의 고위층 정사들임을 알려 준다. '엑수시아'는 초자연적·자연적 정부 모두를 암시한다. 사도시대의 사람들은 인간 조직 '이면에' 초자연적 세력이 있다고 이해했다. 바울은 하나님의 권세를 받은 우주적 존재들이 인간사를 중재한다는 유대 묵시문학의 개념을 의심 없이 말하고 있다. 짐작하건대 '두나미스'는 나라와 문화 안에 작용해서 삶의 특정한 측면에 영향을 주는 것 같다. '코스모트라토라스'는 기만의 영, 분열의 영, 음란의 영, 거역의 영, 두려움의 영, 질병의 영과 같이 일반적으로 사람들에게 고통을 주는 다양한 형태의 악한 영들이다. 이런 종류의 영들은 대부분 축사 사역을 통해 쫓아낼 수 있는 악한 세력이다. 이런 영들 사이에도 계급이 있어서 약한 영들이 강한 영들을 추종한다.

악한 영들의 계급 구조 가운데 '지역의 영들'이 있다. 이것은 성경적 이름은 아니지만, 에베소서 6장 12절에 등장한 통치의 영들에 대한 설명이다.

나는 바로 지금이 많은 중보자가 하나님의 인도하심을 따라 영적 전쟁터에서 그들의 도시와 지역을 장악한 지역의 영들을 축출하는 법을 배워야 할 때라고 생각한다. 우리는 수많은 이유로 많은 영적 전쟁터를 잃어버렸다. 그렇게 된 여러 이유 중 하나는 우리가 전에 하던 기도를 멈추었기 때문이다.

그렇다면 '지역의 영'은 정확히 무슨 뜻일까? 지역의 영은 특정한 지정학적 지역을 다스리는 영이다. 명백한 예로, '페르시아의 정사'(바사의 군주)가 있다. "그런데 바사 왕국의 군주가 이십일 일 동안 나를 막았으므로 내가 거기 바사 왕국의 왕들과 함께 머물러 있더니 가장 높은 군주 중 하나인 미가엘이 와서 나를 도와주므로"(단 10::13).

악한 영들은 특정 영토를 단독으로 통치하지는 못한다. 하나님의 천사들 역시 열방에 배치되어 있는 듯하다. 70인역은 신명기 32장 8절을 다음과 같이 번역한다. "지극히 높으신 자가 열국에게 기업을 주실 때에, 사람의 자녀들을 나누실 때에 하나님의 천사들(한글성경은 이스라엘 자손으로 번역-역주)의 수효대로 백성들의 경계를 정하셨도다."

70인역이 성경의 원문을 잘 나타내고 있다고 생각한 F. F. 브루스는 다음과 같이 말한다.

> 이 본문은 권세를 받은 천사들과 일치하는 숫자에 따라 다양한 국가의 행정부가 나누어졌음을 암시한다. 통치권을 받은 천사들 가운데 적어도 일부는 에베소서 6장 12절의 어둠의 '세상 주관자들'처럼 여러 곳에서 적개심으로 가득한 정사들과 권세들로 묘사한다.

어떤 사람들은 이렇게 말할지도 모른다. "음, 나는 사탄의 위계질서가 존재한다는 것은 믿어요. 하지만 그들에게 공격적으로 대처해야 한다는 것은 성경적이지 않다고 생각해요."

그들은 에베소서 6장에 나타난 하나님의 전신갑주가 대부분 방어에 초점을 맞추고 있다고 주장한다. 신약에는 정사와 권세를 대적하는 일정한 패턴의 영적 전쟁이 있는가?

그 질문에 대한 답은 '예'(yes)이다. 가장 좋은 예 중 하나는 그리스도께서 시험당하시는 내용을 다룬 마태복음 4장에서 볼 수 있다. 예수님께서 세례받으신 후에 행하신 첫 번째 사역은 광야에서 사탄과 대면하는 것이었다. 예수님은 약하지 않으셨다. 그리고 원수를 직면하는 것을 전혀 두려워하지 않으셨다. 동굴에 숨지도 않으셨고, 마귀가 절대 괴롭히지 않기를 바라지도 않으셨다. 주님은 수동적으로 행동하지 않으셨다.

성령께서 예수님을 광야로 인도하셨을 때, 땅의 통치자라고 주장하는 영과 싸우셨다. 잠시 후 우리는 주님께서 사용하신 영적 전쟁의 다양한 전략에 대해 논의할 것이다. 그 전에 사탄의 전투 계획을 살펴보자.

사탄은 보통 자신을 지나치게 과장하는 습성이 있기 때문에 자신의 전략을 노출한다. 사탄은 광야에서 자신이 주로 사용하는 세 가지 공격지를 보여 주었다. 예수님은 말씀의 능력으로 유혹을 이기셨다.

1. 육체적

"시험하는 자가 예수께 나아와서 이르되 네가 만일 하나님의 아들이어든 명하여 이 돌들로 떡덩이가 되게 하라 예수께서 대답하여 이르시되 기록되었으되 사람이 떡으로만 살 것이 아니요 하나님의 입으로부터 나오는 모든 말씀으로 살 것이라"(마 4:3-4).

2. 영적

"네가 만일 하나님의 아들이어든 뛰어내리라 기록되었으되 그가 너를 위하여 그의 사자들을 명하시리니 그들이 손으로 너를 받들어 발이 돌에 부딪치지 않게 하리로다 하였느니라 예수께서 이르시되 또 기록되었으되 주 너의 하나님을 시험하지 말라 하였느니라"(마 4:6-7).

3. 정치적

"마귀가 또 그를 데리고 지극히 높은 산으로 가서 천하 만국과 그 영광을 보여 이르되 만일 내게 엎드려 경배하면 이 모든 것을 네게 주리라 이에 예수께서 말씀하시되 사탄아 물러가라 기록되었으되 주 너의 하나님께 경배하고 다만 그를 섬기라 하였느니라"(마 4:8-10).

예수님께서 광야에서 사탄의 전략을 이기셨을 때, 그분의 사역이 급성장했다는 것은 참으로 흥미롭다. 제자들은 그분을 따랐고, 사람들은 구원과 자유와 치유를 경험했다. 원수의 능력은 한동안 묶였다. 나는 예수님께서 우리에게 견고한 진들을 파쇄할 방법을 알려 주시기 위해 광야에서 친히 영적 전쟁의 기술을 사용하셨다고 믿는다.

예수님께서 광야에서 사용하신 다섯 가지 전략이 있다. 주님은 세례 받으시고 스스로 하나님 앞에 겸비하셨다. "그러나 더욱 큰 은혜를 주시나니 그러므로 일렀으되 하나님이 교만한 자를 물리치시고 겸손한 자에게 은혜를 주신다 하였느니라 그런즉 너희는 하나님께 복종할지어다 마귀를 대적하라 그리하면 너희를 피하리라"(약 4::6-7).

그리스도 사역의 출범과 우리 사역의 출범 방식이 얼마나 다른가? 주님은 자신이 메시아라고 자랑스럽게 홍보하지 않으시고 스스로 겸비하셨다.

존 도우슨은 그의 책 《하나님을 위하여 도시를 점령하라》에서 '겸손'이 도시를 점령하는 전투 계획이라고 말한다. 월드컵 결승전 기간에 그는 국제 예수전도단의 한 팀과 아르헨티나 코르도바에서 예수님을 전하고 있었다. 그의 팀은 도시에 있는 교만의 영을 분별하기까지 어떤 돌파도 경험하지 못했다. 주님은 아름답고 도도한 도시 한가운데에서 무릎 꿇고 기도하도록 그들을 인도하셨다. 존은 그것을 이렇게 말한다.

"자존심을 내려놓고 길거리에서 무릎 꿇었을 때, 그리스도께서 나에게 얼마나 큰 힘을 주셨는지 지금도 생생하게 기억이 납니다. 그 순간 원수의 위협은 우리의 교만과 함께 무너졌습니다."

그날 주님은 존의 팀에게 큰 추수를 주셨다. 겸손의 무기는 사람들 속에 있는 교만의 영을 깨뜨렸다.

그리스도의 전략 두 번째 열쇠는 금식이다. "사십 일을 밤낮으로 금식하신 후에 주리신지라."(마 4:2).

금식은 도시를 장악하고 있는 견고한 진을 파쇄하는 필수 요소다. 찰스 피니는 그의 책 《종교의 부흥》(Revivals of Religion)에서 이 주제에 관해 조나단 에드워드의 말을 인용한다.

> 우리가 특별기도나 금식기도 없이 어떤 사람을 사로잡은 마귀를 몰아낼 수 있다고 기대한다면, 금식과 특별기도 없이 지역과 세상을 장악하고 있는 마귀를 몰아낼 가능성은 얼마나 희박할까?

세 번째 열쇠는 가장 중요한 요소 중 하나다. 흔들 수 없는 하나님의 말씀의 정확성은 그리스도의 마음 판에 새겨져 있었다. 영적 전쟁을 치를 때, 많은 사람이 반쪽짜리 진리에 속는다. 효과적으로 싸우려면 반드시 하나님의 말씀에 아주 친숙해야 하고, 원수를 대적할 때 그 말씀을 양날 선 검처럼 자유자재로 휘두를 수 있어야 한다.

네 번째 열쇠는 인내다. 전투의 승리는 하루 만에 오지 않았다. 예수님은 40일 동안 기도와 금식의 시간을 보내셨다. 우리는 하루나 이틀 인내해야 한다는 이야기를 듣기만 해도 쉽게 낙담한다. 어떤 사람들은 자신의 도시를 위해 오랫동안 싸우다 지쳐서 포기하고 싶어 한다. 절대 포기하지 마라. 원수가 당신의 도시에서 손을 뗄 날이 올 것이다. 그러면 부흥이 터질 것이다. 선을 행하되 낙심하지 마라. 무엇보다도 전쟁의 치열함과 힘겨움 때문에 믿음의 선한 싸움을 포기하거나 단념하지 마라.

마지막 다섯 번째 열쇠는 권위를 가지고 명령하는 것이다. 그런데 때때로 이것을 사용하는 사람들이 비난을 받기도 한다. 이것은 지역의 영들에게 말로 떠나라고 명령하는 것이다. 우리는 빈번하지는 않지만, 그리스도께서 광야에서 사용하신 능력의 말씀을 종종 무시한다. 전투를 마칠 때쯤 예수님은 큰 권세를 가지고 말씀하셨다. "사탄아 물러가라"(마 4:10). 그러자 사탄은 예수님을 떠나고 천사들이 와서 수종들었다고 성경은 말한다.

한 가지 재미있는 생각이 떠올랐다. 예수님은 자신을 위해 중보해 주는 사람 없이 홀로 싸우셨다는 것이다. 그 땅에 거듭난 그리스도인이 단 한 명도 없었지만, 예수님은 마태복음 3장과 4장에 있는 열쇠들, 곧 말씀에 대한 지식, 금식, 인내, 그리고 권위의 명령을 통해 승리하셨다.

실전 투입

여러 곳을 다니며 영적 전쟁에 관해 가르치면서 이론가는 많지만, 실천하는 사람은 많지 않다는 것을 알게 되었다. 영적 전쟁에 대해 가르치는 사람들은 직접 참여한 적이 없고, 오히려 많은 궁금증을 가지고 있다. 가장 흔한 질문 중 하나는 이것이다. "원수의 견고한 진을 분별하는 방법은 무엇입니까?"

이 질문에 대한 답을 나누기 전에 전쟁의 위험 요소와 몇 가지 안전 지침을 말해 주고 싶다. 이번 장을 쓰면서 나는 앞장에 이런 표지를 붙이고 싶은 마음이 들었다. '위험, 기도하면서 취급할 것!' 영적 전쟁은 미성숙한 사람들을 위한 것이 아니다.

아무리 전쟁이 위험해도 우리는 전장에 군사를 보낸다. 군사를 훈련하고 필요한 모든 상황에 준비 태세를 갖추도록 한다. 많은 사람이 중요한 교전 수칙을 준수하지 않고 고차원적 영적 전쟁을 치르다 고통당하고 있다. 실전에서 교전 수칙이 필요하듯 영적 전쟁도 마찬가지다.

개인적으로 나는 영적 전쟁의 전문가로 부름 받지 못했을 수도 있었다. 내 삶의 부르심은 예언적 중보자로서 열방의 견고한 진을 무너뜨릴 권세를 풀어내는 것이다. 이것은 믿는 자가 영적 전쟁에 관한 훈련을 받을 수 없다는 뜻이 아니라, 반드시 주의해서 다루어야 한다는 말이다.

안전 수칙 1

도시를 위한 영적 전쟁에 참여할 때 고려해야 할 두 가지 안전 수칙이 있다. 첫째, 고차원적 전투는 기본적으로 그들이 하는 일이 무엇인지 잘 아는 사람들과 연합해서 감당해야 한다. 그 누구도 전쟁터에 아무 생각 없이 혈혈단신으로 뛰어들어서는 안 된다. 결코 원수를 과소평가하지 마라. 우리는 원수의 힘과 능력에 매혹되지 않고 건강한 관점으로 사탄의 능력을 다룰 수 있어야 한다.

《어둠의 천사들과의 씨름》에서 피터 와그너는 원수를 과소평가한 가나의 두 장로교 목회자에 대해 말한다.

지역 주민의 경고를 무시한 목회자는 사탄교 제사장이 신성하게 숭배하는 나무를 베어 버리라고 했다. 나무의 마지막 가지를 찍어낸 그날, 그는 쓰러져 죽었다. 다른 목회자는 사당을 파괴하라고 했는데, 그는 중풍에 걸려 고통을 당했다.

와그너는 이어 말한다.

풀러신학교 공동체는 티모시 워너가 최근에 '전장에 온 것을 환영합니다'라고 선포한 것을 들었다. 능력 전도의 목적은 초자연적인 능력을 가시적으로 나타냄으로 하나님의 영광을 드러내는 것이다. 하지만 원수의 능력을 과소평가하면 반대의 상황이 일어날 수 있다.

하나님께서 아르헨티나의 위대한 부흥사 중 한 사람인 오마 카브레라에게 대형 전도대회가 열리는 도시의 영들을 대적하기 위해 호텔 방에서 기도하고 금식하라고 하셨다. 이것은 일반적인 경우가 아니다. 하나님의 특별한 기름 부음을 받고 바알의 제단을 무너뜨린 기드온처럼, 카브레라 역시 그런 일을 하도록 하나님의 특별한 기름 부음을 받았다.

우리는 반드시 전투의 규모를 현명하게 분별해서 우리의 임무를 완수하기에 합당한 중보가 있는지, 우리를 대적하는 악한 자의 맹공을 막아줄 보호기도가 충분한지 알아야 한다. 당신이 관여하지 말아야 할 싸움도 있다. 그런 싸움에 관여하면, 당신은 상처 입을 것이다. 반면에 바른 전장에서 싸우고 있어도, 영적 전쟁의 중보 전략을 개발할 시간을 충분히 갖지 못한 사람들도 있다.

안전 수칙 2

둘째, 영적 권위자의 보호 아래 머물고 경건한 지혜를 사용하라. 프랑스의 위그노파 사람들은 강력한 성령의 충만함을 받았다. 그런데 그들은 로마 가톨릭 성당에 들어가 성자들의 신상을 부수는 현명하지 못한 행동을 했다. 이에 분노한 가톨릭 교인들은 그들을 학살했다.

지역을 장악하고 있는 견고한 진을 무너뜨리라는 하나님의 인도하심을 받은 기도팀이 있다. 나는 그들의 사역을 반대하는 것이 아니다. 조심하기만 하면 아무 문제가 없을 것이다. 이와 관련하여 몇 가지 확인해야 할 사항을 소개한다.

1. 당신과 중보팀은 잘 준비했는가? 당신은 용서하는 삶을 살고 있는가? 당신의 마음은 정결한가?
2. 영적 도해를 통해 전쟁의 규모를 측정해 보았는가?
3. 중보자를 더 보충해야 하는가? 더 많은 금식이 필요한가?

어떤 사역단체는 영적 전쟁에 부름 받은 사람을 모아서 영적 무기와 전략을 가진 특공대를 조직해서 파견한다. 그중 하나는 마지막 때의 여종들(End-Time Handmaidens)을 만든 그웬 쇼다. 마지막 때의 여종들은 미국의 지진 발생 가능 지역에 기도팀을 보내 지진이 일어나는 것을 막는 기도를 한다.

200킬로미터에 걸쳐 발달한 뉴 마드리드 단층은 다섯 개의 주에 걸쳐 있으며 미시시피강을 세 번, 오하이오강은 두 번 가로지른다. 아이반 브라우닝 박사는 1990년 12월 3일 이곳의 지진 발생을 예견했다. 그는 1989년에 멕시코시티의 지진을 예견했고, 1989년 샌프란시스코에 지진이 일어날 것을 예견했다. 그뿐만 아니라 콜롬비아 화산과 세인트헬렌산의 화산 폭발이 한 주 내에 일어날 것을 예견하기도 했다.

사람들은 그의 예측을 심각하게 받아들였고, 마지막 때의 여종들도 마찬가지였다. 다섯 명의 최고 중보자들로 구성된 기도팀은 다섯 개 지역으로 가서 땅과 단층에 지진이 발생하지 않도록 기도했다. 그웬 쇼에 따르면 영적 전쟁은 아주 치열했다.

마침내 12월 3일을 맞이했다. 그러나 지진은 일어나지 않았다. 깜짝 놀란 뉴스 관계자들은 브라우닝 박사가 잘못 예측했다고 보도했다. 그러나 치열한 영적 전쟁을 통해 우리가 얼마나 많은 재난을 피할 수 있는지에 대해 제대로 아는 사람은 없다.

어떤 지정학적 지역에 있는 견고한 진을 분별하는 방법은 무엇일까? 그녀의 중보팀은 지진을 막기 위해 무슨 기도를 해야 할지 어떻게 알았을까? 이것이 바로 내가 중보팀을 각 도시로 파송하기 전 하루 여덟 시간씩 며칠 동안 가르치는 주제다. 다음은 견고한 진을 분별하는 방법이다.

분별법 1

도시에 있는 견고한 진을 찾아낼 때, 가장 먼저 기억해야 할 점은 성령의 인도하심을 받는 것이다. 하나님은 각 도시를 향한 계획을 가지고 계시기 때문에 다른 지역에서 했던 것을 그대로 모방해서는 안 된다. 당신의 도시를 위한 하나님의 전략은 오직 금식과 기도를 통해 받을 수 있다. 사탄이 처음 견고한 진을 세운 합법적인 출입구가 무엇인지 반드시 감별해야 한다. 이것을 도시의 성문이라고 한다.

성경시대에 성문은 도시의 복지를 결정하는 전략적 장소였다. 도시의 성문은 권위의 상징이었다. 장로들이 도시의 복지와 정부의 안건에 대해 의논하기 위해 만났던 장소가 바로 성문이다. 사탄은 도시의 출입구를 쟁탈하려고 안간힘을 쓰고, 도시에 사는 사람들의 죄가 사탄에게 문을 열어 준다. 일단 사탄이 죄와 '지옥의 문'을 통해 합법적으로 그 도시에 들어가면, 그때부터 자유롭게 왕래할 수 있게 된다.

이 도시를 영원히 잃어버릴 수는 없다. 음부의 권세는 교회를 이길 수 없다. 마태복음 16장 18절은 이 문제에 대한 아주 소중한 약속을 보여 준다. "내가 이 반석 위에 내 교회를 세우리니 음부의 권세(지옥의 문들: the gates of hell)가 이기지 못하리라."

우리의 도시를 하나님의 법 위에 세우거나 이 법을 따라 재탈환하면, 지옥의 문들을 이길 수 없다. 성경에는 문에 관한 아름다운 약속이 있다. 그중 한 가지는 이사야 28장 6절이다. "성문에서 싸움을 물리치는 자에게는 힘이 되시리로다."

도시의 문에서 원수와 싸울 때, 하나님은 우리의 힘이 되어 주실 것이다. 또 다른 구절은 창세기 22장 17절이다. "네 씨가 그 대적의 성문을 차지하리라."

우리가 주님 앞에 신실하면 우리의 후손들, 다른 역본의 번역처럼 '우리의 씨'가 일어나 대적의 문을 취할 것이다.

분별법 2

도시에 있는 사탄의 문을 닫으려면, 반드시 도시의 죄가 무엇인지 알아야 한다. 그런 다음 사탄의 통치를 막기 위해 발견한 죄를 회개해야 한다. 죄는 연합적이기 때문에 연합적인 회개가 필요하다. 이 개념은 쉽게 받아들일 수 있는 것은 아니다. 아마도 이런 궁금증이 생길 것이다. "하지만 그것은 내 죄가 아니잖아요. 하나님 앞에 그들이 범한 죄는 그들이 책임지는 것이 당연하지 않나요?" 물론 그들의 책임이다. 그러나 하나님은 도시 전체를 심판하신다. 바벨론과 악한 도시들에 임한 하나님의 심판을 한 번 살펴보라. 도시에는 영혼이 없기 때문에 지금 심판받아야 한다.

중보자들은 도시의 무너진 틈 사이에 서서 이렇게 외친다. "심판 중에도 긍휼을 기억하소서. 우리는 심판받아 마땅하지만, 우리를 살려 주옵소서."

도시에 있는 모든 사람은 언젠가 하나님 앞에서 개인의 죄에 대해 심판받게 될 것이다. 그럴지라도 우리는 여전히 도시와 국가의 죄를 회개하고, 도시와 국가 전체에 대한 하나님의 용서를 구할 수 있다.

다니엘은 의인이었지만, 나라의 죄를 위해 무너진 틈 사이에 서 있었다. "우리는 이미 범죄하여 패역하며 행악하며 반역하여 주의 법도와 규례를 떠났사오며"(단 9:5). 느헤미야 역시 백성의 죄를 회개했다. "주를 향하여 크게 악을 행하여 주께서 주의 종 모세에게 명령하신 계명과 율례와 규례를 지키지 아니하였나이다"(느 1:7).

인간에게는 지역을 다스릴 통치권이 있다. 비록 전 세계가 이미 존재하고 있지만, 아담은 에덴동산을 돌보라는 음성을 들었다. 제자들은 하나님 나라를 쟁취하기 위한 구체적인 전략을 받았다. 어떤 면에서 당신과 나는 '지역의 영들'이다. 우리가 하나님을 따를 때, 어디에 살지 또 언제 태어날지를 결정하시는 분은 하나님이시기 때문이다. 우리를 특정 지역에 살도록 정하신 하나님은 우리가 그 지역에 있는 대적의 문을 취하길 원하신다.

당신의 도시가 하나님을 대적해서 범하는 죄가 무엇인지 발견하는 방법은 무엇일까? 사탄이 통치권을 세우는 세 가지 곧 육체적·영적·정치적 영역을 살펴보면 알 수 있다. 그러면 당신은 각 영역에 있는 불경건한 것을 쉽게 발견할 것이다. 도시나 국가에 관해 기록한 책들을 연구하라. 지역에 있는 역사가들과 오랫동안 마을에 산 사람들과 이야기해 보라. 나는 하나님께서 그들이 이것을 인식하든 그렇지 않든 상관없이, 도시의 역사를 연구할 사명자들을 구별해서 세우셨다고 확신한다. 여기 열방의 장군들이 도시를 조사할 때 사용하는 질문지를 소개한다.

1. 도시가 세워진 목적은 무엇인가? 정부에 어떤 부정부패가 있는가?
2. 지역의 원주민은 누구였는가? 그들에게 어떤 일들이 있었는가?
3. 어떤 도시인가? 도시의 슬로건이나 신조는 무엇인가?
4. 도시를 설립한 정신은 무엇인가? 정부를 조직한 사람들은 경건한가, 부패한가?
5. 지역에 기독교를 소개한 사람은 누구였는가? 종교적 기만에 대한 증거가 있는가?
6. 도시나 도시민들이 어떤 형태의 물리적 재앙으로 고통당했는가? 마을 전체에 영향을 끼친 깊은 상처가 있는가?
7. 경제제도 가운데 탐욕의 증거가 있는가?

그 밖에 음악, 문화, 건축과 예술 분야를 연구하면, 어떤 악한 영의 영향을 받았는지 알 수 있다. 어떤 경우, 보이는 것이 보이지 않는 세계의 단서가 되기도 한다.

창세로부터 그의 보이지 아니하는 것들 곧 그의 영원하신 능력과 신성이 그가 만드신 만물에 분명히 보여 알려졌나니 그러므로 그들이 핑계하지 못할지니라 하나님을 알되 하나님을 영화롭게도 아니하며 감사하지도 아니하고 오히려 그 생각이 허망하여지며 미련한 마음이 어두워졌나니 스스로 지혜 있다 하나 어리석게 되어 썩어지지 아니하는 하나님의 영광을 썩어질 사람과 새와 짐승과 기어다니는 동물 모양의 우상으로 바꾸었느니라 _롬 1:20-23

우리는 여러 도시에서 민속 예술 안에 역사하는 영들을 발견했다. 레지스텐시아에서 우리는 죽음의 영을 상징하는 그림을 세 곳의 벽보에서 보았다. 때때로 호색적인 그림은 정욕이나 음란의 영을 암시하기도 한다. 그런 도시의 성범죄율이 높은 것은 그리 놀라운 일이 아니다.

미국의 경우, 건축물을 통해 몇몇 대도시를 다스리는 영을 어렵지 않게 분별할 수 있다. 시내에서 가장 높은 건물들은 대부분 은행이다. 예전에는 마을의 가장 큰 건물이 교회였다. 교회에 첨탑을 세우는 것은 도시의 가장 높은 곳임을 알리는 증거였다.

몇 년 전 텍사스 산 안토니오에서 영적 전쟁에 관해 가르친 적이 있었다. 한참 강의를 하다가 문득 이 도시에 살인과 폭력의 영이 창궐한 이유를 깨달았다. 집회가 열리는 호텔에서 1.6킬로미터 안 되는 거리에 텍사스 자유의 요람인 알라모가 있었는데, 알라모는 멕시코인과 텍사스 사람들이 많은 피를 흘린 곳이다. 이것은 살인의 영과 폭력의 영에게 합법적으로 문을 열어 주었다.

견고한 진을 파쇄하라

도시를 다스리는 원수의 견고한 진을 파쇄하는 방법은 무엇일까? 이번 장에서는 이것을 진행하는 전 과정을 대략적인 그림으로 살펴보겠다.

개인적 차원

첫 번째 전쟁터는 개인적 차원이다. 우리가 전신갑주로 무장한 가운데 원수가 침입해 들어와 우리를 공격할 수 있는 빌미가 되는 모든 구멍을 막는 것은 참으로 중요하다. 우리는 일어나 이 말씀을 온종일 인용할 수 있다. "까닭 없는 저주는 참새가 떠도는 것과 제비가 날아가는 것 같이 이루어지지 아니하느니라"(잠 26:2).

하지만 우리는 삶 가운데 있는 견고한 진이 원수에 대해 민감하게 만든다는 사실을 언제나 인식하지는 못한다.

기도 운동의 영적 역사를 배우는 것은 재미있는 일이다. 1990년대 초 중보기도에 관해 토의하기 위해 이와 관련된 사람들이 한자리에 모였다. 원탁에 둘러앉은 사람들은 중요한 책을 출간한 사역자들이었다. 주최자는 피터 와그너 박사였고, 공동의장은 피터, 게리 클락, 찰스 크래프트, 그리고 나였다.

모임의 이름은 영적 전쟁 네트워크(Spiritual Warfare Network)였다. 《사업을 위한 기름 부으심》의 저자 에드 실보소는 내 삶을 송두리째 바꾸는 말을 했다. "나는 성경 속에 영적 전쟁에 관해 언급한 모든 구절이 관계에 대한 가르침과 연결되어 있다는 것을 발견했습니다."

모임을 마친 후, 나는 영적 전쟁과 관련된 말씀을 다시 연구했다. 그리고 나의 눈이 열렸다. 예를 들어, 우리는 에베소서 6장 10절의 "끝으로 너희가 주 안에서 강건하여지고"라는 말씀을 '끝으로'(finally) 앞에 언급된 것들을 배제하고 이해하려고 한다. 대부분의 에베소서 말씀은 가정생활과 결혼생활과 교회생활 등 삶의 관계를 다루고 있다. 이런 관계의 영역에 원수가 어떤 교두보를 세웠다면, 정사와 권세를 대적해서 싸우기 전에 반드시 그 문제를 처리해야 한다.

개인적 차원의 또 다른 견고한 진은 자아다. 우리가 놓지 못하고 붙들고 있는 어떤 권리도 전시 상황에서 적의 노리개가 될 수 있다. 견고한 진을 파쇄하기 위해 우리가 포기해야 할 권리의 목록은 다음과 같다.

- 감정이 상해 화낼 권리
- 시간에 대한 권리
- 소유에 대한 권리
- 자기 연민의 권리
- 자기 정당화의 권리
- 다른 사람이 나를 이해해 주길 바라는 권리
- 비난할 권리

이런 문제를 다루는 것은 "문을 닫고 마귀의 출입을 막는 것이다." 이런 견고한 진들은 하루아침에 극복할 수 있는 것이 아니다. 하지만 여전히 이 문제를 극복해 가는 과정 가운데 있다고 해서 당신이 영적 전쟁을 할 수 없다는 뜻은 아니다. 성령께서는 당신의 삶 속에 그분이 기뻐하지 않는 문제들에 대해 양심의 찔림을 주실 것이다.

굉장히 어려워 보이는 문제도 있다. 하지만 당신이 하나님의 기도 군대에 지원하면, 마치 신병 훈련소에 입소하는 것과 같다. 훈련소에서는 그들이 원하는 길이로 당신의 머리를 자르고, 예방 주사를 놓고, 언제 일어나고, 어디로 갈지 당신에게 알려 줄 것이다. 하나님은 우리를 좋은 군사로 만드시는 최고의 전문가다.

정신적 차원

도시를 점령하기 위해 반드시 파쇄해야 할 또 다른 견고한 진은 믿는 자의 생각이다. 사탄 역시 그리스도인에게 그들이 그리스도를 위해 도시를 취할 수 없다는 확신을 심으려 한다. 사탄은 수년간 당신이 사는 도시에 대한 당신의 믿음의 한계를 설정해 왔다. 누군가는 구원을 받겠지만, 도시 전체에 부흥이 일어나는 것은 불가능하다는 믿음을 심었다. 그는 어떤 사람들은 그리스도를 영접하는 것이 너무 어렵기 때문에 우리의 믿음으로 그들을 괴롭혀서는 안 된다는 생각을 반복적으로 교묘하게 심는다. 에드 실보소가 내린 견고한 진의 정의를 기억하라. "견고한 진은 신자가 알고 있는 어떤 것이 하나님의 뜻과 반대될지라도 절대 바꿀 수 없는 것으로 받아들이는 고정 관념이다."

개인적으로 그만 포기하라는 생각과 싸우는 것이 가장 극복하기 어려운 치열한 싸움 중 하나다. 마이크와 나는 종종 이런 말을 한다. "당신이 어떤 땅을 점령하러 갔을 때 그곳에 거인들이 없다면, 당신은 한낱 관광객일 뿐이에요."

연합을 추구하라

에드 실보소를 통해 배운 또 다른 가르침이 있다. 도시를 점령하려면, 도시의 지도자와 성도들의 생각 속에 역사하는 연합을 거부하는 견고한 진을 반드시 무너뜨려야 한다. 우선 목회자들부터 하나님께서 그리스도인들 사이에 있는 이념적 견고한 진, 교단적 차이나 신자들의 다양한 모임에 존재하는 분열의 벽을 파쇄하실 수 있다는 것을 확고히 믿어야 한다. 우리 모두가 한몸이라는 것을 절대적으로 믿어야 한다. 몸의 일부만으로는 도시 전체를 취할 수 없다. 몸의 지체는 그리스도를 위해, 도시를 점령하기 위해 최선의 노력을 해야 한다. 약속의 땅 가나안을 정복하기 위해 이스라엘의 모든 지파가 참여했던 것처럼 우리가 살고 있는 도시를 약속의 땅으로 받으려면 그리스도의 몸 전체가 참여해야 한다.

연합을 이룰 방법은 무엇일까? 하나님은 여호수아처럼 도시를 위해 한 지도자를 기름 부어 세우실 것이다. 그는 하나님의 특별한 은총을 입고 목회자와 사역자들을 모을 것이다. 하나님께서 지명한 사역자들은 연합을 위한 기도의 언약 관계를 맺을 것이다.

특히 겸손은 엄청난 파괴력으로 종교적 불화의 힘을 무력화하는 효과가 있다. 같은 지역에 사는 목회자와 사역자가 분열의 벽을 쌓는 대신 서로를 축복할 때, 그리고 '자기 양 떼'만 과잉보호하고 집착하는 모습을 겸손히 인정할 때, 하나님의 연합이 임하고 이념의 견고한 진은 무너질 것이다. 때때로 어느 교회가 다른 교회를 위해 헌금할 때, 견고한 진들은 사라진다. 이웃 교회 목회자가 당신 교회 주변을 청소해 준다면 놀라지 않겠는가?

위기와 전투

이념의 견고한 진을 무너뜨리는 또 다른 방법은 위기다. 위기는 오만함을 찢고 우리 안에서 주 예수 그리스도의 주 되심과 모든 사람이 그분을 주님으로 모셔야 한다는 근본적인 믿음을 회복한다.

상처받은 사람들은 하나님의 능력을 갈망한다. 위기가 오면 그리스도인들이 하나님께 기적을 구하기 때문에 벽은 와르르 무너진다.

반대 정신

영적 전쟁의 또 다른 강력한 무기는 반대 정신으로 행동하는 것이다. 나는 이 무기를 존 도우슨에게 배웠다. 탐욕의 영을 이기고 싶다면, 베풀면 된다. 종교의 영과 오만의 영을 무너뜨리고 싶다면, 스스로 겸비하고 축복이 되는 삶을 살면 된다.

회개

회개는 단일 무기로서 한 지역을 바꾸는 데 가장 효과적이다. 왜냐하면 이것이 그 지역을 '소유'할 수 있는 사탄의 합법적 권리를 제거하기 때문이다. 역대하 7장 14절에서 이 무기를 발견할 수 있다. "내 이름으로 일컫는 내 백성이 그들의 악한 길에서 떠나 스스로 낮추고 기도하여 내 얼굴을 찾으면 내가 하늘에서 듣고 그들의 죄를 사하고 그들의 땅을 고칠지라."

세계 전역의 사역자들과 기도하면서 깨달은 것은 회개가 어떤 무기보다 자주 사용해야 할 무기라는 것이다.

중보기도 개척

때때로 나라와 도시의 각 영역에 있는 견고한 진을 대적하며 기도하는 사람들이 목회자나 믿는 지도자가 아닐 경우가 있다. 바로 이런 곳이 중보기도를 개척해야 할 영역이다.

중보기도 개척은 1990년대 10/40 창 지역에 다녔던 기도팀들을 통해 일어났고, 그리스도를 들어보지 못한 미전도 종족들이 있는 나라들에서 여전히 진행 중이다. 이런 곳이 바로 특정 지역을 장악하고 있는 영적 어둠에서 영혼을 구원하기 위해 그리스도의 몸 전체가 반드시 땅밟기 기도를 하고 견고한 진을 파쇄해야 할 장소다.

그렇게 하면 지역의 토착민들 가운데 지도자가 일어나 중보로 그 땅을 취할 날이 올 것이다. 다른 나라에서 온 중보자들은 직접 기도를 인도하기보다 현지 지도자들에게 용기를 주는 역할을 하게 된다. 우리는 많은 나라에서 이런 일이 일어나는 것을 보았다. 특히 미국에서는 제이 스왈로우와 네이젤 빅판드를 통해 이루어졌다.

정면 공격

영적 전쟁의 마지막 무기는 정면 공격을 통해 도시와 국가에 있는 지역의 영과 싸우는 것이다. 위에서 언급한 무기들도 효과적이지만, 전반적으로 간접적인 무기였다.

사회 각 영역의 주요한 기도의 장군들이 기도팀을 이끌고 도시에 있는 견고한 진을 무너뜨리는 방법에 대해 좀 더 깊이 다루겠다. 이것이 유일하고 최고의 방법이라기보다 탁월한 효과가 있기 때문이다. 상황마다 다르기 때문에 반드시 성령의 인도하심을 따라야 한다는 것을 절대 잊지 마라. 아래의 간략한 개관은 당신이 도시에 적용할 모델을 만들 때 도움이 될 것이다.

1. 사회의 구체적인 세부 영역에 있는 지역의 사역자들 사이에 고차원적 연합이 필요하다. 이것은 지역에 있는 사역자들의 깊은 연합 가운데 영적 전쟁의 필요성에 대해 함께 인식하고 견고한 진을 파쇄하는 일에 동참한다는 뜻이다. 이것이 없으면 사역자들은 국소적으로 개인적이고 이념적인 진들만 무너뜨릴 수 있다. 나는 개개인이 합심을 이루는 것보다 그룹이 강력한 연합으로 화합할 때, 정면 공격의 영적 전쟁을 할 수 있다는 것을 알게 되었다.
2. 하나님의 때, 카이로스(kairos 전략적인 시간)의 때에 들어가 정사를 공격해야 한다. 이는 교회의 연합과 도시의 죄에 대한 회개기도를 통해 개인적 요새를 무너뜨린 다음, 정사의 권세가 약해졌을 때 실행할 수 있다. 개인적 축사 사역을 많이 하는 것 역시 악한 영의 힘을 약화한다.

    이것은 예수님께서 가실 모든 도시와 마을에 기도팀을 앞서 보내셨을 때 일어났다. 제자들이 돌아와 기쁨으로 말했다. "주여 주의 이름이면 귀신들도 우리에게 항복하더이다 예수께서 이르시되 사탄이 하늘로부터 번개 같이 떨어지는 것을 내가 보았노라"(눅 10:17-18). 예수님께서는 능력 전도와 치유뿐만 아니라 제자들의 축사 사역을 통해 지역을 장악하고 있는 영의 권세를 무너뜨리게 하셨다.
3. 지역의 사역자들은 중보를 통해 예수님께서 그들에게 지시하신 특정한 기간 동안 함께 금식하고 기도하기로 합심해야 한다.

4. 사역자들은 성도들을 영적 전쟁 세미나에 참석시키는 일에 동의해야 한다. 그러면 지역을 바라보는 성도들의 마음이 새롭게 되고 적절한 가르침을 받을 수 있다. 에드 실보소가 이끄는 추수전도단은 사역자들을 아르헨티나의 여러 도시로 데리고 갔다. 우리가 사역자들을 더 많이 가르칠수록 도시는 더 쉽게 자유를 얻었다(하루 8시간 4일 연속 강의한 것이 아르헨티나에서 나의 최장 강의 기록이다).

5. 지역의 사역자들은 도시를 위한 기도 현장에 자발적으로 참석해야 한다. 한 선교사는 이렇게 표현했다. "이스라엘 민족이 가나안 땅에 들어갈 때, 요단강에 제일 먼저 들어가 한가운데 서서 백성이 다 지나가도록 인도했던 사람들은 다름 아닌 제사장들이었습니다."

6. 도시의 역사에 관해 조사하라(앞서 알려 준 질문들을 살펴보라).

7. 연구 자료를 지역 교회의 목회자들과 사회 각 분야의 사역자들에게 전달하라.

8. 사역자들은 지역에 있는 견고한 진의 이름이 무엇인지 주님께 물어야 한다.

9. 만일 열방의 장군들과 함께 당신의 도시를 위한 영적 전쟁을 하고 싶은 감동이 있다면, 도시의 역사를 조사한 자료를 우리에게 보내주길 바란다. 만일 우리가 파송할 기도팀을 꾸리지 못하면, 당신을 도와줄 다른 사역팀을 소개해 줄 수 있다.

10. 대형 집회를 개최하기 전에 지역에 있는 사역자들과 먼저 모임을 하라.

11. 목회자나 사역자들은 도시에 있는 견고한 진을 먼저 정탐하라.

이런 준비가 끝나면, 세미나를 열어 땅밟기 기도를 할 사람들에게 앞으로 할 일에 대한 성경적 근거와 타당성을 가르친다. 세미나를 마칠 때, 참석자들에게 함께 도시를 위해 기도하러 갈 것인지 하나님께 기도하고 묻도록 한다. 현장에 나가 기도하는 동안 나머지 사람들에게 중보해 달라고 요청한다. 이를 위해 소집한 특공대는 목회자와 사역자를 포함해야 하며, 육체적으로 잘 쉰 다음 실행하는 것이 가장 좋다. 하지만 때때로 시간 때문에 '강행군'을 해야 할 때는 앞으로 밀고 나가며 돌파해야 한다. 특공대의 선발 기준은 다음과 같다.

1. 주님의 인도하심을 따라 기도해야 한다.
2. 성령 안에 성숙해야 한다.
3. 인식하고 있는 죄가 없어야 한다.
4. 두려움이 없어야 한다.
5. 지역 교회의 권위에 복종해야 한다.

지역의 영을 발견하면 누가 기도해야 할까? 기도는 기름 부음을 통해 합법적 권위를 받은 사람이 할 수 있다. 이것이 불가능하면 다른 사람이 대신할 수 있지만, 지역의 사역자들이 하는 것이 더 효과적이라는 것이 검증되었다. 이것이 바로 하나님께서 사역자들을 그 도시에 심어두신 이유 중 하나다. 나는 하나님께서 세대마다 영적 전쟁 하는 법을 배우기 원하신다고 확신한다. 왜냐하면 세대마다 직면해야 할 그들의 거인들이 있기 때문이다. 예수님께서 재림하셔서 사탄을 끝없는 구덩이에 던지실 때까지 어떤 견고한 진도 영원히 파멸되지 않을 것이다. 각 세대는 그들의 땅에서 '특정 기간' 사탄의 능력을 꺾고 묶을 것이다. 사사기 3장 1-2절은 다음과 같이 말한다.

> 여호와께서 가나안의 모든 전쟁들을 알지 못한 이스라엘을 시험하려 하시며 이스라엘 자손의 세대 중에 아직 전쟁을 알지 못하는 자들에게 그것을 가르쳐 알게 하려 하사 남겨 두신 이방 민족들은

이제 무대는 준비되었다. 그렇다면 어떻게 지역의 영들을 대적하는 기도를 하면 될까?

먼저 그곳에 있는 사람과 모든 가족, 사랑하는 사람들, 그들을 위해 기도하는 교회와 중보자들의 보호를 위해 기도하라. 우리는 자주 시편 91편과 보호의 성경 말씀을 큰 소리로 읽는다. 우리는 잠깐 멈춰서 에베소서 6장의 하나님의 전신갑주로 무장한다. 우리에게 어떤 능력이나 권세도 없고 오직 주님께 있다는 것을 인식할 때, 우리는 전능하신 하나님께 겸손히 무릎 꿇는다. 당신이 현장에서 중보기도할 동안 당신을 위해 기도할 중보팀을 꼭 준비하라.

그리고 우리는 죄를 회개한다. 당신이 기도하는 지역의 대표성을 가진 사람이 죄를 회개하는 것은 특히 도움이 된다. 정부가 경건하지 않은 법을 제정했는가? 그렇다면 법을 제정한 사람이 도시를 대표해서 죄를 회개하도록 한다.

이렇게 회개하고 난 후, 나는 보통 강력한 기름 부음과 권위를 가진 지역의 목회자나 각계각층의 사역자들에게 직접 지역의 영을 대적하는 기도를 인도하고 그 권세를 파쇄하는 명령을 하도록 부탁한다. 이런 일은 절대로 죄를 회개하기 전에 하면 안 된다. 그렇지 않으면 견고한 진의 능력은 무너지지 않는다. 바로 이때가 성령의 인도하심에 아주 민감해야 할 상황이다. 사역자들은 그들이 전장에 데리고 간 사람들에 대한 막중한 책임을 지고 있다. 때가 되지 않았는데 지역의 영을 공격하면 큰 낭패

를 볼 수 있다. 공격할 적절한 시기가 되면, 하나님께서는 목회자와 사역자의 마음에 깊은 평강과 큰 믿음을 주신다.

이런 종류의 영적 전쟁의 마지막은 도시 안에 두 가지 방법으로 '하나님의 말씀을 심는' 시간을 갖는 것이다. 우리가 산 라 무에르떼(죽음의 영)을 대적하며 기도할 때, 함께 다음과 같이 선포했다. "예수님은 생명이십니다!" 예수님은 한 가지 비유를 통해 말씀하셨다.

> 이에 이르되 내가 나온 내 집으로 돌아가리라 하고 와 보니 그 집이 비고 청소되고 수리되었거늘 이에 가서 저보다 더 악한 귀신 일곱을 데리고 들어가서 거하니 그 사람의 나중 형편이 전보다 더욱 심하게 되느니라 이 악한 세대가 또한 이렇게 되리라 _마 12:44-45

둘째, 도시의 부르심의 회복을 선포하라. 각 도시는 원수가 완전히 장악한 것처럼 보여도 하나님께서 그분의 목적을 따라 건설하셨다. 따라서 주님께 도시를 세우신 목적을 묻는 것은 매우 중요하다.

레지스텐시아는 원래 강 건너편에 있는 코리엔테스를 적의 공격에서 보호하기 위해 '완충지대' 역할을 하는 도시로 건설했다. 그러나 이 도시의 구원의 은사는 본래의 의도에서 아주 멀어졌다. 기도하면서 우리는 이 도시의 은사가 예술이라는 것을 발견했다. 하나님은 이런 은사를 하나님 나라를 위해 다양하게 사용하길 원하셨다. 음악의 은사는 '마귀를 대적하는(resist)' 중보 찬양에 사용할 수 있다. 레지스텐시아 혹은 레지스탄스(Resistance: 저항, 대적의 뜻-역주)라는 이름 역시 도시에 아주 걸맞는다. 그래서 우리는 도시가 가지고 있는 이런 은사들이 선한 일에 사용되도

록 '풀어 주었다.'

이것이 열방의 장군들이 도시를 위해 기도해 온 방법이다. 때때로 사역자들에게 영적 전쟁에 관해 설명할 때 "장님 코끼리 만지기"라는 속담이 떠오를 때가 있다. 코끼리의 꼬리를 만진 소경은 코끼리를 밧줄과 비슷하다고 하고, 옆구리를 만진 소경은 벽과 같다고 말한다. 다른 소경들은 또 다르게 말한다.

오늘날 지정학적 지역의 정사를 파쇄하고 자유를 가져오는 데 탁월한 전문가 중 한 사람은 레베카 그린우드다. 레베카는 《생각의 견고한 진을 파쇄하라》(Defeating Strongholds of the Mind)와 《밟는 권세》(Authority to Tread)라는 영적 전쟁에 관련된 책을 썼다. 그녀는 자신의 전략적 기도 행동 네트워크(Strategic Prayer Action Network: SPAN)를 통해 지구촌 곳곳에 기도팀을 데리고 다닌다.

SPAN은 미시시피에 있는 촉토족과 치카소족 사이에 벌어진 역사적 분열에 관해 기도하기 위해 그곳에 갔다. 그들은 창조 설화를 통해 촉토족이 어떤 동굴의 입구에서 태어났다는 것을 알아냈다. 진주라고 명명한 강의 진원지는 거대한 미시시피강의 발원지로 동굴 근처에 있다.

어느 날 레베카는 하늘의 여왕이라는 이름의 악한 정사가 두 남자 사이에 내려와 분열을 일으키는 꿈을 꾸었다. 나중에 두 형제가 심각한 불화로 동굴 속에서 갈라져 두 부족, 곧 촉토족과 치카소족이 되었다는 것을 알게 되었다.

영적 상황을 이해한 그들은 부족의 땅에 가서 기도해도 좋다는 촉토족의 허락을 받았다. 두 부족의 대표자는 서로 회개했다(레베카의 남편 그렉은 치카소족이다). 두 부족 대표가 분열의 죄를 회개한 후 레베카는 지역의 영인 하늘의 여왕을 묶고, 이 영의 악한 영향력이 사라지도록 명령했다. 그리고 모든 인종차별주의, 분열, 언약의 배신이 끝났음을 선포했다. 얼마 후 주님은 그들에게 기도해야 할 다른 장소를 보여 주셨다. 수많은 성과 중 특별히 주목할 만한 것은 미시시피의 가뭄이 끝나고 강물이 넘실거렸다는 것이다. 이것이 과연 우연일까? 나는 그렇게 생각하지 않는다.

하나님은 사역자들을 일으켜 각기 다른 견고한 진들을 파쇄하는 전문가로 빚으신다. 하지만 어떤 전문가는 자신의 영역이 가장 중요하다고 생각한다. 어떤 전문가는 개인의 견고한 진을 다루면서 "우리는 반드시 거룩해야 합니다"라고 가르칠 것이다. 다른 전문가는 이렇게 선포할 것이다. "모두가 하나 될 때, 모든 견고한 진은 무너질 것입니다." 또 다른 전문가는 말할 것이다. "만일 당신이 도시에 있는 정사와 권세를 향해 직접 선포하지 않으면, 아무 일도 일어나지 않을 것입니다."

코끼리 이야기에서 알 수 있듯이 전문가들은 전체 중 일부를 감당하고 있다. 따라서 혼자서는 지속적인 효과를 볼 수 없다. 나는 그리스도를 위해, 도시를 점령하기 위해 다양한 역할을 감당하는 사람들 모두가 필요하다고 믿는다. 방법론으로 싸울 것이 아니라 서로의 부르심을 존중하자.

우리는 개인뿐만 아니라 열방을 제자 삼으라는 부르심을 이해하고 있다. 열방이 복음에 문을 열도록 하려면 성령의 능력으로 사회의 전 영역을 개혁해야 하며, 변화를 위해서는 공격적(군사적) 중보 전략이 필요하다.

더 깊은 중보기도를 위한
소그룹 스터디 POSSESSING THE GATES OF THE ENEMY

■ **핵심 성경 구절**

이사야 14:12, 마태복음 16:18, 에베소서 1:21, 예레미야 1:10, 누가복음 11:17-22, 에베소서 3:10, 에스겔 28:11-19, 고린도후서 2:11, 에베소서 6:11-12, 다니엘 10:12-13, 고린도후서 10:4, 골로새서 2:15, 마태복음 11:12

01 "기도를 정의하려면, 반드시 군대 용어를 사용해야 한다"는 S. D. 고든의 말에 동의하는가? 영적 전쟁에서 군대 용어를 사용하는 것을 불편해하는 사람들을 어떻게 대하는가?

02 악의 견고한 진을 파쇄할 때, 중보자들이 사용하기 쉬운 육적 무기는 무엇인가? 이것을 사용하면 어떤 결과가 나타나는가?

03 주님께서 영적 전쟁을 교회의 책임으로 남겨두신 이유는 무엇인가?

04 만일 하나님의 천사들이 악한 영들처럼 지역적 임무를 배당받는다면, 우리의 영적 전쟁과 중보 전략에 어떤 영향을 주겠는가?

05 사탄에게 합법적으로 문(지옥의 문)을 열어 주게 된 당신이 사는 지역의 역사적 죄나 현재의 죄는 무엇인가?

06 왜 인간관계가 원수의 주된 공격 목표가 되는가?

07 어떻게 대대적인 개인의 축사 사역이 지역의 영들의 힘을 약화할 수 있는가?

08 지역의 견고한 진이 무너진 후 효과가 지속되지 않는 이유는 무엇인가? 도시나 지역에 있는 그리스도 몸의 지속적인 책임은 무엇인가?

09 당신이 사는 도시의 구속 은사는 무엇인가? 마귀는 어떻게 도시가 설립된 목적을 더럽히고 뒤트는가?

10 하나님의 충만한 은사와 전략을 모아 하나님 나라를 세우기 위해 같이 기도하도록 부르신 사람들은 누구인가?

CHAPTER 17

공격적 중보기도를 통한 세계 개혁

THE CALL TO INTERCEDE

　이번 장은 개혁의 선두에 섰던 이야기로 시작하고 싶다. 당시 세계 열방의 민족들은 변혁을 위해서는 부흥뿐만 아니라, 사회 전반에 걸친 개혁도 필요하다는 것을 깨닫고 있었다.

　독일 베를린으로 가던 중 마이크와 나는 주님의 인도하심을 따라 비텐베르크(독일 동부에 있는 종교개혁의 발상지-역주)에 갔다. 비텐베르크는 마틴 루터와 교회의 문으로 유명한 곳이다.

　어떤 이들은 작센에 소재한 거대한 돌로 지어진 교회로 통하는 거룩한 출입구를 '개혁의 문'이라고 부른다. 1517년 마틴 루터는 이곳에 '95개조 반박문'을 붙였다. 이 사건은 한 사람의 말이 세상을 바꿀 수 있으며, 더 나아가 현재 우리의 삶에 영향을 미칠 수 있다는 것을 증거한다.

　우리는 2007년 10월 31일 종교개혁일 화창한 아침에 한 무리의 친구들과 비텐베르크로 갔다. 그날은 모든 독일인이 루터의 거사와 그로 인해 촉발된 세계를 뒤흔든 개신교 개혁 사건을 기념한다.

차에서 내렸을 때, 나는 세상에 완전히 새로운 하나님의 운동이 풀어지도록 우리가 기도하게 될 것이라는 깊은 감동을 받았다. 이 말은 아주 대범한 선언처럼 보이지만, 오직 우리만 역사의 한 페이지가 곧 넘어갈 것이라고 느꼈다는 뜻은 아니다. 이 부분은 곧 살펴볼 것이다.

그날의 방문은 내 인생을 바꾸는 놀라운 경험이 되었다. 나는 이 경험을 《개혁선언》 첫 장에 기록했다. 지난번 방문했을 때, 캐슬교회(루터가 95개조 반박문을 붙인 교회-역주) 문은 닫혀 있었고 인적은 드물었다. 하지만 그날은 달랐다. 축제가 열리고 있었고, 많은 인파로 붐볐다.

여행 전에 우리 팀의 일원인 독일 청년 라이너 허스는 주님께 예언의 말씀을 받고 나에게 편지를 보냈다. "신디, 이번 여행 중에 우리는 비텐베르크에 가야만 해요. 올해는 종교개혁 490주년입니다. 다니엘서 9장 24절을 읽을 때, 이 말씀을 받았어요. 70년 곱하기 7은 490년이죠. 하나님께서 새로운 개혁을 시작하길 원하세요. 우리가 그곳에 가서 그 일이 일어나도록 기도해야 합니다."

남편과 나는 라이너 허스가 전한 "마지막 종교개혁 이래로 490년째"라는 말과 다니엘서 9장 24절이 하나님의 새로운 운동과 연결된다는 것을 이해하지 못했다. 그런데도 새로운 개혁이 시작된다는 말은 아주 강한 반향을 일으켰다. 그래서 우리는 비텐베르크로 갔다. 이 여행은 거룩한 모험이었다. 우리는 축제에 들뜬 마음으로 고대의 거리를 거닐었다. 한 무리의 초등학생이 축제 복장을 하고 '마틴 루터'의 노래를 흥겹게 불렀으며, 2만 명의 인파가 축제를 즐기며 도시 주변을 가득 메우고 있었다.

우리가 루터 교인은 아니었지만, 여정 가운데 역사의 부분적 혜택을 입고 있다는 것을 알았다. 마침내 우리는 문에 도착했다. 원래의 문은 불에 탔고, 동으로 만든 현재의 문에 95개조 반박문이 붙어 있었다. 우리 팀은 문 앞에 서서 하나님께서 우리에게 주신 마음을 따라 기도했다. "오, 주님, 열방을 변화시킬 새로운 개혁을 시작해 주세요. 모든 나라를 개혁해 주세요, 아버지 하나님!"

주님께서 우리의 기도에 응답하시리라는 강한 감동을 받고 자리를 떠났지만, 그것이 끝이 아니었다. 교회를 둘러보다 루터가 묻힌 곳을 보고 있을 때, 마이크는 우리와 따로 떨어져 있었다. 그는 갑자기 내게 다가와 함박웃음을 지으며 말했다. "당신이 꼭 만나야 할 사람이 있어요. 팀원들도 함께 오세요."

우리는 모두 마이크의 이야기를 듣기 위해 문 앞으로 갔다. 마이크가 여행객들 사이를 거닐고 있을 때, 한 남자가 마이크를 알아보았다. "마이크, 여기서 뭐 하세요?"

그는 뉴욕에 사는 휴고라는 아르헨티나 사람이었다. 1998년 하나님께서 그에게 다니엘서 9장 24절을 말씀해 주셨고, 루터가 95개조 반박문을 붙인 정확히 같은 시간에 독일 비텐베르크로 가서 새로운 개혁이 시작되도록 기도하라고 말씀해 주셨다는 그의 말을 듣고, 우리는 모두 깜짝 놀라고 말았다. 이것이 아주 중요한 이유는 라틴 아메리카는 유럽 전역에 막대한 영향을 끼친 개혁을 한 번도 경험한 적이 없었기 때문이다.

휴고는 스페인어와 영어로 울며 기도했다. 눈물이 그의 뺨을 타고 하염없이 흘러내렸다. 자기 민족을 위해 주님께 간절히 구할 때, 그의 얼굴은 천사처럼 밝아졌다. 우리가 서서 기도할 때, 거룩한 고요함이 우리 모두 위에 임했다. 문에서 걸어 나올 때, 독일계 미국인 여자가 우리에게 다가와 조용히 말했다. "하나님께서 12년 전에 같은 말씀을 저에게도 하셨어요. 주님은 다니엘서 9장 말씀을 주셨고, 오늘 새로운 개혁이 시작될 것이라고 하셨어요."

감탄이 저절로 나왔다. 우리 앞에 하늘이 열리고 있었다. 나는 천사들이 기뻐 찬양하는 것을 느꼈다. 하지만 하나님께서 그분의 말씀을 확증해 주시는 일을 아직 마치지 않으셨다는 사실을 그날 늦게 또 한 번 확인했다.

그날 밤, 나는 베를린에 있는 아름답고 고풍스러운 교회에서 말씀을 전했다. 그곳은 히틀러가 그의 이름을 위해 목숨을 걸라고 외치며 군대를 파송한 장소였다. 청중에게 비텐베르크에서 있었던 일과 그 사건의 중요성에 대해 나눌 때, 예루살렘 기도의 집에서 온 한 사역자가 일어나 말했다. "하나님께서 저에게도 정확히 똑같은 말씀을 하셨어요."

새로운 개혁이 시작되고 있다는 것에 대한 하나님의 네 번째 확증이었다. 중보자인 나는 이런 예언적 사건들을 열방을 향한 나의 부르심에 맞추어 설명한다. 하나님께서 나에게 21세기 세계를 개혁하는 기도를 하도록 도전하고 계심을 깨달았다. 이 글을 쓰고 있는 지금은 종교개혁 후 500년이 지났다. 우리는 개혁을 원한다. 루터의 때로 회귀하는 것이 아니라, 사회 전역과 전 세계에 영향을 미칠 새로운 성경적 개혁 말이다.

새날을 위한 새로운 기도

과거의 기도 운동을 통해 쌓은 풍성한 지적 자산을 가지고 우리는 어떻게 우리 세대를 위해 하나님께서 원하시는 중보기도를 할 수 있을까?

때때로 정답은 한 번에 나오지 않고 일련의 사건을 통해 알 수 있다. 그런 일이 정확히 내게 일어났다. 개혁기도 자문위 모임 때 있었던 일과 비텐베르크와 베를린에서의 일들은 이번 장의 주제가 되었다. 해답은 세계를 개혁하는 공격적(군사적) 중보기도다.

이 책은 공격적 중보기도 훈련에 초점을 맞추고 있다. 하나님은 새로운 세대를 중보의 장군들로 부르신다. 그들은 때때로 마태복음 11장 12절의 기도를 깨닫고 세상을 변화시킬 것이다. "세례 요한의 때부터 지금까지 천국은 침노를 당하나니 침노하는 자는 빼앗느니라."

공격적(군사적) 중보기도는 하늘에 있는 견고한 요새를 무너뜨리고 이 땅에 천국을 풀어 놓는다. 또한 하늘에서 이미 이루어진 것을 이 땅에 선포하도록 만든다. 이런 기도는 하나님 나라가 진실로 임하고 그분의 뜻이 하늘에서 이루어진 그대로 이 땅에 이루어지는 것을 본다(마 6:10). 세계 곳곳에 그리스도인들을 박해하는 극단적인 폭력주의자들이 있다. 우리는 폭력과 종교의 영을 대적하고 그들을 무너뜨릴 수 있도록 틈에 서서 기도하는 법을 배워야 한다. 그래야 그 영들이 사로잡은 사람들의 족쇄를 끊을 수 있다. 사탄이 묶고 있는 사람들은 급진적 이슬람의 이념적 억압에서 해방되어야 한다.

공격적 중보기도를 표현할 다른 방법은 '통치의 중보기도'(Dominion Intercession)다. 하나님의 통치를 특정 지역에 풀어내어 불법의 찬탈자 사탄에게서 통치권을 되찾아 오는 것이다. '왕국'의 다른 말은 '통치'다.

기도 행동주의

경제를 위한 첫 번째 세계 기도의 날 직전, 미국 개혁기도 네트워크 사역자 모임이 2008년 10월 29일에 뉴욕에서 개최되었다. 그 당시 세계 경제뿐만 아니라, 월가도 흔들리고 있었다. 원탁에 둘러앉은 우리는 몇 가지 어려운 질문을 우리 자신에게 던졌다. 가장 강력한 질문 중 하나는 이것이다. "왜 우리는 하나님의 능력이 더 많은 나라를 변화시키는 것을 보지 못할까요?"

곧바로 이어지는 질문은 모든 참석자를 당혹스럽게 만드는 듯했다. "우리는 기도하고 또 기도해 왔습니다. 하지만 이 나라는 여전히 도덕적으로 처참한 상태에 있습니다. 도대체 뭐가 문제일까요?"

나는 칠판에 두 단어를 썼다. '기도 행동주의'(prayer activism). 이 단어를 쓴 뒤 이어서 이 단어들을 썼다. '기도는 행동한다.' 우리는 모두 새로운 기도와 더욱 공격적인 중보기도가 필요하다는 것 알고 있었다.

이것이 필요한 이유는 무엇일까? 사탄은 믿는 자들의 눈을 가려왔다. 우리가 중보할 때, 보이지 않는 세계보다 보이는 세계를 다루기 위해 노력한다.

우리 가운데 많은 이들이 중보할 때, 오로지 '보이는' 세계만 다루어야 한다는 믿음을 일으키는 헬라적 사고방식으로 돌아갔다. 하지만 '보이지 않는' 세계를 향한 우리의 권세와 통치권 역시 믿어야 한다. 심지어 사람들은 에베소서 6장 12절을 따라 싸우는 것조차 두려워한다. "우리의 씨름은 혈과 육을 상대하는 것이 아니요 통치자들과 권세들과 이 어둠의 세상 주관자들과 하늘에 있는 악의 영들을 상대함이라."

이 구절은 영적 실재에 관한 아주 분명한 그림을 보여준다. 우리가 볼 수 있는 것보다 보이지 않는 것들이 실제로 우리에게 영향을 미친다. 성경은 태초에 하나님께서 하늘과 땅을 만드셨다고 알려 준다. 그런데 주님의 뜻이 하늘에서 이루어진 그대로 이 땅에 이루어지길 원하지 않는 악한 통치자들이 있다. 이 땅에서 이러한 강한 자를 결박하고 무너뜨리기 전까지 그들이 통치하는 지역을 순순히 내놓지 않을 것이다. 강한 자를 결박하려면, 강한 자가 들어온 곳과 그의 정체를 반드시 알아야 한다.

나는 지난 수년간 한때는 기도 운동을 왕성하게 하다가 지금은 공격적인 기도를 두려워하는 사람들을 만났다. 설상가상으로 그들은 일종의 영적 긴장 완화를 선포했다. 여러 나라를 다녀본 결과 어떤 지역은 설 자리를 잃어버렸고, 몇몇 나라에서는 폭력과 복음에 대한 적개심이 더욱 증가하고 있었다.

이것이 바로 《대적의 문을 취하라》의 새로운 개정판이 적절한 시기에 출간되었다고 믿는 여러 이유 중 하나다. 지금은 이전에 있었던 하나님 나라 운동뿐만 아니라, 모든 나라가 개혁을 경험할 수 있도록 '새 포도주'의 기도로 하나님께 간절히 구해야 할 때다.

나는 변혁을 경험한 나라들이 다시 쇠락의 길로 돌아가는 이유가 사회의 여러 분야를 개혁하지 않았기 때문이라고 생각한다. 많은 사람이 구원받았지만, 그들의 나라를 변화시킬 방법을 잘 몰랐다. 지속해서 나라를 개혁하기 위해 노력하지 않고, 교회 건물 안에만 머문 것이다.

7대 영역을 위한 공격적 기도

열방을 개혁하려면, 공격적 기도를 배워서 사회 전반부를 장악한 강한 자를 결박해야 한다. 우리는 하나님의 뜻을 가로막는 문화와 국가의 여러 측면에 세워진 견고한 요새를 간파하기보다는 사회문제에 대해 보편적 중보기도를 해왔다.

마태복음 6장 10절의 주기도문을 통해 언급했듯이, 지난 수년간 사역자들 사이에 하나님 나라에 초점을 맞춰야 한다는 분명한 부르심이 있었다. 우리는 모든 나라를 제자 삼는 부르심을 받았다(마 28:19-20).

만일 우리가 기도해서 사람들의 삶 속에 부흥이 오면, 그들이 그들의 나라와 민족을 변화시킬 것이라는 관점보다 사회 각 영역에 인본주의와 부패와 같은 강한 자들이 있다는 사실을 먼저 인식해야 한다. 어떤 나라에서는 부패가 실제 정사이기도 하다.

한 나라의 진정한 변화를 위해 무너뜨려야 할 강한 자와 영적 도해(spiritual mapping)가 필요한 몇 가지 중요한 사회의 영역은 다음과 같다.

1. 종교
2. 가정
3. 교육
4. 정부
5. 사업
6. 예술과 연예계
7. 미디어

특별히 낙태 같은 죄의 영역을 파헤쳐 주는 영적 도해와 관련된 원리들을 사회의 각 영역에 적용할 필요가 있다. 나의 친구 랜스 월나우는 이런 영역들을 '영향력을 미치는 일곱 산' 혹은 '일곱 산의 명령'(7M

Mandate)이라고 부른다.

과거 몇 년 동안 우리는 영적 연합과 같은 종교의 산에 주로 초점을 맞추었고, 다른 여섯 개의 산을 위해서는 조직적으로 기도하지 못했다. 여섯 개의 산을 위해 주먹구구식으로 기도하고는 있지만, 여섯 영역 안에 있는 영적 요새들을 간파하지 못한 채 종교의 산에 머물러 있다. 하나님 나라가 우리나라에 임하는 것을 보려면, 무엇보다 중보를 통해 우리나라를 개혁해야 한다.

문제는 우리가 중보를 확장해 모든 산을 포함하여 기도하기보다는 주로 종교의 산을 위해 중보하고 있다는 점이다. 각 영역마다 강한 자가 있다. 사실 많은 경우 하나의 강한 자가 아니라 특화된 영역마다 강한 자가 있다. 종교의 산에는 종교 혹은 율법주의라는 강한 자가 있다. 가정의 산에는 이혼, 교육의 산에는 인본주의, 사업의 산에는 맘몬, 정부의 산에는 부패, 예술과 연예계에는 성적 타락과 탐욕, 미디어에는 정신을 조종하는 강한 자가 있다.

당신이 연구를 마치기까지는 이들 영역들 안에 있는 요새의 정체를 규정할 수 없을 것이다. 조지 오티스 주니어가 말했듯이, 어둠이 있는 곳에는 그것이 머무는 이유가 있기 마련이다. 그 지역에 사는 사람들이 어둠을 환영하는 행동을 취했기 때문이다.

미국의 예를 들면, 할리우드에서 제작한 거룩하지 않은 영화들은 세계 전역의 영화 산업을 더럽히고 악영향을 미친다. 이 영역에서 범한 우리의 죄는 더욱 무겁다. 우리는 제대로 회개하고 연구해서 영화 산업 안에 있는 타락의 뿌리를 발견해야 한다.

피터 와그너는 《능력으로 기도하라》에서 영적 도해에 관한 탁월한 글을 썼다. 그는 해럴드 카발예로스가 발견한 내용을 인용했는데, 마귀는 끝없는 교만 때문에 자주 흔적을 남긴다. 정부를 만든 사람들, 각종 스포츠 사업을 만든 사람들, 교육제도 창안자들이 마귀의 영감을 받은 일종의 양식을 남긴다는 사실을 이해하는 것은 참으로 중요하다. 프리메이슨은 특별한 양식을 따라 도시를 세우는데, 이것이 바로 흔적이다. 설립자들이 마귀의 영감을 인식하지 못했어도, 그것은 여전히 도시에 영향을 미친다.

존 듀이는 근대 미국 교육 철학의 기틀을 마련한 사람 중 하나다. 당신은 도서관에서 책을 분류할 때 듀이의 십진법에 따라 정리한다는 것을 알 것이다. 그의 탁월한 공로로 많은 사람이 혜택을 받았지만, 듀이는 1933년 인본주의자 선언(1933년 미국의 교육학자, 심리학자, 과학자들이 신에게서 해방되어 인간의 힘으로 인간성을 회복하자는 목표로 만든 15개 조항의 선언문-역주)에 동참한 작가 중 한 사람이다. 다음은 15개 조항의 선언 중 일부다.

제1항: 종교적 인본주의자는 우주를 창조된 것이 아닌 스스로 존재하는 것으로 본다.

제5항: 인본주의는 현대 과학이 묘사한 대로 우주의 본질은 인간의 가치에 대한 어떤 초자연적이거나 우주적 보증을 용납하지 않음을 단언한다.

제9항: 인본주의자는 예배와 기도 같은 옛 사고방식을 대신해서 개인의 삶 속에서 느끼는 희열과 사회 복지 증진을 위한 연합적 노력을 통해 종교적 감정을 발견한다.

제10항 : 따라서 지금까지의 초자연적 세계에 대한 믿음과 관련된

특유의 종교적 감정과 사고방식은 없다는 결론을 내린다.

이것은 미국과 다른 나라들의 교육제도에 핵심적인 신조가 되어 그 힘을 발휘하고 있다. 그리고 반드시 깨뜨려야 할 견고한 진이기도 하다. 이것은 인본주의를 믿도록 교육받은 사람들의 마음과 눈을 가리는 결과를 초래했다. 그들은 하나님이 창조주시라는 하나님 말씀의 진리를 보지 못한다. 듀이가 남긴 발자취는 인본주의다.

인본주의의 영을 깨뜨리기 위해 도시의 학교를 거닐며 기도하는 사람들의 이야기는 참으로 흥미롭다. 어떤 사람은 예언적 행동을 하며 기도한다. 그들은 인본주의자 선언의 각 항목을 짚어가며 그것이 무효임을 선포하는 기도를 한다.

목회자와 중보자들로 구성된 어떤 기도 그룹은 미국 동부에 소재한 모든 학교를 방문했다. 그들이 학교를 방문하여 기도한 후부터 학생들의 성적이 놀랍게 향상되었다.

인본주의가 국가의 학교 시스템을 강하게 붙잡고 있기 때문에, 우리는 교육제도의 거대한 변화를 위해 지속적으로 일관된 기도를 해야 한다. 여러 세대에 걸쳐 신은 존재하지 않는다는 철학적 가르침을 통해 세워진 견고한 진을 무너뜨리기 위해 우리는 금식과 기도를 병행해야 한다. 이 요새들은 찰스 다윈의 글과 진화론을 통해 강화되었다. 다원주의와 혼합된 인본주의는 그럴듯한 기만이다.

미국 국가교육자협회의 고위직들은 동성애 기금을 기부해서 하나님 앞에서 그분의 법을 조롱하고 있다. 그들은 동성애 관련 책을 도서관에 비치한 후 교사들이 학생들에게 읽어주도록 권장하는 방식으로 아이들을 세뇌시킨다.

최근 미 동부 지역에서 어떤 부모는 자녀가 동성애 관련 책 읽는 것을 반대하다가 소송에 휘말려 패소했다. 공교육 제도 안에는 이런 종류의 책들이 헤아릴 수 없이 많다.

독일에서 강의하는 동안 '성 주류화'(性主流化)에 관한 이야기를 접했다. 이것을 간략하게 말하면, 아이들은 그들이 성인이 되어 스스로 의사를 결정할 나이가 될 때까지 자신의 성이 무엇인지 몰라야 한다는 것이다. 몇몇 유아원에서는 남자 아이용 장난감 트럭과 여자 아이용 인형을 허용하지 않는다. 그런 장난감은 어린이들에게 '성적 지향'(gender orientation: 자신의 성을 타인에 의해 강요당함으로 성을 선택할 기회를 빼앗는다고 본다-역주)을 주기 때문이다. 이 이야기가 충격적인가? 우리는 다가오는 세대를 보호하기 위해 폭풍 같은 기도를 쌓아 올려야 한다.

우리는 교육제도와 사회 안에 침투한 견고한 요새들을 파쇄하기 위해 반드시 공격적 중보기도를 해야 한다. 하나님은 중보자들이 특히 자국의 학교를 위해 기도하도록 부르신다. 이미 많은 사람이 주지한 대로, '오늘의 교육은 내일의 정부가 통치하는 방식이 되기' 때문이다.

더치 쉬츠는 그의 책 《하늘과 땅을 움직이는 중보기도》에서 '견고한 진을 무너뜨리는 법'에 관한 탁월한 가르침을 제공한다. 그는 고린도후서 10장 3-5절을 인용한다.

내가 연약한 보통 사람이라는 것은 사실입니다. 하지만 나는 전쟁에서 승리하기 위해 인간의 계획과 방법을 사용하지 않습니다. 나는 마귀의 요새들을 파쇄하기 위해 사람이 만든 무기가 아닌 하나님의 놀라운 무기들을 사용합니다. 이 무기들은 하나님을 대적하는 모든 교만한 논쟁을 다 무너뜨리고, 사람이 하나님을 발견하지 못하도록 막기 위해 세운 모든 장벽들을 파쇄합니다. 나는 이 무기들을 가지고 반항하는 사람들을 사로잡아 다시 하나님께 돌려 드리고 그리스도께 복종하고자 하는 마음의 갈망을 지닌 사람들로 변화시킬 수 있습니다(TLB).

"마귀의 요새들을 파쇄한다"는 구절은 킹제임스역에서는 "견고한 진들을 무너뜨린다"로 번역되었다. 더치는 계속 이어간다. "'파쇄하다'의 헬라어 카따이레시스(kathairesis)는 폭력을 사용해 무너뜨리거나 어떤 것을 부순다는 뜻입니다."

우리가 슬퍼하고 불평하고 비난하는 일들이 일어나고 있는 가운데 아무것도 할 수 없는 우리는 무기력감을 느낀다. 이번 장은 이런 상황에서 빠져나와 당신의 인생과 당신의 나라에서 승리할 수 있도록 도와줄 것이다. 내가 개인적으로 좋아하는 이 구절이 당신에게도 친숙할지 모르겠다. "다윗은 그의 세대에 하나님의 뜻과 목적과 모략을 섬긴 후에 잠들었다[죽었다]"(행 13:36, 확대역 성경).

이것이 오늘 내가 그리스도인과 중보자로서 이 땅에서 감당해야 할 사명이다. 나는 나 자신이 세계 열방의 중보자로 섬기도록 태어나야 할 때, 태어나야 할 연도에 태어났다고 믿는다. 참으로 성경적이지 않는가? 물론 이것은 창세기를 통해 우리에게 주어진 명령이다.

하나님이 그들에게 복을 주시며 하나님이 그들에게 이르시되 생육하고 번성하여 땅에 충만하라, 땅을 정복하라, 바다의 물고기와 하늘의 새와 땅에 움직이는 모든 생물을 다스리라 하시니라 _창 1:28, 확대역 성경

이 같은 하나님의 새로운 운동 가운데 우리는 아직 중보로 섬기지

못하는 지구촌의 영역들에 대해 배우고 있다. 사실 우리는 지구의 물리적·영적 상태에 대해 아무 관심도 없고, 떠날 날만 고대하며 대부분의 시간을 보내고 있다. 기쁜 소식은 공격적 개혁 중보기도를 통해 사회를 회복할 수 있다는 것이다. 제2장 '중보의 장군들'에서 주님께서 알려 주신 열방을 치유하는 방법을 기억하는가? 주님이 내게 보여 주신 것은 국가가 죄를 짓고 관계가 깨어진 한 개인에 비유할 수 있다는 것이다. 따라서 사회의 세부 영역도 개인을 치유하듯 치유할 수 있다.

이것은 아주 중요한 점을 부각한다. 바로 하나님께는 사회의 각 산을 맡은 그분의 중보자들이 있다는 것이다. 우리는 과제를 망쳤지만, 우리가 날카롭게 기도하는 법을 배우면 하나님이 열방의 치유를 가속화할 초자연적인 능력을 부어 주실 것이다. 하나님께서 개인뿐만 아니라 열방을 대속하신다는 것은 참으로 기쁜 소식이다.

더치 쉬츠는 말한다. "우리가 에덴동산에서 타락하기 전, 하나님께서는 이미 우리의 잘못을 바로잡을 방법을 선포하셨다." 척 피어스와 더치 쉬츠는 하나님께서 우리의 과거를 구속하시는 방법에 관한 책을 집필했다.

척은 《때를 읽으라》에서 다음과 같이 말한다. "구원과 축사 능력의 여러 기능 중 하나는 원수의 묶음에서 과거를 대속하는 것이다. 그러므로 그것은 더 이상 우리를 대적하는 무기가 될 수 없다."

우리는 역사를 살펴보아야 한다. 그래서 성경의 구속적 개념을 전체적으로 적용하고, 하나님의 원 디자인을 우리의 장래에 재설정해야 한다. 일곱 산의 과거를 대속하기 위해 각 산을 조직적으로 연구해서 하나님의 원칙에서 벗어났거나, 가보지도 못한 영역들이 무엇인지 살펴봐야 한다.

여러 사안 가운데 부의 이동을 보지 못하고, 구조적 가난을 뿌리 뽑지 못하는 이유 중 하나는 광업과 금융과 경제 체제 같은 영역에 강한 자들이 있기 때문이다(잠 13:22). 강한 자들은 우리가 가난과 싸우고, 보육원을 짓고, 질병의 치료법을 발견하거나 경건한 정부를 세우는 것을 원하지 않는다. 그들은 사창 사업과 인신매매를 통해 사람들을 속박하고 싶어 한다.

사회 각 영역에 대한 영적 도해를 한 후, 각 요새를 위한 공격적 중보기도 방법과 때를 주님께 묻고 구하는 시간을 가져야 한다. 미국의 경제 구조와 사업의 한 분야를 위해 우리가 기도한 방법을 소개한다.

1. 은행은 어떻게 세워졌는가?
2. 은행의 설립자는 누구인가?
3. 주식 시장은 경제에 어떤 영향을 미치는가?
4. 경제와 세상 사이에 어떤 연결점이 있는가?

이에 대한 미시적 연구를 시작할 때, 주제의 깊이 때문에 어디서부터 시작해야 할지도 몰랐다는 점을 겸손히 인정한다. 이 연구에 관한 모험을 처음 시작한 것은 《개혁선언》을 집필하고 있을 때였다. 그때 나는 다음과 같은 질문에 대해 묵상했다. 아담과 하와의 죄(창 3:17-19)를 통해 가난이 들어온 후 우리가 악한 자의 모든 능력을 다스릴 권세를 받았음에도 불구하고 왜 가난이 계속 커지고 확산되는가? 구조적 가난의 문제를 근절하지 못하는 이유는 무엇인가?

물론 단순한 차원에서 보면, 그리스도인들이 가난을 뿌리 뽑는 것을 의무로 생각하지 않기 때문이다. 어쩌면 탐욕과 맘몬 같은 요새를 무너뜨리는 것이 중보자의 역할임을 깨닫지 못해서 가난한 사람들의 필요를 보는 눈이 어두워진 것일 수도 있다.

이런 것이 바로 우리가 경제 영역을 위해 기도할 때 조준해야 할 목표다. 근본적 차원의 조사를 마친 후, 우리는 경제 체제를 고치고 이것이 하나님의 통치 아래 있도록 '경제를 위한 세계 기도의 날'을 소집했다.

이것은 사실 2008년 1월 하나님께서 내게 주신 예언 말씀의 결과였다. 당시 주식 시장이 흔들리고 있었기 때문에 10월 29일에 월가에서 기도해야만 했다. 하나님께서는 깜짝 놀랄 말씀을 2008년 8월에 주셨다. "전과 같은 경제는 더는 없을 것이다."

이제야 나는 이 말씀을 이해한다. 주님께서 우리에게 특별히 10월 29일에 월가에서 기도하게 하신 이유는, 1929년 검은 화요일(Black Tuesday)로 명명된 바로 그날 월가가 붕괴했고, 그 사건이 대공황을 촉발하는 마지막 촉매제가 되었기 때문이다.

그레이엄 파워와 세계 기도의 날과 협력한 우리는 그날 전 세계에 산재해 있는 주식 시장에 중보자들을 소집했다. 기도팀들은 이스라엘의 성전산과 갈멜산에 올라갔다. 다른 팀들은 에베소의 아데미와 관련된 은행 시스템과 아시아 전역에 있는 증권 거래소를 위해 기도했다. 홍콩, 일본, 싱가포르, 한국의 기도팀들은 자국의 시장을 위해 기도했다. 샤론 스톤과 함께한 중보팀들은 영국 런던으로 향했다. 남아프리카에서 시작해서 땅 끝까지 기도가 올라갔다.

미국에 있는 우리는 주식 시장에서 월가를 위해 기도했다. 또한 기도하기 위해 연방 준비은행에도 갔다. 그곳에는 수십억 달러의 금궤를 보관한 금고들이 지하 깊숙한 곳에 있다.

월가의 비공식적 상징물인 황소상 근처에서 우리가 행한 놀라운 예언적 기도는 맘몬 신과의 '이혼 선포식'이었다. 마치 법원에서 결혼 파기 문을 읽는 것처럼 이것은 오클라호마의 존 베네필드가 낭독한 법적인 문서였다. 많은 사람이 바알이 미국의 강한 자라는 사실을 믿고 있고, 나 또한 그렇게 생각한다.

우리가 맘몬과의 묶임을 끊는 선포를 할 때, 우주의 위대한 재판장이 우리의 증인이 되시도록 기도했다. 뉴욕의 맑은 가을 아침에 기도하는 동안 하늘이 열리는 것을 느낄 수 있었다. 그 결과는 어땠을까? 월가의 부정부패가 폭로되었다. 기도팀들이 모여서 기도하자 그리스도인들 사이에 연합이 이루어졌다. 하지만 우리는 단지 공격적 중보기도의 초입에 있을 뿐이다. 만일 우리가 계속 기도하면, 많은 영역에서 부의 이동이 일어날 것이라고 믿는다.

기도하면서 발견한 몇 가지 사실을 나누고 싶다.

1. 하나님은 경제 체제를 체로 걸러 내셨고 전환하셨다.
2. 하나님의 음성을 듣는 사람들은 하나님께서 그들의 재정에 초자연적으로 개입하신다는 사실을 믿고 빚을 청산하고 있다.
3. 너무 고가(高價)여서 '만질 수 없었던' 자산이 그리스도 몸의 소유가 되었다.

이런 흔들림에서 우리가 남기고 싶은 열매는 탐심의 제거와 그리스도의 몸을 위한 부의 전환과 위대한 영혼의 추수다.

2008년 1월 콘퍼런스에서 말씀을 전할 때, 주님께서 주식 시장을 향해 몇 가지 예언적 선포 기도를 하라는 감동을 주셨다. 그때 나는 사역자들을 단상으로 초청했다. 그중 한 사역자가 월가의 황소상 옆에서 기도할 때 본 환상을 말해 주었다. 그의 기도팀이 주식 시장을 상징하는 황소상과 곰상을 놓고 기도할 때, 황소와 곰 위로 거대한 사자의 머리가 나타나는 환상을 보았다.

그때 나는 새로운 '사자'의 시장이 일어날 것이라고 예언했다(예수님의 이름 중 하나는 유다의 사자다). 예언의 말씀은 주님께서 황소와 곰의 주식 시장을 '사자'의 주식 시장으로 바꾸신다는 것이었다.

그때 이후로 주식은 이 글을 쓰고 있는 지금까지 역사상 가장 많이 올랐다. 하지만 주식은 언제든 급락할 수 있기 때문에 계속 예의 주시할 필요가 있다.

핵심은 우리가 아직 끝마치지 않았다는 것이다. 우리는 단지 기도의 임무를 시작했을 뿐이다. 이 임무가 엄청나다는 말은 과장이 아니다. 하나님께서 맡기신 일의 막중함 때문에 겁먹을 필요가 없다. 그냥 시작하면 된다. 성령께서 당신의 여정을 인도해 주실 것이다. 이것은 새로운 날을 위한 새로운 기도, 곧 메시지가 있는 공격적 기도다. 앞서 언급한 개혁기도 네트워크 모임에서 내가 칠판에 쓴 단어는 기도 행동주의다.

기도 행동주의는 중보기도다. 이는 그 자체로 하늘과 땅 가운데 있는 가시적 선포나 메시지가 된다. 1990년도부터 10여 년 동안 우리는 현장에 가서 중보할 필요성을 깨달았다. 그 기간에 교회 건물 밖으로 나가 드러내놓고 하나님을 경배했다. 우리는 건물을 둘러싼 벽에서 밖으로 나와 기도했다. 그때 이후로 많은 그리스도인이 그들의 정부와 사회 각 영역의 개혁과 변혁을 보기 위해 기도와 행동을 병행하고 있다.

90년대의 예배는 구체적 중보기도와 대부분 관련이 없었다. 예수행진(March for Jesus: 호주 멜버른에서 시작해서 영국 런던을 기점으로 세계 180개 국가로 확산된 운동-역주)과 같은 사건은 교회에 가시적 연합을 일으킨 놀라운 운동이다. 이 운동은 정말 아름다웠고, 나는 개인적으로 여러 집회에 참석하기도 했다. 나는 예수님께서 다른 무엇이 아닌 그분이 하나님이시라는 것만으로도 우리의 예배를 받으실 자격이 있다고 굳게 믿는다.

길거리에서 중보 찬양을 하는 다른 차원의 이유는 강한 자를 묶기 위해서이다. 시편 149편 6-9절에서 하나님을 높이는 우리의 찬양(high praises)은 열방을 향한 응징을 실행하도록 하며, 그들의 왕들(강한 자들)을 철고랑으로 결박한다. 이 말씀은 땅을 진동시키는 선포로 마친다. "기록한 판결대로 그들에게 시행할지로다 이런 영광은 그의 모든 성도에게 있도다"(9절).

하나님께 드리는 우리의 예배는 이 땅과 사회 모든 영역에 하나님의 권세를 실행하는 능력이 있다. 이는 하나님의 말씀이 정부 시스템뿐만 아니라 기업 윤리와 교육에 행할 수 있는 무언가가 있다는 뜻이다. 인간에게는 자유의지가 있기 때문에 하늘의 영적 전쟁을 위해 부름 받은 우리는 그분의 말씀을 통해 이 땅에서 하나님의 뜻을 막으려는 강한 자들에 대한 심판을 실행해야 한다.

우리의 예배는 하늘의 법을 땅으로 가지고 와야 한다. 이것은 하나님의 뜻이 중보기도와 찬양을 통해 초자연적으로 '반드시' 풀어져야 한다는 뜻이다.

새로운 중보기도 운동 속에서 나는 환상으로 사무실과 학교와 병원에서 예배하는 사람들을 보았다. 이것은 하루를 시작하면서 주님의 축복을 명할 수 있는 참으로 멋진 방법이다. 이런 방식으로 하나님을 경배하는 것과 더불어 공격적 중보 찬양과 기도를 통해 우리가 사는 도시의 거리에서 특별히 선포하는 일이 다시 일어날 것을 믿는다. 선포기도와 찬양은 속성 자체가 개혁적이다. 왜냐하면 그것이 초자연적 능력을 풀어 놓을 뿐만 아니라, 자연계에 속한 이 땅의 왕들과 통치자들에게 변화의 필요성을 보여 주기 때문이다.

미국 민권 운동(Civil Rights Movement: 1950년-1960년대에 있었던 미국 흑인들의 시민권 신청과 인종 차별 철폐 운동-역주) 때 불렀던 노래들을 기억하는가? 시가 행진 때 용기를 북돋기 위해 노래를 불렀다고 생각하는 사람들도 있을 것이다. 어쩌면 그럴 수도 있다. 하지만 '보이는 세계' 만큼이나 '보이지 않는 세계'에도 무언가 일어났다. 인종차별주의와 편견 같은 이름을 가진 보이지 않는 강한 자들이 사람들을 사로잡아 눈멀게 했지만, 그들이 부른 선포의 노래는 강한 자들을 무너뜨렸다.

텔레비전에서 한 아이가 '우리는 이겨야 합니다'라는 감격스러운 노래를 부르는 모습을 나는 평생 잊지 못한다. 그 노래가 하늘을 향한 선포가 되어 인종차별주의를 대적할 수 있었을까? 나는 그렇다고 믿는다. 음악은 강력한 전쟁의 무기다.

지금은 영적 요새를 무너뜨리기 위해 예배의 능력을 사용할 때다. 우리는 너무 오랫동안 우리의 찬양을 건물 안에 가두어 두었다. 모든 사회 영역에 빛의 나라를 풀어내기 위해 강력한 예배를 드려야 할 때가 왔다.

하나님의 말씀을 살펴보면 예배와 일터 사이에 한 가지 흥미로운 연결고리가 있음을 알 수 있다. 루시퍼는 타락하기 전 하늘의 예배 인도자였다. 에스겔 28장에 그를 치장하고 있던 귀한 보석들을 묘사하는 재미있는 성경 구절이 있다. 부(富)로 치장한 사탄은 아름다운 보석들을 악하게 거래했을 가능성이 있다. 에스겔 28장 16절에서 이것을 입증하는 몇 가지 증거를 볼 수 있다.

네 무역이 많으므로 네 가운데에 강포가 가득하여 네가 범죄하였도다 너 지키는 그룹아 그러므로 내가 너를 더럽게 여겨 하나님의 산에서 쫓아냈고 불타는 돌들 사이에서 멸하였도다

28장 18절은 이런 루시퍼의 죄를 폭로한다. 이 말씀이 시사하는 바는 무엇일까? 이 본문이 에스겔 선지자가 살던 시대에 거래되었던 무역 물품의 목록을 언급한 27장 뒤에 이어진다는 것은 참으로 흥미롭다. 이 두 장이 특별한 목적을 위해 서로 관련되어 있을까? 그럴 가능성이 아주 높다.

우리가 사는 세상을 잠시 둘러보면, 금과 다이아몬드뿐만 아니라 에메랄드를 장악한 마피아들이 있다. 부를 장악하기 위해 수많은 전쟁이 발발하고, 금과 다이아몬드와 희귀 보석을 장악하기 위해 유혈 사태와 폭력이 범람하고 있다.

귀한 광물이 있는 광산 중 상당수는 거짓 우상에게 헌납되었다. 우리는 하나님께서 맡기신 사명을 성취하기 위해 부를 풀어 세상을 변화시키고, 도움이 필요한 절박한 사람들을 도울 수 있도록 공격적 중보기도를 해야 한다.

우리가 사는 도시의 상업 지구를 예배자들로 채워보자. 많은 청소년이 놀라운 예배 인도자가 될 수 있는 이유 중 하나는 우리 사회에 예배를 통해 하나님의 영광을 가득 채울 수많은 사람이 필요하기 때문이다.

앞서 나는 기도의 집 사역자들은 새로운 차원으로 이 명령을 취했

다. 그들은 이것을 '기도 공습'(Prayer Strikes)이라고 불렀다. 로스앤젤레스의 조나단과 샤론 가이는 '스트라이크 LA'라는 모임을 운영 중인데, 그들은 예배자들과 함께 도시 주변의 문화적 영향력이 있는 코닥 센터(할리우드가 에미상을 수여하는 곳)와 캘리포니아주립대로 간다. 청년들이 대학 광장에서 기타를 치며 마음껏 하나님을 경배하고 춤추는 모습을 상상할 수 있는가? 이런 곳에서는 머지않아 부흥이 일어날 것이다.

나의 마음에 강력한 불을 지피는 공격적 중보기도의 또 다른 중요한 요소는 이미 언급한 기도 행동주의, 즉 '선포 중보' 혹은 '단체로 행동하는 중보'다.

단체로 행동하는 중보

사무엘상 17장에서 젊은 다윗은 거인 골리앗과 싸우는 전쟁에 참전한 형들의 정황을 확인하기 위해 전장으로 갔다. 그가 이스라엘 진영에 도착했을 때, 이스라엘 군사들은 40일 주야로 그들을 비웃는 골리앗 때문에 두려움에 빠져 위축되어 있었다.

42절에서 사용된 젊은이라는 히브리어를 볼 때, 당시 다윗의 나이는 18세 이하로 추정할 수 있다. 다윗이 다른 사람들과 크게 다른 점이 있었다. 그것은 바로 그가 두려워하지 않았다는 것이다.

오늘날 우리 문화 속에 많은 거인이 있다. 거인들은 많은 상황 속에서 그리스도의 몸을 상당히 어렵게 만들고 있는 듯하다. 몇몇 나라에서 그들은 복음을 전하는 사람들의 감옥이 되기도 한다.

미국을 포함한 여러 나라에서 동성애 같은 사회 문제를 외치는 그리스도인을 향한 증오 범죄가 일어나고 있다. 샌프란시스코에 소재한 공의의 집(JHOP) 청년들은 카스트로 거리(세계에서 가장 큰 규모의 게이 공동체의 중심지-역주)에서 3년 동안 예배와 기도를 드렸다. 동성애 공동체 사람들은 이들을 공격했고, 자매 두 명을 길바닥에 넘어뜨린 뒤 한 자매의 머리에 뜨거운 커피를 붓고 폭행했다. 그들은 경찰이 출동한 후에야 그 거리를 빠져나올 수 있었다.

이 일이 뉴스에 나왔을까? 아니다. 왜 언론은 잠잠했을까? 자칭 기도하는 나라에 산다는 백성이 동성애 문제에 동조하거나 그것을 지지하는 5퍼센트의 사람들로 인해 위축되어 있기 때문이다. 나는 게이 공동체를 대적해서 일어나는 증오 범죄를 극렬히 반대한다. 하지만 로마서 1장 말씀을 존귀하게 대한다. 동성애 공동체 사람들이 공의의 집 청년들에게 "우리는 이곳에 당신의 하나님을 원하지 않는다"라고 외쳤다는 것은 참으로 흥미롭고 주목할 만한 일이다. 미합중국 헌법 수정 제1조(언론, 종교, 집회의 자유를 정한 조항-역주)는 집회의 권리를 보장하지만, 게이 공동체는 공의의 집 청년들을 공격해서 이 권리를 침해했다.

이 이야기 속에 기도 행동주의는 어디에 있을까? 공의의 집 청년들은 기도 행동주의에 동참했지만, 정작 이 사실을 몰랐을 것이다. 그들은 카스트로 거리의 사람들이 그리스도께 돌아오도록 돌보아 주었다. 우리 역시 그렇게 해야 한다. 우리가 함께 일어나 공개적으로 기도하지 않으면, 우리의 목소리는 짓밟히고 오히려 박해를 받을 것이다.

이제 그리스도인들이 그리스도의 깃발을 들고 거리로 나가 기도하며 예배할 때가 왔다. 어떤 학교가 학생들이 예수님의 이름으로 기도하는 것을 금지하면, 우리는 그 학교 계단에서 중보해야 한다. 성난 폭도가 되라는 것이 아니다. 진정한 중보기도에는 증오가 없다. 기도 소리는 행동하는 기도를 통해 하늘과 땅에 들린다는 뜻이다. 하늘은 기도 행동주의를 통해 땅을 침노한다.

가시적으로 보여 주는 기도

다른 민족들과 사는 믿음의 사람들은 무릎 꿇고 공개적으로 기도하는 것을 부끄러워하지 않는데, 우리는 왜 부끄러워하며 공개적으로 기도하지 않을까?

아주 오랫동안 학교 친구들 앞에서 무릎 꿇고 기도하는 것을 두려워하지 않은 청소년 단체가 있다. 그 단체의 이름은 '30초 무릎 꿇기'다. 그들은 매일 학교 복도에서 무릎 꿇고 30초 동안 감사드리고, 학교와 복음이 필요한 사람들을 하나님께서 만져 주시도록 기도했다.

다가오는 하나님의 운동 가운데 우리는 사람들을 움직여 (때때로 많은 사람을 결집해) '집단으로' 행동하는 기도를 하도록 독려하는 기도 동원가들이 일어나는 것을 보게 될 것이다. 첨단 과학 기술의 진보는 중보기도가 필요한 '분쟁 지역'(hot spots)에 이런 동원이 가능하도록 도와줄 것이다. 사회의 각 분야마다 중보의 소리가 될 동원가들이 필요하다.

최근 남아프리카 사람들은 앵거스 버킨이 이끄는 '이때라'(It's Time)라는 운동을 통해 한 농장에서 국가를 위한 엄청난 기도와 예배의 시간을 가졌다. 대략 170만 명의 그리스도인이 모여 예수 그리스도께 헌신하는 나라가 되도록 하나님께 간청했다.

이제 기도를 하늘과 땅에 가시적으로 보여 줄 때가 되었다. 디트리히 본회퍼는 정부와 정부의 활동에 대해 실제적 행동을 취하지 않는 교회를 반대한다고 하였다.

4장에서 언급했듯이 미국 연방대법원은 1962년 잉글과 비테일(Engle v. Vitale) 사건을 통해 학교에서 기도하는 것을 불법으로 판결했다. 연방대법원이 금지한 기도 내용을 살펴보자. "전능하신 하나님, 우리가 의지할 분이 하나님이심을 인정합니다. 간구하오니 우리와 우리의 부모와 우리의 선생님과 우리나라를 축복하소서."

연방대법원이 이 기도를 금지한 이후 수백만의 학생이 기도를 멈추었다. 그때 이후로 학교에는 최악의 문제들이 발생했고, 이제는 총기 난사까지 벌어지고 있다.

1962년 대법원 앞에서 기도 금지법을 막기 위해 하나님께 부르짖는 가시적 교회와 가시적으로 행동한 사람들은 어디 있었는가? 이 법에 침묵하기를 거부한 학생들은 과연 어디에 있었는가? 우리는 한 세대를 잃었는가? 안타깝지만 그렇다고 볼 수 있다.

이제 좋은 소식을 전하고 싶다. 플로리다주에서 새로운 법이 발의되어 공립학교에서 다시 기도할 수 있게 되었다. 학생들은 박해의 두려움 없이 마음껏 기도할 수 있게 되었다.

나는 종종 TV에 등장하는 여러 활동가 그룹을 보면서 무정부주의자들의 목소리와 하나님의 백성의 목소리가 얼마나 다르고 존경스러운지를 생각했다. 우리는 분노나 욕설을 원하지 않는다. 이제는 우리의 소리를 찾아 사람들에게 들려줄 때가 되었다. 우리가 세상을 향해 학교에 기도를 돌려줘야 한다고 외칠 때, 저녁 뉴스에 우리의 목소리가 방송국에서 송출되어야 한다. '법과 공의를 위한 아메리칸 센터'(American Center for Law and Justice)는 이 싸움에 필요한 법에 관한 전문지식을 제공해 준다.

기도 행동주의는 하나의 새로운 도덕적 개혁의 일환으로 개인적 차원에서 사람들을 만지는 것이 아니라, 연합적 차원에서 악의 영들을 대적하는 소리를 풀어낸다. 만일 우리가 이 세대를 향해 행동하는 기도로 목소리를 내지 않으면, 하나님의 모든 말씀을 선포하고 기도하는 것이 완전히 불법이 되는 날이 올 것이다. "말도 안 돼요!" 당신은 이렇게 말할 수 있다. 하지만 이것은 얼마든지 가능한 일이다. 역사는 이 말이 사실임을 증명해 주고 있다.

이제 당신은 무엇을 할 것인가? 하나님은 그리스도의 몸 가운데 두려움 없이 항상, 무엇을 하든, 어디를 가든 드러내놓고 기도할 사람을 부르신다. 지금은 경계선을 긋고 우리의 발을 그 위에 견고히 세우고, 우리의 삶을 바쳐 천국이 이 나라 위에 임할 때까지 공격적 중보기도를 해야 할 때다.

당신이 대적의 문을 취할 때, 하나님께서 당신을 축복해 주시길 바란다. 그리고 당신 안에 있는 중보의 마음을 사용하셔서 그분의 나라를 확장시키시기를 바란다. 당신이 이 부르심을 성취해 나갈 때, 이 책의 원리들이 당신을 잘 안내하고 용기를 북돋아 주기를 기도한다. 하나님의 마음에 있는 것을 기도하는 것만큼 존귀한 특권은 없다.

더 깊은 중보기도를 위한
소그룹 스터디 POSSESSING THE GATES OF THE ENEMY

■ **핵심 성경 구절**

이사야 14:12, 마태복음 16:18, 에베소서 1:21, 예레미야 1:10, 누가복음 11:17-22, 에베소서 3:10, 에스겔 28:11-19, 고린도후서 2:11, 에베소서 6:11-12, 다니엘 10:12-13, 고린도후서 10:4, 골로새서 2:15, 마태복음 11:12

01 당신의 중보기도로 국가를 개혁할 수 있다고 생각하는가?

02 7대 영역의 명령을 총체적으로 이해하고 중보하려면, 당신의 기도 방식을 어떻게 바꿔야겠는가?

03 하나님께서 당신에게 영적 도해를 위해 부르셨거나, 사회의 특정 영역의 개혁을 위해 기도하도록 인도하신 적이 있는가?

04 중보자들이 사회의 특정 분야의 변화를 위해 기도해야 하는 이유는 무엇인가?

05 하나님께서 당신에게 집중적으로 기도하게 하신, 즉 구조적 가난 같은 근본적인 문제가 있는가?

06 기도 행동주의는 무엇인가? 어떻게 개인의 삶에 적용할 수 있는가?

07 기도 시간에 사회의 변화를 위해 중보 찬양한 적이 있는가?

08 당신이 사는 도시나 지역에 어둠이 남아 있는 이유는 무엇인가?

09 사회 영역의 개혁을 위해 당신과 기도팀은 어떻게 기도해야 하는가?